中学教育师范技能提升系列教材
黔南民族师范学院教材出版基金资助

中学历史

教育与活动指导

ZHONGXUE LISHI JIAOYU
YU HUODONG ZHIDAO

主　编　杨　娟　罗玲玲
副主编　彭　凯　黄翰鑫　余　林
参　编　黄成运　徐孝虎　唐世农　李小红

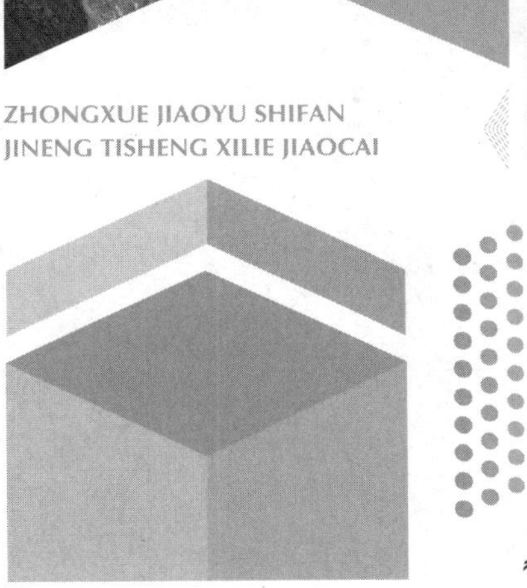

ZHONGXUE JIAOYU SHIFAN
JINENG TISHENG XILIE JIAOCAI

西南大学出版社
国家一级出版社 全国百佳图书出版单位

图书在版编目(CIP)数据

中学历史教育与活动指导 / 杨娟, 罗玲玲主编. --
重庆 : 西南大学出版社, 2022.12
ISBN 978-7-5697-1769-3

Ⅰ. ①中… Ⅱ. ①杨… ②罗… Ⅲ. ①中学历史课—
教学法 Ⅳ. ①G633.512

中国国家版本馆CIP数据核字(2023)第029723号

中学历史教育与活动指导

杨　娟　罗玲玲　主编

策　　划： 杨　毅　杨景罡　翟腾飞
责任编辑： 熊家艳
责任校对： 钟宇欣
书籍设计： 起源
排　　版： 王　兴
出版发行： 西南大学出版社(原西南师范大学出版社)
地址:重庆市北碚区天生路2号
邮编:400715
市场营销部电话:023-68868624
印　　刷： 重庆市骏煌印务有限公司
幅面尺寸： 185 mm × 260 mm
印　　张： 15.5
字　　数： 302千字
版　　次： 2022年12月 第1版
印　　次： 2022年12月 第1次印刷
书　　号： ISBN 978-7-5697-1769-3

定　　价： 49.00元

中学教育师范技能提升系列教材
编委会

总序

ZONG XU

新中国历经了由教育弱国到教育大国的发展之路，而今正处在迈进教育强国的伟大征程中。随着中国特色社会主义进入新时代，我国教育发展的基本矛盾已发生重要转变，即从“人人能上学”转向“人人上好学”的需求，反映出人民群众对发展高质量教育的强烈呼唤。可以说，加快发展中国特色世界先进水平的优质教育，已是迫在眉睫的时代重任。

要建设高质量教育体系，关键在教师。习近平总书记指出，教师是人类灵魂的工程师，是人类文明的传承者，承载着传播知识、传播思想、传播真理，塑造灵魂、塑造生命、塑造新人的时代重任。教师是教育发展的第一资源，是国家富强、民族振兴、人民幸福的重要基石。《中共中央 国务院关于全面深化新时代教师队伍建设改革的意见》提出，到2035年，教师综合素质、专业化水平和创新能力大幅提升，培养造就数以百万计的骨干教师、数以十万计的卓越教师、数以万计的教育家型教师。教育部等八部门联合印发的《新时代基础教育强师计划》也提出，到2035年，适应教育现代化和建成教育强国要求，构建开放、协同、联动的高水平教师教育体系，建立完善的教师专业发展机制，教师数量和质量基本满足基础教育发展需求，教师队伍整体素质和教育教学水平明显提升。

众所周知，高质量教育的核心是人才培养，人才培养的核心是课程，课程体系建设深刻影响着教育质量的发展与走向。因此，教师教育课程关系到未来教师的培养质量，是教师教育改革和发展的关键所在。当前，我国教师教育课程改革的目标和方向，就是要贯彻落实教育部颁布的《教师教育课程标准（试行）》和“师范生教师职业能力标准（试行）”，围绕有理想信念、有道德情操、有扎实学识、有仁爱之心的好老师培养，突出师德师风第一标准，着力培养师范生的师德践行能力、教学实践能力、综合育人能力和自主发展能力，引导广大教师以德立身、以德立学、以德施教、以德育德，坚持教书和育人相统一、言传和身教相统一、潜心问道和关注社会相统一、学术自由和学术规范相统一，全心全意做学生锤炼品格、学习知识、创新思维、奉献祖国的引路人，加快推进教育与现代化相匹配的教书育人能力素质提升。

黔南民族师范学院紧扣教师教育发展的趋势和教师教育课程改革的时代要求，坚持“学生中心、产出导向、持续改进”的师范专业认证理念，突出师范性、民族性、地方性和应用型的办学定位，组织编写了中学教育师范技能提升系列教材，供高等院校中学教育师范生以及中学教师使用。这套教材有不少探索和创新之处，突出了以下几个特点：

第一，坚持育人导向。在教材编写过程中，基于专业课教学逻辑，通过名人名言、案例等充分挖掘思想政治教育课程资源或有机融入社会主义核心价值观，如中国传统文化、爱国精神、爱岗敬业精神等，培养德智体美劳全面发展的新时代卓越教师，切实贯彻落实立德树人根本任务。

第二，紧扣标准要求。根据教育部颁布的《教师教育课程标准(试行)》和《中学教师专业标准(试行)》，结合新修订的《义务教育课程方案和课程标准(2022年版)》等文件，对教材内容进行整体规划和设计，压实学科基础，体现科学性与先进性，力求符合新时代教师教育的实际需要。

第三，强化实践导向。根据西部地区基础教育的实际情况，对接中学教师职业岗位实际需要，从培养全面发展的学生角度出发，将教材编写的立足点放在中学教育的全过程、职前职后一体化培养，打通理论学习与岗位实践之间的壁垒，着力培养师范生的实践智慧。

第四，突出能力培养。针对传统师范教育普遍存在的重理论、轻实践问题，教材围绕师范生的师德践行能力、教学实践能力、综合育人能力和自主发展能力进行培养，突出对学生综合实践能力和创新能力的培养，特别是教师口语表达能力、组织管理能力、书写能力以及情绪调节能力等教师岗位必备的基本能力。因此，在编写过程中，特别注意采用最新实践案例，强化技能训练。

第五，注重融合拓展。在教材编写的过程中，编者特别关注不同教材内容之间的连续性、系统性，既有区分，又有融合。与此同时，注意统筹考虑配套数字化课程资源，将教材分析、教案编写、课件制作、示范课录制等数字化资源建设同步推进，丰富教材内容，强化拓展性。

总之，这套系列教材涵盖了语文、数学、政治、英语、历史、地理、物理、化学、生物、美术、音乐等十一个学科，包括教育与活动指导和职业技能训练两大类别，具有一定的开拓性，是教师教育课程改革领域里的可贵探索。

2022年6月12日

靳玉乐，二级教授、博士生导师，西南大学原党委常委、副校长，现任深圳大学教育学部主任，中国教育学会教育学分会副理事长，中国高等教育学会常务理事。

前言

QIANYAN

2018年9月恰逢本校对师范专业进行教学改革，学校为打造更适合本校师范生成长的教学环境，契合教育部对师范院校的教育认证要求，特制定了本次校本教材的研发课题。历史与民族学院接到任务后组织历史学专业教师对课题进行了多次论证，并将论证结果与一线教师进行探讨，最终决定编写《中学历史教育与活动指导》一书，作为本校历史专业学生“中学历史教学论”课程的校本教材。本书由黔南民族师范学院历史与民族学院历史学专业拥有多年教学及实践经验的教师队伍编写，是一部适应当前新课改要求，符合贵州民族地区中学历史教师专业成长、职业素养提升需求的本土教材。

“中学历史教学论”课程是高等院校历史学专业(师范类)的主干课程，它的任务是研究中学历史教学的全部过程及其客观规律，科学认识其内在联系，找出解决问题的途径和方法，使学生了解和掌握中学历史教育教学的基本理论和方法，具备从事历史教学和教学研究的基本能力，在为基础教育培养适应新课改要求的高素质的师资方面具有极为重要的作用。历史教学论不仅仅是一门教育理论学科，而且还是一门综合运用教育学、心理学原理和历史科学理论以及其他有关学科知识，对中学历史教学规律进行研究，指导中学历史教学实践的应用性学科，内容涉及哲学、历史学、教育学、心理学、教育心理学、教育技术学、教育测量学等多门学科。它的研究对象就是中学历史教学的全过程，即研究在初、高中阶段的历史教学要教导学生掌握哪些历史知识以及掌握哪些学习历史知识的方法；在教学过程中，应培养学生具备哪些思考和解决历史问题的方法和能力；在知识教学和能力培养的过程中，应该培养他们具有什么样的品德、人格和什么样的价值观，以及哪些能够终身受益的素养。所以“中学历史教学论”课程内容必须符合教育部对中学生培养的具体要求，必须为历史教师的专业发展提供有效支持，必须具备很强的理论联系实际的可操作性。鉴于此，本书的编写特色与目的有四：

一、适应中学历史新课改的要求

教育部再次启动对2004年开始实施的各学科中学课程标准的修订工作，教育部于2017年和2022年分别印发了修订后的高中阶段和义务教育阶段的新课程标准，为我国历史教育指明了前进的方向。本次修订以贯彻落实党的十八大提出的立德树人根本任务为指南，深入总结21世纪以来我国课程改革的宝贵经验，构建具有中国特色的课程体系。通过研究可知，本轮新课改对中学教师提出了新的任务和要求：首先是注重凝练学生的核心素养，推动落实立德树人的根本任务；其次是注重历史事实的基础性和选择性；再次是研制历史学业质量标准，明确人才培养要求；最后对以往的教材进行了结构优化和内容改革，增强了教学的可操作性。面对以上的新要求、新变化，"中学历史教学论"课程进行教学内容改革是非常有必要的。

二、为历史师范生的教学研究发展提供有效途径

教师是一个专业性非常强的职业，师范生在成为正式教师前需要经历一个经验积累的过程。历史教学论课程开设的目的就在于帮助历史专业师范生有效地掌握这一学科的基本内容和知识真谛，为他们提供最新的教学模式和教学手段、最新的教学方法与研究方法，促进师范生教研相长的专业化发展，使教学研究和专业发展融为一体。师范生通过本课程的学习，学会遵循教学行为规范，积极探索教学规律，自觉进行教学反思，在借鉴和反思中总结经验，形成科学的教学理念和独特的教学风格，最终提高教学水平，实现自身的专业成长。

三、为历史师范生提供理论联系实际的专业成长途径

面对新一轮的课改对学生核心素养提出的要求，师范教育专业教师应该更新观念、提高认识，要从原先的"以教为教"改变为"活的教育"。具体从以下三点出发进行"中学历史教学论"课程的教学改革，并编写与之相适应的新的教材——《中学历史教育与活动指导》：1.更新备课方式。要做到结合历史新课改的特点，充分利用素材、网络资源，调动学生学习的积极性，进行自主探究，在方法上创新，在学习中进步。2.更新课堂教学方法。新课程改革和新教材对课堂教学方法极为重视，明确提出了要教师转变角色的要求，教师已不再单单是知识的传播者，更是学习的引导者，与学生一起讨论问题的合作者、探究者。3.研究新课程历史教材的内容及教学原则。将新教材的教学理念、教学原则、科研观点融入课堂之中，着力培养学生的历史核心素养和教学技能。

四、对历史课程课外活动组织进行指导

历史课程的课外活动，如参观、历史模型制作等内容是历史教学的有效补充，是提升学生实际动手能力和感知历史事件的好方法，在2022年颁布的《义务教育历史课程标准》中

更是提出了跨学科研究的活动课程模式，这对历史教师的教学手段、方法提出了更高的要求。翻阅目前已出版的各类历史教学论书籍，没有任何对历史课程的课外活动进行有效指导的内容，而单独出版的历史课程课外活动指导用书则是观点落伍、手段老旧，已不能适应当今社会对学生核心素养培养的要求。本书从对中学历史课程课外活动的指导原则、形式、特点及活动的组织、开展几个方面进行研究，增强师范生对历史课程课外活动的认识，提高他们的组织能力。

目前我国全面建成小康社会进入决胜阶段，培育具有社会主义核心价值观的公民，是时代发展和社会前进的需求，也是青少年自身成长和全面发展的要求。要提高民族地区中学生的人文素养，弘扬以爱国主义为核心的民族精神和以改革创新为核心的时代精神，传承人类文明的共同遗产，必须先提高教育工作者自身的人文素养和专业知识，训练好专业技能。历史教学法课程教学的质量关系到能否使学生最有效地掌握历史教育这一学科的基本内容，尽快地胜任历史教师这一工作。

本书由我校组织了一支有丰富理论和实践经验、较高水平的作者队伍编写而成，具体编写分工如下：

第一章　中学历史课程与教学目标　杨娟、罗玲玲

第二章　历史课程标准与历史教材　杨娟、彭凯

第三章　中学历史的教学原则与教学模式　罗玲玲、彭凯

第四章　中学历史学习心理与学习策略　黄翰鑫、余林

第五章　历史教学的教学设计　罗玲玲、杨娟

第六章　历史课堂教学的技艺　杨娟、彭凯

第七章　历史教学的评价　黄翰鑫、余林

第八章　历史课程的课外活动指导　杨娟、黄翰鑫

附　录　杨娟、罗玲玲、彭凯、余林、黄翰鑫、徐孝虎、唐世农、李小红

虽然编者们都想尽力出色地完成编写任务，但鉴于基础教育改革提出的高标准以及中学历史教育教学在新形势下的新变化和新要求，各位编者也尚在摸索之中，本书很难给出令所有人满意的阐释，加之编写时间有限和各位编者需承担的自身工作的影响，书稿中难免存在各种不足和问题，希望各位读者不吝赐教，在今后的修订中，编者们也将尽力适应历史教育教学改革的新形势和新要求，随之修订书稿内容。

杨　娟

目 录

MULU

第一章　中学历史课程与教学目标

第一节　历史课程的基本概念

课程是学校学生应学习的学科总和及其学习进程与安排，是指为实现教育目标而选择的教育内容及其进程的总和，它包括学校教师所教授的各门学科和有目的、有计划的教育活动。教学目标是指在教学活动中所期待得到的学生的学习结果，一切的课程内容、进度安排都需要以教学目标为导向，且始终围绕实现教学目标来进行。

一、"课程"的基本概念

在学校教育中，"课程"是国家教育方针的集中体现，它直接反映着国家最新的教育理念，体现了国家对不同时段学生的教学内容和培养目标的要求，是学校教育的核心内容。可以说"课程"涵盖了课程标准的制定、教材的编写、教学内容的安排、教学设备的配置、教学过程与教学方法的选择。因此，研究和学习中学历史教学论，必须先对历史课程的演变和发展有一个初步的了解。

"课程"一词在我国始见于唐宋年间。唐朝孔颖达为《诗经·小雅·巧言》中"奕奕寝庙，君子作之"句作疏"教护课程，必君子监之，乃得依法制也。"这里"课程"一词的含义是与礼仪相关的规章、制度，意为君子必须依照礼仪，维护典章、制度。宋代朱熹在《朱子全书·论学》中多次提及"课程"，如"宽着期限，紧着课程"，"小立课程，大作工夫"等，这里的含义是很清楚的，仅指学习的内容和学习的进度，没有包含教学内容的安排和教学方法的选择。

在西方，"课程"一词最早见于英国教育家斯宾塞(H.Spencer)1859年所书《什么知识最有价值?》一文中。它是从拉丁语"currere"一词派生出来的，意为"跑道"(race-course)。这里的"课程"更多是强调对学习内容的组织与规划，没有将教学过程中动态的师生活动与实践很好地表现出来。

步入20世纪之后，现代科学技术飞速发展，教育改革引起了越来越多国家的重视。在世界性的课程改革浪潮中，学者们对于课程的内涵研究也日益深入，“学科教学论”成为一门专门性的研究学科。在研究中人们发现课程是一个复杂的教育现象，从不同的角度去认识、理解它可以形成不同的课程观。本节就目前比较流行的几种课程定义做出如下的梳理。

（一）课程是知识

斯宾塞在《什么知识最有价值？》一文中说：“什么知识最有价值？一致的答案就是科学。”这种观点属于比较传统的观点，它的意思是，学校课程的主要任务是使学生获取知识。由于在学校中各种知识是按照学科进行分类的，这种观点又有另一种表达方式，课程即学科。《中国大百科全书·教育》就认为：“近代学校兴起以来，课程有广义、狭义两种。广义指所有学科（教学科目）的总和。或指学生在教师指导下各种活动的总和。狭义指一门学科。”①

基于这种观点，人们往往把课程按照受教者的知识需要分为不同科目，在此基础上建构课程的体系，这是以各学科的知识结构、逻辑体系为组织依据的，是一种典型的“学科本位”思想，从课程实施的专业化和规范化而言有一定的道理。但是在这种观点下的课程与受教者的生活是完全割裂的，处于一种静止的状态。受教者在整个学习的过程中处于接受地位，而教师则是教育的组织者、说明者、解释者。这种方式脱离了受教者的生活经验，重视的是知识本身而不是人。

（二）课程是学习经验

这种课程定义把课程视为学生在教师指导下所获得的经验或体验，以及学生自发获得的经验或体验。杜威实际上是把课程视为学生在教师指导下所获得的经验。受杜威的影响，许多人持同样的观点。如美国课程论专家卡斯威尔（H.L.Caswell）和坎贝尔（D.S.Campbell）在《课程发展》一书中认为：“课程是儿童在教师指导下所获得的一切经验。”

这种课程定义的突出特点与前一种观点截然相反，强调受教者学习的主体地位，把受教者的直接经验置于课程的中心地位，消解了内容与过程、目标与手段的二元对立；学习的过程成为学生体验、感悟，获取经验的过程；课程内容设置注重从受教者所能接受的

① 中国大百科全书出版社编辑部：《中国大百科全书·教育》，北京：中国大百科全书出版社，1985年，第207页。

角度出发和设计；课程成为受教者的一种实践活动。这种观点的不足之处也很明显，它把课程视为教学的过程或教学的情境，忽视了课程目标、课程计划，将目的与过程割裂开来。从而忽略了学习的目的，只强调学习的过程和结果。

（三）课程是目标或者计划

《现代课程论》中将课程解释为："课程是旨在遵照教育目的指导学生的学习活动，由学校有计划、有组织地编制的教育内容。从学校的教育计划这个侧面出发，也可以归纳成这样一个定义：旨在保障青少年一代的健全发展，由学校所实施的施加教育影响的计划。"①

这种定义把课程作为一种有计划、有目的的教学行为，强调它是一种具有预期性的目标，即认为课程是指向一定的目标，并有计划地完成的过程。该定义看似比前两种定义更为恰当，但是预期效果不等于实际教学效果，在实际的教学过程中，教学效果除受到预期目标的影响外，还会受到教师自身知识与能力、教学条件、教学方法等的制约，所以我们不能单一地将预期计划作为课程的最终教学效果。另外，课程进行过程中除了会产生预期效果外，也会产生非预期效果，如果仅将课程作为预期效果，就将忽视非预期效果的一面。因此我们不能把教师所计划教、学生所计划学到的内容当作课程的全部，在教学过程中由教师有目的的教学行为所产生的所有影响都应该包含在课程内容之中。

由此可见，课程是一个复杂的教育现象，以上每一种具有代表性的课程定义都有一定的指向性和合理性，但同时也存在着某些局限性。对于教育工作者而言，重要的不是选择某种定义，或追寻定义的完美诠释，而是要意识到各种课程定义所要解决的问题及伴随而来的新问题，以便根据课程实践的要求，制订目标、计划，实施过程，传授知识，并将预期效果与非预期效果共同接纳，从而制订出新的计划与更明智的决策。

二、历史课程的概念

什么是历史课程？对于广大历史教师而言，"历史课程"是一个既熟悉又陌生的概念，有的人认为历史课程就是历史学；有的人将课程表中安排的历史学科课程作为历史课程；有的人认为初高中历史课程就是历史教科书；也有的人认为历史课程就是历史课程标准或培养目标。应该承认，历史学、课程表中的历史学科课程、历史教科书和历史课

① 钟启泉：《现代课程论》，上海：上海教育出版社，1989年，第177页。

程标准都与历史课程有着密切的联系。“实际上，历史课程也有狭义和广义之分。狭义的历史课程是指历史学科和历史活动的总和，包括历史教学计划、历史教材、历史教学活动等。广义的历史课程是指学校教育中为学生提供和重建的人类历史知识和历史经验的总和。”[①]研究历史课程，从狭义上而言，就是研究历史课程标准、历史教学计划、历史教材和历史教学活动的行为。下面对历史课程与历史学、历史课程标准与历史教材的区别进行具体阐述。

（一）历史课程与历史学的区别

中学历史课程是以历史学为依托的，历史学的进步和发展会促进许多新的研究理论和观点产生，这些理论和观点会影响中学历史课程的内容选择及其发展。但不是所有历史学的内容都需要包含在历史课程中，中学历史课程的开设首要考虑的是历史课程标准的需求，即“培养什么样的人”，因此中学历史课程内容往往是有选择性的历史学知识。

另外，历史学是一门研究历史发展和变化规律的学科，研究对象是历史本身，而历史课程除了需要反映历史发展和变化的规律外，其研究的对象还需要包括历史教育者和受教者，即历史教师与学习历史课程的学生。人是课程活动的组织者和参与者，无论师生在课程学习中处于什么地位，都会深刻地影响着课程的活动，因此历史课程的内涵和学习内容远比历史学科丰富。

（二）历史课程标准与历史教材的区别

从21世纪开始，国家教育部开始了新一轮的课程改革，将原有的教学大纲改为课程标准。课程标准是规定某一学科的课程性质、课程目标、内容标准、实施建议等的教学指导性文件，它具有：①预判性，需对学生接受一定教育阶段之后的结果做出具体的描述；②具体性，它规定了教育质量在特定教育阶段应达到的具体指标，是对课程教学的基本规范和要求；③评价性，是教学管理和课程评价的依据，是教材编写、教学实施和考试命题的依据。历史课程标准是国家历史课程的基本纲领，历史教材是根据此纲领的具体要求和评价编写的，而历史教材又是历史课程标准的具体体现。

但是，历史课程标准是国家对历史学科课程目标、内容的实施建议，是以纲领性的、粗线条的表现方式呈现的，而历史本身应该是生动的、有趣的、贴近生活的；在中学历史

① 殷丽萍：《历史课程与教学论》，广州：广东高等教育出版社，2013年，第12页。

课程教学中人是关键因素，历史教材内容必须贴近生活、体现生活。所以，历史教材的内容是经过挑选的、丰富的，在编排中还要考虑到受教者的心理、生理、生活环境等因素，根据现行教育体制下学校的实际授课情况，围绕课程标准而编写。

第二节　中学历史教学的目标

人们从事一项活动总是抱着一定的目的进行的，目的既是人们的行动指南，又可以规范人们的活动行为，通过有意识的活动，人们要达到一定的预期结果。教育的目的是对人的培养，“培养什么样的人”就是各科目的教学目的。在阶级社会任何的教育都是必须为国家统治阶级服务的，因此教育主管部门所确定的教学目标，就是教育的目标。由于历史教学往往是在中学设置课程并开展的，因此，历史教学目标在教育过程中的具体体现就是课程目标。

一、民国政府制定的中学历史教学目标

从1929年起，国民政府中小学课程标准起草委员会（1928年成立）就开始致力于制定适应国民党统治需要的历史课程目标，其中提出了七条教学目标：“（一）研求中国政治经济变迁的概况，说明近世中国民族受列强侵略之经过，以激发学生的民族精神，并唤醒其在中国民族运动上责任的自觉。（二）研求重要各国政治经济变迁的概况，说明今日国际形势的由来，以培植学生国际的常识，并养成其远大的眼光与适当的国际同情心。但同时仍注重国际形势下的中国地位，使学生不以高远的理想，而忽忘中国民族自振自卫的必要。（三）研求各国重要民族学术文化演进的概况，与中国学术文化演进的经过，使学生略知现代人类生活与文化的由来。（四）对于中外各时代的政治状况，特别注意说明现代民权发展的由来，以树立学生政治训练与运用民权的基础。（五）对于中外各时代之经济状况，特别注意说明现代经济状况与重要社会问题之由来，以阐明民生主义之历史的根据，并促进学生对于民生问题之注意与了解。（六）由历史实例的启示，培养学生高尚的情操，服务人群与精进不息的精神，并增进其观察判断的能力。（七）使学生明了近代科学

对于物质文明及社会进化的贡献。”[1]这是中国历史教育史上首次明确地对历史教学目标提出要求，但是细观之，与其说这是教学目标，不如说是对教学内容简单、粗放的规定。该要求缺乏对历史学习方法论的建构，涉及学生价值观建构的内容也是非常简略。

二、新中国成立后我国教学目标的制定

教学目标是课程构建的指导方针，是课程实施的行动指南，它应该真实地反映以下几个内容：①社会对学校教育的要求；②国家对公民素质的要求；③教育对象身心发展的年龄特征；④本学科发展的现有状况；⑤学校实际管理与操作对课程编制的影响。因此，新中国成立之后，我国教育部门对历史教学目标进行了多次修改和规定，历史课程教学目标也越来越明确。

新中国成立后，历史课程的教学目标修订大致分为四个阶段。

（一）新中国成立至20世纪70年代

这时期的历史教学目标逐步摆脱唯心主义史观的影响，提倡“用唯物史观观察和分析历史现象，强调人民群众是历史的主人，阶级斗争是阶级社会历史发展的动力，按照社会发展形态划分历史时期。”在这一阶段，进行历史唯物主义基本观点的教育成为历史教学的主要目标。

（二）20世纪八九十年代的历史教学目标

这一阶段教育的主要特点是由“应试教育”转向“素质教育”。1986年，国家颁布了《全日制小学历史教学大纲》和《全日制中学历史教学大纲》，把中学历史的教学目标规定为“要求学生掌握基础的历史知识，……逐步培养学生历史唯物主义的基本观点，以及运用历史唯物主义基本观点观察问题和分析问题的能力。……要求向学生进行社会发展规律教育、革命传统教育、爱国主义教育和国际主义教育，培养学生热爱社会主义祖国，热爱社会主义事业，热爱共产党的真挚感情，学习历史上优秀人物的高贵品质，树立为社会主义现代化建设献身的精神”。和前一阶段相比，知识传授和能力培养被并列为历史教育目的的两个方面。但是该大纲对能力培养的要求只是从原则方面进行了规定，比较笼统，缺乏可操作性。

---

① （民国）教育部中小学课程暂行标准起草委员会：《中小学课程暂行标准（第2册）》，卿云图书公司，1929年，第25-26页。

1992年，国家教委颁发《九年义务教育全日制初级中学历史教学大纲(试用)》，提出：“历史教学在社会主义精神文明建设和进行国情教育中占有重要地位，是贯彻德、智、体全面发展的方针，培养有理想、有道德、有文化、有纪律的社会主义建设者和接班人的重要手段之一；对提高全民族的素质，增强民族自尊心、自信心和自豪感起着积极作用。”在“教学目的和要求”中，大纲明确指出初中历史教学“要求学生学习和掌握基础的历史知识”，“要求向学生进行初步的辩证唯物主义和历史唯物主义观点教育，尤其是社会发展规律教育；进行国情教育、爱国主义和国际主义教育；……培养学生具有为祖国社会主义现代化建设和人类的和平、进步事业而献身的历史责任感”，“要求教会学生初步掌握记忆、分析、综合、比较、概括等方法；培养学生学习和表述历史的能力；培养学生初步运用历史唯物主义的基本观点观察问题、分析问题的能力”。这部大纲在教学目标方面的特点是“全面落实教育方针，培养‘四有’社会主义接班人”，并且将教学目标由两个方面增加到了基础知识、思想教育、能力培养三个方面，为后来教学目标的改革奠定了基础。

(三)21世纪初期的历史教学目标改革

进入21世纪后，我国全面开展面向21世纪的基础课程教学改革。教育部于2001年和2003年分别颁行了《全日制义务教育历史课程标准(实验稿)》和《普通高中历史课程标准(实验)》。在前者的“前言”中指出：“这次历史课程改革要以唯物史观和科学的教育理论为指导，通过精选历史课程内容，设计灵活多样的教学方式，激发学生学习历史的兴趣，转变学生被动接受、死记硬背的学习方式，拓展学生学习和探究历史问题的空间；培养学生正确的历史观，进而使学生学会辩证地观察、分析历史与现实问题，加深对祖国的热爱和对世界的了解，从历史中汲取智慧，养成现代公民应具备的人文素养，以应对新世纪的挑战。”

这两部课程标准在历史教学目标上较以往的教学大纲有了很大的变化：第一，强调必须面向全体学生，充分体现“以学生发展为本”的教育理念，提高学生的整体素质；第二，由以往注重教学方式转变为注重学生的学习方式，注重学生在教学中的主体作用，注重探究式教学；第三，在能力培养上，强调创造性学习能力的培养，并开始对能力进行细化，分为四个层次，即学生自主学习和探究能力，运用历史资料的能力，历史思维能力，对历史问题进行阐述、分析和解决的能力；第四，教育目的不再是空洞的思想品德教育，强调培养学生正确的历史意识、国际意识、公民意识，正确的道德观、人生观、价值观，形成健全的人格，提高其人文素养。

两部课程标准将历史教学目标归纳为三维目标，即“知识与能力”“过程与方法”“情感态度与价值观”。

历史课程教学目标的第一维度目标是“知识与能力”，其中“知识”就是历史的基本史实。历史知识是人类对客观事物的属性和联系的反应，是过去发生过的事情在人脑中的主观反应。在基础教育中，学生学习的历史知识有别于高等教育中的专门历史知识，它首先要解决的是“历史是什么”的问题。而所谓“能力”就是在获得基础知识的基础上，不仅要知道“历史是什么”，还要认识“历史为什么”“怎么做”，这样才能掌握正确的历史观，形成分析、解答历史问题的能力。它强调历史的学习过程既是一个了解历史史实的过程，又是一个学会分析、解答历史问题的过程，在学习过程中不仅要掌握历史知识，还要提高能力水平；不仅要提升分析、解答历史问题的能力，还要掌握学习历史的方法；不仅要追求学习结果，更要强调在学习过程中获得提高。

历史课程教学目标的第二维度目标是“过程与方法”。这一目标变“追求学习的结果”为“强调学习的过程”，注重学生学习过程中的积极体验和对科学方法的掌握与内化。这就要求教师不仅要关注学生对知识目标的认知和追求，更要关注学生个性上的差异，关注学生能力的发展，注重学生对学习方法的主动探究，遵循学生身心发展的规律，充分发挥学生的潜能。

历史课程教学目标的第三维度目标是“情感态度与价值观”。态度是人类社会生活中最为常见的心理现象，心理学家指出，人们之所以持有某种态度，是因为态度能够满足人们的某种需要，所以态度决定了人的判断。历史属于人文学科，唐太宗曾以“以古为镜，可以知兴替”形容历史学习的价值，德国学者德罗伊森也认为学习历史是“借着过去事迹为媒介的自我认识”[①]，从古至今，历史学习都倡导价值的判断与经验的总结。因此，历史教学目标中的情感态度与价值观，实际就是让学生通过对我国国情的了解，理解并热爱我国的优秀文化传统，形成对祖国的认同感，树立积极进取的学习态度、健康向上的人生态度和正确的世界观、人生观、价值观。

（四）新时期的历史教学目标改革

2013年，教育部启动普通高中课程修订工作。本次修订深入总结21世纪以来我国普通高中课程改革的宝贵经验，充分借鉴国际课程改革的优秀成果，努力将普通高中课程方案和课程标准修订成既符合我国实际情况，又具有国际视野的纲领性教学文件，构建具有中国特色的普通高中课程体系。

---

① 德罗伊森：《历史知识理论》，胡昌智译，北京：北京大学出版社，2006年，引言第16页。

2017年召开的党的十九大明确提出:“要全面贯彻党的教育方针,落实立德树人根本任务,发展素质教育,推进教育公平,培养德智体美全面发展的社会主义建设者和接班人。”基础教育课程承载着党的教育方针和教育思想,包含了教育目标和教育内容,是国家意志在教育领域的直接体现,在立德树人中发挥着关键作用。2003年的《普通高中历史课程标准(实验)》,基本建立起适合我国国情、适应时代发展要求的普通高中历史课程体系,促进了教育观念的更新,推进了人才培养模式的变革,提升了教师队伍的整体水平,有效推动了考试评价制度的改革,为我国基础教育质量的提高做出了积极贡献。但是,面对经济、科技的迅猛发展和社会生活的深刻变化,面对新时代社会主要矛盾的转化,面对新时代对提高全体国民素质和人才培养质量的新要求,面对我国高中阶段教育基本普及的新形势,《普通高中历史课程标准(实验)》还有一些不相适应和亟待改进之处。本次课程标准改革最大的改变在于将以往“素质教育”中培养人文素养的目标更加具体化、深入化,凝练出历史学科的核心素养,并以核心素养的培养作为历史学科的教学目标。

所谓核心素养(key competencies)是学生在接受相应学段的教育过程中,逐步形成的适应个人终身发展和社会发展需要的必备品格和关键能力,是所有学生应具有的最关键、最必要的基础素养,是知识、能力和态度等的综合表现,它可以通过接受教育来形成和发展,具有发展连续性和阶段性。按照国家立德树人的培养要求,中国学生发展的核心素养以科学性、时代性和民族性为基本原则。核心素养应符合学生身心发展和教育活动规律,体现民族特色和文化传统,并能够反映世界教育与经济发展的最新趋势,体现我国当前学生普遍欠缺但未来又亟须具备的素养。

历史学的本质是对历史的认识,即在一定的历史观的指导下对人类历史的阐释。历史课程,尤其是普通高中历史课程的育人功能,重在引导学生从多角度对历史进行认识,促进学生历史核心素养的发展,使学生在探究历史的过程中形成对历史的正确认识。在此基础上,人民教育出版社历史教材编写组组织大量专家进行研究,将历史学科的核心素养确定为:

1.唯物史观

唯物史观是揭示人类社会历史客观基础及发展规律的科学的历史观和方法论。

人类对历史的认识是由表及里、逐渐深化的,要透过历史的纷杂表象认识历史的本质,科学的历史观和方法论是非常重要的。唯物史观使历史学成为一门科学,只有运用唯物史观的立场、观点和方法,才能对历史有全面、客观的认识。

2.时空观念

时空观念是在特定的时间联系和空间联系中对事物进行观察、分析的意识和思维方式。

任何历史事物都是在特定的、具体的时间和空间条件下发生的，只有在特定的时空框架当中，才可能对史事做出准确的理解。

3.史料实证

史料实证是指对获取的史料进行辨析，并运用可信的史料努力重现历史真实的态度与方法。

历史过程是不可逆的，认识历史只能通过现存的史料。要形成对历史的正确、客观的认识，必须重视史料的搜集、整理和辨析，去伪存真。

4.历史解释

历史解释是指以史料为依据，对历史事物进行理性分析和客观评判的态度、能力与方法。

所有历史叙述在本质上都是对历史的解释，即便是对基本事实的陈述也包含了陈述者的主观认识。人们通过多种不同的方式描述和解释过去，通过对史料的搜集、整理和辨析，客观地理解历史事物，不仅要将其描述出来，还要揭示其表象背后的深层因果关系。通过对历史的解释，不断地接近历史真实。

5.家国情怀

家国情怀是学习和探究历史应具有的人文追求与社会责任。

学习和探究历史应具有价值关怀，要充满人文情怀并关注现实问题，以服务于国家强盛、民族自强和人类社会的进步为使命。

总而言之，我国历史教学目标的制定经历了一个由注重学生对历史知识本身的学习，到强调培养学生通过知识学习培养能力，再到注重历史学习对学生终身发展的影响的过程，历史课程教学目标也越来越明确。

简答题：

1.历史课程与历史学、历史课程标准、历史教材有什么区别？

2.新中国成立后，中学历史教学目标的制定经历了哪几次改革？改革的总体朝向是什么？

第二章　历史课程标准与历史教材

第一节　初中历史课程标准解读

课程标准是教育部颁布的教学指导性文件，它详细阐明了某一学科的课程性质、课程目标、内容标准、实施建议等，明确指出面向全体学生的基本学习要求。课程标准是教师制订教学目标、教学计划，进行教学设计的根本依据，解读课程标准就是弄清楚国家对每一学科教师教学的基本要求。

进入21世纪后，国家依据对人才培养的客观要求的变化，制定了历史课程标准，在使用十年之后国家再次依据人才培养和国家形势的变化对历史课程标准进行了重新修订。

一、《全日制义务教育历史课程标准（实验稿）》（2001年版）

进入21世纪后，国际综合国力的竞争日益增强，国际的竞争压力与世界范围内的基础教育改革，都推动了我国课程教学的改革。1999年6月，《中共中央　国务院关于深化教育改革全面推进素质教育的决定》提出：“调整和改革课程体系、结构、内容，建立新的基础教育课程体系。”为了达到这一要求，2000年我国开始了面向21世纪的基础教育课程改革，以北京师范大学、华东师范大学、东北师范大学、西北师范大学和人民教育出版社为主，成立了历史学专家课题小组，研究制定了新世纪历史课程标准，当时称为《全日制义务教育历史课程标准（实验稿）》，并于2001年开始实施。

这次由历史教学大纲向历史课程标准的改革是我国基础教育历史上的一次重大改革。与以往的历史教学大纲不同的是，这次的历史课程标准凸显了历史教育在新世纪的跨越式变革，其改变主要体现在以下方面：

第一，编写指导思想的变化。这一次的基础教育课程改革是以邓小平“教育要面向现代化，面向世界，面向未来”的题词和江泽民同志“三个代表”的重要思想为指导，全面贯彻党的教育方针，以提高国民素质为宗旨，以培养创新精神和实践能力为重点，强调课程要促进每个学生身心健康发展，培养其良好品德，强调基础教育要满足每个学生终身发展的需要，培养学生终身学习的愿望和能力。

第二，课程目标的变化。在以往的历史教学大纲中规定：“初中历史教学，要求教会学生初步掌握记忆、分析、综合、比较、概括等方法；培养学生学习和表述历史的能力；培养学生初步运用历史唯物主义的基本观点观察问题、分析问题的能力。”①这种强调基础知识与能力培养的教学目标称为“双基”目标，它强调学生对知识的记忆和理解，强调教师教学与学生学习的实践功能；在教学评价中突出对学生的甄别与选拔，所以在课程实施过程中，学生受到的是接受式学习、死记硬背、机械化的训练。2001年版《全日制义务教育历史课程标准（实验稿）》则强调根据学生的认知能力和心理特点来确定历史课程的目标，强调学生的自主学习能力，教师在学习过程中所起的作用从传统的一味“教”，转变为对学生的指导，通过教师的指导培养学生的学习兴趣，激发他们对历史的学习热情，关注他们的个体发展。将课程目标分为三个方面，即知识与能力、过程与方法、情感态度与价值观，在教学过程中强调学生的交流和合作能力、实践能力。

第三，课程内容结构的变化。以往的历史教学大纲的教学内容结构设置是以时间为轴，总体上分为三个部分，即中国古代史、中国近现代史、世界史，按照历史学科自身的逻辑进行编制的，强调历史学科体系的完整性。但是所设置的教学内容知识点繁杂，理论性强，有部分知识点较偏，观点陈旧，以书本知识为主，缺乏生活知识，存在“难、繁、偏、旧”的现象。2001年版《全日制义务教育历史课程标准（实验稿）》将过去教材中成人化、专业化的内容进行删减，构建更为符合学生心理及生活经验的学科体系。将教学内容结构改为：中国古代史、中国近代史、中国现代史、世界古代史、世界近代史、世界现代史六个部分。每个部分又分为若干个学习主题，并将这些主题按类别分为“政治活动”“经济活动”“思想文化”三个方面。该版课程标准以主题形式构建初中历史课程体系，按照课程目标的要求，将教学内容的目标具体化，对学生学习课程内容提出了三个层次的要求：识记、理解和运用，在每个学习主题中提出不同层次内容的目标要求，便于学生对知识点整体把握。以中国古代史部分中“统一国家的建立”为例，内容标准为：

（1）了解秦兼并六国和秦始皇加强中央集权的史实，探讨统一国家建立的意义。

（2）知道陈胜吴广起义。

① 课程教材研究所：《20世纪中国中小学课程标准·教学大纲汇编：历史卷》，北京：人民教育出版社，2001年，第656页。

(3)列举汉武帝大一统的主要史实,评价汉武帝。

(4)讲述张骞通西域等史实;认识丝绸之路在中外交流中的作用。[①]

识记为第一层次,要求学生能够正确地写出或说出秦兼并了哪六国、陈胜吴广起义的路线、汉武帝大一统的主要内容、丝绸之路的主要路线及中外交流的物品等;理解、归纳等则为第二层次,要求学生在识记的基础上对历史内容进行整理、归纳,形成对历史问题的初步认知,如归纳秦始皇加强中央集权的措施、知道汉武帝实行推恩令的原因、认识丝绸之路在中外交流史上的作用;探讨、评价等为运用层次,要求学生不仅要学会知识和技能,还需要运用这些知识和技能,对历史内容发表自己的见解和评价,如辩证评价秦始皇的功与过、探究汉武帝的大一统对历史发展的作用等。

同时为了更贴近学生的生活经验,增加了历史实践活动课,通过活动课的开展培养学生搜索信息、处理信息的能力,丰富他们的学习体验与实践,让他们养成勤动手、勤动脑、乐于探究的好习惯。总之,2001年版初中历史课程标准对教学目标的层次进行了设定,减轻了学生的学习负担,也便于教师进行分层教学。

第四,教材编写方式的变化。过去的历史教材都是在历史教学大纲的指导下,由人民教育出版社编写教材,全国统一推行。2001年版历史课程标准改变过去统一管理的状况,实行国家、地方、学校三级管理制度,增强课程对地方、学校及学生的适应性。在此指导下,初中历史出现了人民教育出版社、岳麓书社、中华书局、四川教育出版社等几个版本的教材,这些教材虽在编写内容上都以2001年版初中历史课程标准为依据,但根据各地方教育的状况形成了不同的侧重点(如川教版教材对四川保路运动做了比较详细的描述;岳麓版教材则将岳麓书院作为补充知识),使得对学生的教育更具针对性。

二、《义务教育历史课程标准(2011年版)》解读

2001年,国家启动了新世纪基础教育课程改革。经过十年的实践探索,课程改革取得显著成效,构建了具有中国特色、反映时代精神、体现素质教育理念的基础教育课程体系,各学科课程标准得到中小学教师的广泛认同。同时,在课程标准执行过程中,也发现一些内容、要求有待调整和完善。为此教育部基础教育课程教材委员会经研究,决定正式印发义务教育各学科课程标准2011年版,并于2012年秋季开始执行。

这一版的课程标准全称为《义务教育历史课程标准(2011年版)》,它在2001年版初中

① 中华人民共和国教育部:《全日制义务教育历史课程标准(实验稿)》,北京:北京师范大学出版社,2001年,第6页。

历史课程标准的基础上对课程性质、课程基本理念、课程设计思路、课程目标等进行了较大的改动，由原来的主题与通史相结合的结构改为以通史为主要线索，强调历史知识的时序性与线索性，从而更好地与高中教材接轨，同时还增强了时代性。

第一，课程性质方面。2011年版初中历史课程标准对历史的课程性质做了很大的改动，明确指出义务教育阶段历史课程具有思想性、基础性、人文性和综合性四大特点。初中历史教育属于通识教育阶段，不等同于大学专业历史教育的浓缩版，应该从初中生的认知发展水平出发，体现义务教育阶段历史教育的基础性和普及性。另外历史属于人文社会科学中的一门基础课程，对于提高公民的历史素养等人文素养有很大作用，因此义务教育阶段的历史教育应该体现对受教育者全面教育和终身发展的重视。

第二，课程基本理念方面。2011年版初中历史课程标准在2001年版初中历史课程标准的基础上更突出了通过历史学科的教育功能达到“育人为本”，使全体学生都得到发展的教育理念。2011年版初中历史课程标准认为义务教育阶段应以普及历史常识为基础，注重将正确的价值判断融入对历史的叙述中，更强调并倡导探究式学习与学习方法的创新。学习方式的变革，本就是我国基础教育课程改革纲要提出的六个具体目标之一，学习方式不仅仅是一种工具，更是学习目的，同时也是一种生活方式。以灵活的教学方式倡导学生对历史进行探究和思考其实是培养学生创新能力、实践能力的一种好办法。

第三，课程设计思路方面。在课程性质的指导下，2011年版初中历史课程标准对课程设计思路进行了一次较大的改动，也是这次修订的重点。这一版保持了2001年版初中历史课程标准中对历史学习内容的划分法（六大板块：中国古代史、中国近代史、中国现代史、世界古代史、世界近代史、世界现代史），但对每一个学习板块中的学习主题进行了适当弱化，依照历史发展的时序，在每一个板块的内容设计上采取“点—线”结合的呈现方式。“点”是具体的历史事实，“线”是历史发展的基本线索，使学习内容依据历史的发展线索循序渐进地展开，改变了过去注重主题之下历史发展线索不够清晰的问题（如在岳麓书社2003年版《中国历史》八年级上册的第一单元中，为了突出列强的侵略与中国人民的抗争这一主题，在第二课《火烧圆明园和太平军抗击洋枪队》中，将太平天国运动的起因、经过、结果放在小字部分，将太平军抗击洋枪队的内容作为要求掌握的知识点，对于“天朝田亩制度”“资政新篇”则只字未提），更加清晰而全面地展现了历史发展的全貌，有利于与高中专题式教学的衔接。

在内容的编制上，精选最基本的史事，将一些较高难度的知识点放到高中课程中讲授，如西藏和平解放的意义、1954年宪法的性质及意义、印度的独立、中东战争等；删去一部分不影响初中生理解历史发展主体线索的知识点，如元谋人、尧舜禹的传说、母系氏族社会、父系氏族社会、布匿战争等。此举减轻了学生的学业负担，又不影响学生对历史发展线索的理解。同时，增加了那些对历史发展的整体概念有影响的知识点，如东汉的衰亡、五代十国等；在现代史方面主要增加的是目前阶段所发生的、初中生所能理解的史实知识点，如雷锋、奥运会、世贸组织、联合国、中国共产党历届全国代表大会。

第四，对课程目标的修改。2011年版初中历史课程标准保留了2001年版初中历史课程标准中三维目标的划分，又对这三方面目标，进行了全新的表述，使之更为明确、清晰、完整。

表2-1　新旧课标三维目标要求对照表

三维目标	《全日制义务教育历史课程标准（实验稿）》2001年版	《义务教育历史课程标准（2011年版）》
知识与能力目标	掌握基本的历史知识，包括重要的历史人物、历史事件和历史现象，以及重要的历史概念和历史发展的基本线索。 在掌握基本历史知识的过程中，逐步形成正确的历史时空概念，掌握正确计算历史年代、识别和使用历史图表等基本技能，初步具备阅读、理解和通过多种途径获取并处理历史信息的能力，形成用口头和书面语言，以及图表等形式陈述历史问题的表达能力。 形成丰富的历史想象力和知识迁移能力，逐步了解一定的归纳、分析和判断的逻辑方法，初步形成在独立思考的基础上得出结论的能力；初步了解人类社会是从低级向高级不断发展的、历史发展是有规律的等科学的历史观，学习客观地认识和评价历史人物、历史事件和历史现象。	1.知道重要的历史事件、历史人物及历史现象，知道人类文明的主要成果，初步掌握历史发展的基本线索。 2.了解历史的时序，初步学会在具体的时空条件下对历史事物进行考察，从历史发展的进程中认识历史人物、历史事件的地位和作用。 3.了解多种历史呈现方式，包括文献材料、图片、图表、实物、遗址、遗迹、影像、口述以及历史文学作品等，提高历史的阅读能力和观察能力，形成符合当时历史条件的一定的历史情景想象。 4.初步学会从多种渠道获取历史信息，了解以历史材料为依据来解释历史的重要性；初步形成重证据的历史意识和处理历史信息的能力，逐步提高对历史的理解能力，初步学会分析和解决历史问题。 5.学会用口头、书面等方式陈述历史，提高表达与交流的能力。

续表

三维目标	《全日制义务教育历史课程标准（实验稿）》2001年版	《义务教育历史课程标准(2011年版)》
过程与方法目标	历史学习是一个从感知历史到积累历史知识、从积累历史知识到理解历史的过程。通过课堂学习和课后活动，逐步感知人类在文明演进中的艰辛历程和巨大成就，逐步积累客观、真实的历史知识；通过收集资料、构建论据和独立思考，能够对历史现象进行初步的归纳、比较和概括，产生对人类历史的认同感，加深对人类历史发展进程的理解，并做出自己的解释。 注重探究式学习，勇于从不同角度提出问题，学习解决历史问题的一些基本方法；乐于同他人合作，共同探讨问题，交流学习心得；积极参加各种社会实践活动，学习运用历史的眼光来分析历史与现实问题，培养对历史的理解力。	1.通过多种途径感知历史，学会从当时的历史条件理解历史上的人和事，并经过分析、综合、概括、比较等思维过程，形成历史概念，进而认识历史发展的时代特征和历史发展的基本趋势。 2.在学习历史的过程中，逐步学会运用时序与地域、原因与结果、动机与后果、延续与变迁、联系与综合等概念，对历史事实进行理解和判断。 3.在了解历史事实的基础上，逐步学会发现问题、提出问题，初步理解历史问题的价值和意义，并尝试体验探究历史问题的过程，通过搜集资料、掌握证据和独立思考，初步学会对历史事物进行分析和评价，并在探究历史的过程中尝试反思历史，汲取历史的经验教训。 4.逐步掌握学习历史的一些基本方法，包括计算历史年代的方法、阅读教科书及有关历史读物的方法、识别和运用历史地图和图表的方法、查找和收集历史信息的途径和方法、运用材料具体分析历史问题的方法等。 5.初步掌握解释历史问题的方法，力求在表达自己的见解时能够言而有据，推论得当；学会与教师、同学共同对历史问题进行探究与讨论，能够积极汲取他人的正确见解，善于与他人合作，交流学习心得和经验。

续表

三维目标	《全日制义务教育历史课程标准（实验稿）》2001年版	《义务教育历史课程标准（2011年版）》
情感态度与价值观目标	逐渐了解中国国情，理解并热爱中华民族的优秀文化传统，形成对祖国历史与文化的认同感，初步树立对国家、民族的历史责任感和历史使命感，培养爱国主义情感，逐步确立为祖国的社会主义现代化建设、人类和平与进步事业做贡献的人生理想。 形成健全的人格和健康的审美情趣，确立积极进取的人生态度、坚强的意志和团结合作的精神，增强承受挫折、适应生存环境的能力，为树立正确的世界观、人生观和价值观打下良好的基础。 在了解科学技术给人类历史发展带来巨大物质进步的基础上，逐步形成崇尚科学精神的意识，确立求真、求实和创新的科学态度。 了解历史上专制与民主、人治与法治的演变过程，理解从专制到民主、从人治到法治是人类历史发展的必然趋势，不断强化民主与法制意识。 了解人类社会历史发展的多样性，理解和尊重世界各国、各地区、各民族的文化传统，学习汲取人类创造的优秀文明成果，逐步形成面向世界、面向未来的国际意识。	1. 从历史的角度认识中国的具体国情，认同中华民族的优秀文化传统，尊重和热爱祖国的历史和文化；认识在漫长的历史进程中，我国各族人民密切交往、相互依存、休戚与共，形成了中华民族多元一体的格局，共同推动了国家发展和社会进步，增强民族自信心和自豪感。 2. 感悟近现代中国人民为救亡图存和实现中华民族伟大复兴而进行的英勇奋斗和艰苦探索，认识中国共产党在中国革命、建设和改革事业中的决定作用，树立中国特色社会主义理想信念；继承和弘扬以爱国主义为核心的民族精神，认识到国家统一、民族团结和社会稳定是中国强盛的重要保证，初步形成对国家、民族的认同感，增强历史责任感。 3. 了解人类社会历史发展的基本趋势及人类文化的多样性，理解和尊重世界各国、各民族的文化传统，学习汲取人类创造的优秀文明成果；认识和平与发展是当今时代的主题，逐步形成面向世界的视野和意识。 4. 认识人类历史上物质文明、精神文明发展的重要性，理解历史上的革命与改革在不同程度上促进了社会的进步，认识从专制到民主、由人治到法治是历史发展的必然趋势，不断发展社会主义民主与加强社会主义法制意识。 5. 认识科学技术的发展对人类历史进步的推动作用，逐步形成尊重科学、崇尚科学的意识，树立求真、求实和创新的科学态度；从历史的演变中认识合理开发和利用资源、生态环境保护的重要性，初步形成可持续发展的观念。 6. 认识人民群众创造历史的作用以及杰出人物在历史上的重要贡献，吸取前人的经验和智慧，初步理解个人与群体、个人与社会的关系，提高对是与非、善与恶、美与丑的识别判断力，逐步确立积极进取的人生态度，形成健全的人格和健康的个性品质。

三、《义务教育历史课程标准（2022年版）》解读

（一）本次修订的背景

课程标准是有关课程与教学的国家教育文件，具有纲领性、指导性的重要意义。2017年国家颁布了新的高中阶段历史课程标准，提出了历史学科“五大核心素养”（唯物史观、时空观念、史料实证、历史解释、家国情怀）的概念。2018年9月10日，习近平总书记在全国教育大会上强调，要在党的坚强领导下，全面贯彻党的教育方针，坚持马克思主义指导地位，坚持中国特色社会主义教育发展道路，坚持社会主义办学方向，立足基本国情，遵循教育规律，坚持改革创新，以凝聚人心、完善人格、开发人力、培育人才、造福人民为工作目标，培养德智体美劳全面发展的社会主义建设者和接班人，加快推进教育现代化、建设教育强国、办好人民满意的教育。为了适应国内、国际的教育发展潮流，响应中央立德树人的教育目标，同时与高中历史教育接轨，从2018年开始教育部组织历史学科各专家学者以及全国大批一线义务教育阶段的历史教师开始了新一轮的义务教育阶段历史课程标准的编写工作。该项工作得到了全国广大历史教师的拥护和支持，经过四年的修订和严格审查，在2022年4月，《义务教育历史课程标准（2022年版）》正式颁布。

（二）本次修订的改革方向

第一，体现国家意志和国家对未来人才培养的要求，注重“以史育人、以文化人”。与2011年版初中历史课程标准相比，2022年版初中历史课程标准强调贯彻习近平新时代中国特色社会主义思想，加强社会主义先进文化、革命文化、中华优秀传统文化教育，突出伟大的建党精神，赓续红色血脉，强化“四史”学习教育，弘扬改革开放精神、伟大抗疫精神、脱贫攻坚精神等，反映新时代党和国家人才培养的新要求，确保党和国家的意志、主流价值观在历史课程标准中得以全面贯彻落实；充分发挥历史课程在立德树人方面的独特价值，从学习、认识历史的角度，坚持唯物史观和正确党史观，坚持揭示历史发展的规律和趋势，使学生明理、增信、崇德、力行，指导教师把“以史育人、以文化人”落在实处，以培养有理想、有本领、有担当的“三有”时代新人为目标。

第二，坚持唯物史观，体现国际水准，突出中国特色。根据《义务教育历史课程标准（2022年版）》，义务教育阶段的历史课程以培养“三有”时代新人为总目标，坚持以唯物史观为指导，德育为先，聚焦核心素养，体现基础性、思想性、人文性、综合性和实践性。与此同时，把握基础教育国际课程改革新动态，对国际历史课程的现状和发展趋势进行比较研究，并以此作为此次修订的重要参照，使2022年版历史课程标准在中国话语体系下与国际水平接轨，既充分体现国家意志，又符合国际历史课程的发展趋势，具有前瞻性。

第三，总结成就，解决问题，实现继承与发展。2022年版初中历史课程标准立足新时代的新变化、新要求，通过总结前一版历史课程标准实施十年来的实践经验，针对问题进行修订。教师反映，2011年版历史课程标准中的三维目标表述笼统，指导性不强，没有体现以核心素养为统领的新教育教学理念；课程内容的精选与优化部分较为分散，不够系统；课程的综合性、实践性有待提高，特别是其中缺少跨学科的学习设计；课程评价有待细化落实等。针对以上问题，本次修订工作的基本路径如下：一是构建素养型课程目标，突出课程目标的价值取向，提炼历史课程要培养的学生核心素养，以此为统领，确定课程育人的具体目标，将课程目标与核心素养对标对表。二是在通史叙事基础上，使学习内容更加结构化、系统化、整体化。三是强化综合性和实践性，充分考虑初中学生学习历史的特点，注意将知识学习与日常生活、社会实践相结合。四是探索历史课程与其他课程的跨学科学习，综合运用多种教学方法，推动历史课程育人方式的变革和教学模式的创新。

（三）2022年版新课标的变化与突破

1.核心素养的凝练

在2022年版初中历史课程标准中，提炼了唯物史观、时空观念、史料实证、历史解释、家国情怀作为核心素养的五个方面，作为义务教育历史课程的价值目标。新课程标准编订者们将该版核心素养称为“五大核心素养2.0版”[①]。在新课程标准中将五大核心素养分为概念、价值阐述和基本要求三个部分来进行表述，下表将其进行分解。

① 叶小兵教授在2022年7月11—18日，广东省“新强师工程”省级示范培训项目“义务教育统编教材历史骨干教师示范培训班”第2天的《〈义务教育历史课程标准（2022年版）〉解读》讲座中提出。

表2-2　义务教育阶段五大核心素养分解表

核心素养	概念界定	价值阐述	基本要求
唯物史观	是揭示人类社会客观基础及发展规律的科学的历史观和方法论。	人类对历史的认识是由表及里、逐渐深化的，要透过历史的纷杂表象认识历史的本质，必须以科学的历史观和方法论为指导。唯物史观使历史学成为一门科学，只有运用唯物史观的立场、观点和方法，才能对历史有全面、客观的认识。	在义务教育阶段，要求学生初步学会在唯物史观的指导下看待历史。
时空观念	是在特定的时间联系和空间联系中对事物进行观察、分析的意识和思维方式。	任何事物都是在特定的、具体的时间和空间条件下存在的，只有在特定的时空框架中，才可能对史事有准确的理解。	在义务教育阶段，要求学生学会在具体的时空条件下考察历史。
史料实证	是指对获取的史料进行辨析，并运用可信史料努力重现历史真实的态度与方法。	史料是认识历史的主要依据。要形成对历史的正确、客观的认识，必须重视史料的搜集和解读，并在学习和探究活动中加以运用。	在义务教育阶段，要求学生初步学会依靠可信史料了解和认识历史。
历史解释	是指以史料为依据，客观地认识和评判历史的态度和方法。	所有历史叙述本质上都是对历史的解释，即便是对基本事实的陈述也包含了陈述者的主观认识。只有通过对史料的搜集、整理和辨析，辩证、客观地描述历史，揭示历史表象背后的深层因果关系，才能不断接近历史真实。	在义务教育阶段，要求学生初步学会有理有据地表达自己对历史的看法。
家国情怀	是学习和探究历史应具有的人文追求与社会责任。	学习和探究历史应充满人文情怀并关注现实问题，热爱家乡，热爱祖国，放眼世界，以服务于国家富强、中华民族伟大复兴和人类命运共同体的构建。	在义务教育阶段，要求学生形成对家乡、国家和中华民族的认同，具有国际视野，有理想、有担当。

2. 五大核心素养的内涵

初中历史五大核心素养与高中历史核心素养虽然在提法上一致，但是在内容实质上存在着递进关系，是高中历史核心素养的学习基础。

表2-3　初、高中历史核心素养要求对照表

核心素养	初中历史核心素养要求	高中历史核心素养要求
唯物史观	初步学会在唯物史观的指导下看待历史：能够认识劳动在人类社会发展中的重要作用，知道物质生产是人类生存和人类社会发展的基础；知道人民群众是物质生产的主要承担者和历史的创造者；知道生产力发展的重要性，知道生产力和生产关系的矛盾运动、经济基础和上层建筑的矛盾运动是社会历史发展的根本动力；知道在阶级社会中存在着阶级矛盾和阶级斗争，阶级斗争是推动历史发展的直接动力；初步了解人类社会形态从低级到高级的发展趋势。能够将唯物史观运用于历史学习，结合史实进行阐述和说明。	了解唯物史观的基本观点和方法，包括人类社会形态从低级到高级的发展、生产力和生产关系之间的辩证关系、经济基础和上层建筑之间的相互作用、人民群众在社会发展中的重要作用等，理解唯物史观是科学的历史观；能够正确认识人类历史发展的总趋势；能够将唯物史观运用于历史的学习与探究中，并将唯物史观作为认识和解决现实问题的指导思想。
时空观念	学会在具体的时空条件下考察历史：了解历史发展的时间顺序和空间要素，初步掌握计算历史时间和识别历史地图的方法，并能够在历史叙述中运用这些方法；能够将事件、人物、现象等置于历史发展的特定或总体进程及具体的地理空间中加以考察，并从历史发展的角度认识其地位和作用。	知道特定的史事是与特定的时间和空间相联系的；知道划分历史时间与空间的多种方式，并能够运用这些方式叙述过去；能够按照时间顺序和空间要素，建构历史事件、历史人物、历史现象之间的相互关联；能够在不同的时空框架下对史事作出合理解释；在认识现实社会时，能够将认识的对象置于具体的时空条件下进行考察。
史料实证	初步学会依靠可信史料了解和认识历史：了解史料的主要类型，初步学会从多种渠道获取历史信息，提高对史料的识读能力；能够尝试运用史料说明历史问题，学会根据可信史料对历史进行论述；初步形成重证据的意识和处理历史信息的能力。	知道史料是通向历史认识的桥梁，了解史料的多种类型，掌握搜集史料的途径与方法；能够通过对史料的辨析和对史料作者意图的认知，判断史料的真伪和价值，并在此过程中增强实证意识；能够从史料中提取有效信息，作为历史叙述的可靠证据，并据此提出自己的历史认识；能够以实证精神对待历史与现实问题。

续表

核心素养	初中历史核心素养要求	高中历史核心素养要求
历史解释	初步学会有理有据地表达自己对历史的看法:能够初步区分历史叙述中的史实与解释;能够客观叙述和分析历史,有理有据地表达自己的看法;在理解和辨析相关史料的基础上,尝试发现和提出新的问题,加以论证,形成自己的历史认识。	区分历史叙述中的史实与解释,知道对同一历史事物会有不同解释,并能对各种历史解释加以辨析和价值判断;能够客观论述历史事件、历史人物和历史现象,有理有据地表达自己的看法;能够认识历史解释的重要性,学会从历史表象中发现问题,对历史事物之间的因果关系做出解释;能够客观评判现实社会生活中的问题。
家国情怀	形成对国家和中华民族的认同,具有国际视野,有理想、有担当:能够从历史的角度认识中国国情,认识中华民族多元一体的历史发展趋势,增强热爱家乡、热爱祖国的情感,铸牢中华民族共同体意识;了解并认同社会主义先进文化、革命文化、中华优秀传统文化,认识中华文明的历史价值和现实意义,增强民族自尊心、自信心和自豪感;了解中国历史上的英雄人物,崇尚英雄气概,传承民族气节;培育和践行社会主义核心价值观,把握习近平新时代中国特色社会主义思想的核心要义,树立中国特色社会主义道路自信、理论自信、制度自信、文化自信。	在树立正确历史观基础上,从历史的角度认识中国的国情,形成对祖国的认同感和正确的国家观;能够认识中华民族多元一体的历史发展趋势,形成对中华民族的认同感和正确的民族观,具有民族自信心和自豪感;了解并认同中华优秀传统文化、革命文化、社会主义先进文化,了解中国各个历史时期的英雄人物,传承民族气节、崇尚英雄气概,认识中华文明的历史价值和现实意义;了解世界历史发展的多样性,理解和尊重世界各国、各民族的文化传统,具有广阔的国际视野,树立正确的文化观;认同社会主义核心价值观,认同走中国特色社会主义道路是历史的必然,树立中国特色社会主义道路自信、理论自信、制度自信和文化自信;能够确立积极进取的人生态度,塑造健全的人格,树立正确的世界观、人生观和价值观。

在初中阶段,唯物史观核心素养培养的任务是让学生初步了解唯物史观的实践观、生产观、辩证观、整体观等,初步能够用唯物史观的观点阐述问题,并不要求学生用唯物史观的观点探究历史问题。时空观念中,初中阶段要求掌握基本的时间计算法、识别地图的能力;高中阶段则要求以时空迁延性对历史进行探究。史料实证中初中阶段要求学生能够初步区分史料的来源,能够在可信史料的基础上进行历史解读,形成重证据的意识;高中阶段则要求多渠道地了解史料的来源,并能够对史料进行一定的辨析。历史解释中,初中阶段只要求学生能够在可信史料的基础上对历史做出合理的解释,并尝试提

出新的问题；在高中阶段则要求学生既能有理有据地表达自己的观点，又能透过历史的表象看待历史深层的问题。家国情怀中，初中阶段对学生的要求的出发点更为具体，高中阶段则是对学生三观进行培养。

3.课程结构内容的变化

义务教育历史课程标准的课程内容包含中国古代史、中国近代史、中国现代史、世界古代史、世界近代史、世界现代史，以及跨学科主题学习，共七个板块。与前一版历史课程标准相比较，内容目标有以下变化：

（1）新增：蓝田人、良渚遗址、陶寺遗址；三国两晋南北朝时期区域开发、民族交往交流交融的历史特点；明清时期的经济改革和全球性经济互动；统一多民族封建国家版图奠定的重要意义；中华优秀传统文化；中国特色社会主义进入新时代；原始社会时期的人类活动；古代非洲、美洲的社会发展概况；构建人类命运共同体。

（2）减少：世界古代史中关于西欧的内容。

（3）增设：跨学科主题学习。跨学科主题学习是本次新课标新增的内容，在原历史活动课的基础上进行创新增设。其目的在于进一步发展学生的核心素养，促进学生历史学习方式的转变，加强学生运用多学科知识与技能进行综合探究的能力。跨学科主题学习的主要内容是指学生围绕研究主题，将所学历史课程与其他课程的知识、技能、方法结合起来，开展深入探究、解决问题的综合实践活动。这一主题学习能够将学生各学科的知识与技能结合起来，增强对学生核心素养的培养。

第二节　高中历史课程标准解读

一、《普通高中历史课程标准（实验）》（2003年版）解读

（一）2003年高中历史课程标准改革的背景

20世纪90年代以来，世界各国面对日益激烈的人才竞争和国力竞争，纷纷把改革和发展教育作为增强国际竞争力的首要战略，都以加大基础教育课程改革力度为出发点，

颁布了一系列文件。这些文件不约而同地把改革目标或人才培养目标指向以下几个方面:①不再单纯地把知识传授作为主要目标;②注重对学生社会责任感的培养;③注重学生个性和生存能力的培养;④注重对学生创造力与批判性思维的培养;⑤注重学生在学习过程中的交流以及对其合作精神和团队精神的培养;⑥注重开拓学生的国际视野;⑦注重对学生跨学科综合学习能力的培养。在课程的实施和管理方面,从以下几个方面进行改革:①赋予学校更多的课程自主权,主要表现在教学计划的制订和教材的选用方面;②打破传统的分数至上的学习评价方式,实行学分制,以学生的学习量为单位,修满规定下限学分为学生获得毕业的基本条件;③实行学生选课指导制度,为学生提供更多的课程指导意见和自由选择课程的权利,注重学生个性的培养。

当时中国高中阶段历史教学中使用的仍然是国家教育部1996年颁布的《全日制普通高级中学历史教学大纲(供试验用)》,虽然经过多次改革,但至2002年时仍然存在以下问题:

第一,教育观念滞后,以知识的传授为中心。如在教学目的中明确规定:“普通高中的历史教学,要在初中教学的基础上,使学生进一步掌握重要的历史事件、历史人物、历史现象,理解重要的历史概念,了解历史发展的基本线索,及其不同历史时期人类社会的基本特征,初步认识历史发展的基本规律。”[①]虽然大纲中也说明要注意培养学生的创造性学习能力和探究能力,以及形成正确的历史意识,但始终将知识的传授作为中心思想,放在首位。

第二,课程内容过于强调历史学科的学科专业性,“难、繁、偏、旧”现象较义务教育阶段的内容更为严重。由于过分限定于学科专业性的要求,在教材的编写方面,始终注重历代王朝的政治、经济、文化、民族四个板块的编写,认为四者缺一不可,注重对史实的描述,而不是对史实的分析。

以《中国近代现代史上册(必修)》鸦片战争知识点为例。教材将鸦片战争的知识点分到两节课来学习,第一节课,共有“鸦片战争前夕的中国和世界”“英国的鸦片走私和中国的禁烟运动”“鸦片战争的经过”三个大板块。其中“鸦片战争的经过”的详细知识就包含了以下时间点:1840年6月鸦片战争开始,1841年扩大侵华、三元里人民的抗英斗争,1842年鸦片战争结束;包含以下地名:珠江口、广州大角和沙角炮台、香港岛、三元里、浙江定海、上海吴淞、江苏镇江、天津白河口、南京下关;包含以下地图、图片:《鸦片战争形势示意图》《琦善同英国驻华商务监督义律会谈》;包含以下人物:林则徐、道光、琦善、义

① 中华人民共和国教育部:《全日制普通高级中学历史教学大纲》,北京:人民教育出版社,2002年,第1页。

律、关天培、葛云飞、郑国鸿、王锡朋、裕谦、陈化成、海龄。知识点繁多,使学生须将大量的精力花费在机械地记忆、背诵这些知识点上,忽略了对学生创新能力和对历史形成合理解释的能力的培养。

第三,历史课程的表达方式权威化、绝对化、缺乏人文关怀,将活生生的、复杂多元化的历史固化为权威解释,无法培养学生对历史进行解释的能力。以《中国近代现代史》第二课中的“鸦片战争的影响”这个知识点为例,教材原文如下:

鸦片战争是资本主义的英国用武力打开中国大门的一场侵略战争。它给中国人民带来了野蛮、屈辱,对中国社会产生了巨大的影响。

接着从社会性质的变化、社会矛盾的变化、革命任务的变化三个方面详细地阐释了鸦片战争后中国社会的变化,并最终总结:“鸦片战争是中国历史的转折点,是中国近代史的开端。”此处,教材不是带领学生进行分析,理解鸦片战争给中国社会带来的变化,从而总结出其影响,而是通过官方的、权威的变化论证,告诉学生鸦片战争是中国历史的转折点,未给学生的学习留下充分思考的空间。

第四,课程的实施过程以教师、教材为中心,学生的主体地位未得到体现。虽然大纲中也提到在课程实施中应该培养学生自主学习和探究的精神,但在课程教学过程中由于过多的知识点要学生记忆、掌握、理解,教师不得不将更多的精力放在知识点的讲授上,出现“一讲到底”“满堂灌”的现象。

第五,课程评价方面,只注重学业成绩,以考试分数评定学生的学习质量。

(二)本次课标改革的方向

面对国际基础教育教学改革的趋势和我国进入21世纪后出现的新变化、新要求,2001年秋季,历史教材编写组启动了普通高中历史课程标准的编写工作,将以前的《全日制普通高级中学历史教学大纲》改变为历史课程标准。这次高中历史课程标准的研制汲取了新中国成立以来高中历史教学的经验教训,参照了发达国家的先进教学理念和我国21世纪高中历史教育发展的需要,在充分调查与研究的基础上,凝结了全国许多专家、教师的心血,具有充分的科学性。

本次课程标准改革的总体思路是:在初中历史课程的基础上,根据普通高中教育的性质、任务以及课程目标和基本要求,遵循时代性、基础性、多样性和选择性的原则,规定适合高中学生学习的课程目标和学习内容,为其进入社会和高一级学校奠定基础。

和义务教育阶段从历史教学大纲向历史课程标准的转变一样，这一次改革也是我国高中历史教育史上的一次重大改革。与以前的教学大纲相比较，《普通高中历史课程标准(实验)》(2003年版)在如下几个方面做出了改变：

在课程目标上，改变了过去注重知识传授，忽视人文素养培养的做法，强调高中历史课程对学生人文素养的培养，从单纯传授知识转变为通过学习过程引导学生掌握知识、提升能力、学会思考。将过去的教学目标改变为三维目标，使培养目标更为明确，下文将进行详细分析。

在课程结构上，这一版课程标准改变了过去强调学科本位的现状，以"模块"加"专题"的形式，构建重基础、多样化、有层次，能体现学科间综合运用的课程结构。

在课程内容的选择上，避免与初中历史课程的简单重复，而是革新了课程内容，精选学生终身学习必备的基础内容，增强了课程内容与时代进步、社会进步、学术发展和学生经验的联系，增加了世界史(尤其是近代民主文明)在课程中的比例。在该课程标准中，课程内容被分为两个部分：必修和选修。必修课程分为三个内容：历史(Ⅰ)着重反映人类政治领域发展进程中的重要内容；历史(Ⅱ)着重反映人类社会经济和社会生活领域发展进程中的重要内容；历史(Ⅲ)着重反映人类社会思想文化和科学技术领域的发展进程中的重要内容。选修课程分为六个内容：选修一，历史上重大改革回眸；选修二，近代社会的民主思想与实践；选修三，20世纪的战争与和平；选修四，中外历史人物评说；选修五，探索历史的奥秘；选修六，世界文化遗产荟萃。增强了教学内容的选择性，有利于学生对历史问题的积极探索和发现。

在教学方式和学习方法上，提倡充分发挥学生的主动性，强调教师对学生的引导作用和学生的自主思考、交流合作。

在学业评价上，坚持既重结果，又重过程的原则，通过灵活运用各种科学有效的评价手段，对学生的发展做出定量与定性相结合的评价。

(三)本次课标改革对课程目标的要求

2003年版高中历史课程标准较以往的教学大纲最大的变化在于课程目标的变化，教育部将课程目标确定为初中学习基础上的三维目标：

一、知识与能力

在义务教育的基础上，进一步认识历史发展进程中的重大历史问题，包括重要的历史人物、历史事件、历史现象和历史发展的基本脉络。

在掌握基本历史知识的过程中，进一步提高阅读和通过多种途径获取历史信息的能力；通过对历史事实的分析、综合、比较、归纳、概括等认知活动，培养历史思维和解决问题的能力。

二、过程与方法

进一步认识历史学习的一般过程。学习历史是一个从感知历史到不断积累历史知识，进而不断加深对历史和现实的理解过程；同时也是主动参与、学会学习的过程。

掌握历史学习的基本方法。学习历史唯物主义的基本观点和方法，努力做到论从史出、史论结合；注重探究学习，善于从不同的角度发现问题，积极探索解决问题的方法；养成独立思考的学习习惯，能对所学内容进行较为全面的比较、概括和阐释；学会同他人，尤其是具有不同见解的人合作学习和交流。

三、情感态度与价值观

通过历史学习，进一步了解中国国情，热爱和继承中华民族的优秀文化传统，弘扬和培育民族精神，激发对祖国历史与文化的自豪感，逐步形成对国家、民族的历史使命感和社会责任感，培养爱国主义情感，树立为祖国现代化建设、人类和平与进步事业做贡献的人生理想。

加深对历史上以人为本、善待生命、关注人类命运的人文主义精神的理解。培养健康的审美情趣，努力追求真善美的人生境界。确立积极进取的人生态度，塑造健全的人格，培养坚强的意志和团结合作的精神，增强经受挫折、适应生存环境的能力。进一步树立崇尚科学精神，坚定求真、求实和创新的科学态度。

认识人类社会发展的统一性和多样性，理解和尊重世界各地区、各国、各民族的文化传统，汲取人类创造的优秀文明成果，进一步形成开放的世界意识。[①]

三维目标与以往的教学目标相比，有以下三个方面的突破：

第一，目标更为明确，更具有可操作性。在横向上将课程目标分为三个维度，要求在学习知识中培养能力，在学习过程中吸收方法，强调情感、价值观的培养，较原教学大纲的知识目标、思想教育目标更具体，更有操作性。

第二，把课程目标分解为三个维度，不仅将能力的培养、思想情感的教育放置在和知识目标同等重要的地位上，而且改变了过去单纯重视学习结果的做法，注重学习历史的过程和强调学习方法的吸收。倡导学生探究、合作，强调学生在学习过程中的收获，突出学生“学会了什么”“体会到了什么”“感受到了什么”。

① 中华人民共和国教育部：《普通高中历史课程标准（实验）》，北京：人民教育出版社，2003年，第4-5页。

第三，在思想情感教育方面，突破了以往单纯的政治教育的层面，注重人文素养和科学精神的培养，“把历史教育的政治教育、社会教育功能与人的发展教育功能结合起来，要求学生学会做人”①。

二、《普通高中历史课程标准（2017年版）》②解读

2013年，我国全面启动了对2003年版《普通高中历史课程标准（实验）》的修订工作。本次修订的总体目标是贯彻落实党中央提出的立德树人根本任务，努力将我国高中历史课程标准修订成既具有国际先进水平又符合我国实际情况的纲领性教学文件，构建具有中国特色的普通高中历史课程体系。

（一）核心素养概念的提出及界定

进入21世纪后，各国家、组织开始对核心素养进行研究。1997年，经济合作与发展组织（OECD）启动了“素养的界定与遴选：理论与概念基础”（Definition and Selection of Competencies: Theoretical and Conceptual Foundations）研究项目，首次提出了“核心素养”的概念。该组织历时六年，于2003年发布了最终研究报告《核心素养促进成功的生活和健全的社会》，从“人与工具”“人与自己”和“人与社会”三个方面构建核心素养框架。2005年，该组织又专门发布《核心素养的界定与遴选：行动纲要》，认为：“核心素养有助于社会和个人获得有价值的成果产出，有助于个体满足各个社会生活领域的重要需求。”③在此之后，国际其他组织也纷纷开始将研究的目光投向核心素养。

2006年，欧盟通过了关于核心素养的建议案，发布“为了终身学习的核心素养：欧洲参考框架”。2002年，美国联邦教育部批准成立了“21世纪技能合作组织”，该组织制订了《21世纪技能框架》，提出“核心知识”，2007年又发布了最新版本，它将学习能力规定为三类能力：第一类为学习与创新技能，包括创造力、批判性思维、沟通和协作能力；第二类为信息、媒体与技术技能，这涉及有效利用、管理和评估信息数字技术及通信工具；第三类

① 朱汉国：《普通高中历史课程标准的修订及主要变化》，《历史教学（上半月刊）》，2018年第2期。

② 2019年，高中课标组专家开始对《普通高中历史课程标准（2017年版）》进行修订。2020年，国家发布《普通高中历史课程标准（2017年版2020年修订）》。这次修订跟传统意义上的修改不太一样，它不是推翻重来、重新架构、重新设计，而是在2017年版高中历史课标基础上的修改完善，主要是落实全国教育大会的最新指示精神，同时将教材编写和教学中发现的一些问题，在课标中做相应的补充完善。此外，对于一些表述不到位或逻辑不清晰的地方也给予明确。因此，本节选择2017年版高中历史课标进行解读。若教研工作者需了解具体修改情况，可参考书后附录。

③ 王士卿：《论学生核心素养及其培育途径》，《教育教学论坛》，2017年第52期。

为生活与职业技能，其中包括灵活性和适应性、自我导向、团队精神、对多样性的欣赏、问责制和领导力。2001年，日本推出《21世纪教育新生计划》，强调“基础学力”。2000年起，芬兰“规定了学生需要具备的核心素养，将素养划分为七个主题——成长为人、文化认同与国际化、信息素养与交际、参与行使公民与企业家的权利，对环境、健康和可持续发展的将来的责任感、安全与交通、技术与个体”①。由此可见，进入21世纪后，众多国家把强调国民核心素养的课程发展视为国民教育发展的DNA。

各国虽然对核心素养的表达和要求不同，但同样都认为应该突出强调个人修养、社会关爱，注重自主发展、合作参与和创新实践的能力。可以说核心素养成为世界各国教育改革的目标和具体要求，是新一轮课程目标改革无法绕过的问题。中国学者也在十八大之后开始制定符合本国学生发展要求的“核心素养”。

2012年党的十八大指出要把立德树人作为教育的根本任务。党的十八届五中全会也明确指出：“一个国家和民族的创新能力，从根本上影响甚至决定国家和民族前途命运”，习近平总书记明确要求：“我们必须把创新作为引领发展的第一动力，把人才作为支撑发展的第一资源，把创新摆在国家发展全局的核心位置。”2017年党的十九大再次明确提出：“要全面贯彻党的教育方针，落实立德树人根本任务，发展素质教育，推进教育公平，培养德智体美全面发展的社会主义建设者和接班人。”

2014年3月，“核心素养”首次出现在《教育部关于全面深化课程改革 落实立德树人根本任务的意见》中。2016年北京师范大学发布了由其牵头研究的成果《中国学生发展核心素养》，是我国关于核心素养界定的权威报告。该报告明确了“学生发展核心素养，主要是指学生应具备的，能够适应终身发展和社会发展需要的必备品格和关键能力”，认为落实核心素养是落实国家立德树人根本任务的一项重要举措，是适应世界教育改革发展趋势、提升我国教育国际竞争力的迫切需要。中国学生发展核心素养以科学性、时代性和民族性为基本原则，以培养“全面发展的人”为核心，分为文化基础、自主发展、社会参与三个方面，综合表现为人文底蕴、科学精神、学会学习、健康生活、责任担当、实践创新六大素养，具体细化为国家认同等十八个基本要点。②

综上所述，本轮高中新课改的目的在于开发出符合个人发展与社会发展需要的核心素养清单，从解决“培养什么人”的问题，进入下一步解决“怎样培养人”“如何培养学生的核心素养”的问题。要解决这些问题必须围绕四个方面进行：第一是围绕核心素养开发

① 辛涛、姜宇、王烨辉：《基于学生核心素养的课程体系建构》，《北京师范大学学报（社会科学版）》，2014年第1期。

② 核心素养研究课题组：《中国学生发展核心素养》，《中国教育学刊》，2016年第10期。

课程体系;第二是围绕核心素养改进教学方法;第三是提升教师素质,加强对教师专业发展的引领;第四是转变对学生的评价方式。

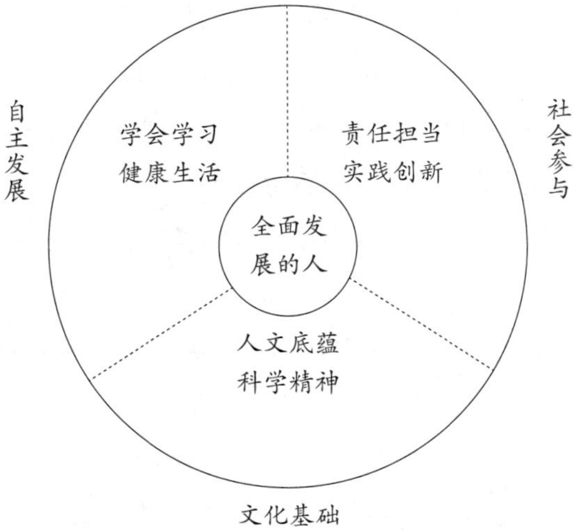

图2-1　中国学生发展核心素养

表2-4　中国学生发展核心素养的基本要点和主要表现

	核心素养	基本要点	主要表现描述
文化基础	人文底蕴	人文积淀	重点是:具有古今中外人文领域基本知识和成果的积累;能理解和掌握人文思想中所蕴含的认识方法和实践方法等。
		人文情怀	重点是:具有以人为本的意识,尊重、维护人的尊严和价值;能关切人的生存、发展和幸福等。
		审美情趣	重点是:具有艺术知识、技能与方法的积累;能理解和尊重文化艺术的多样性,具有发现、感知、欣赏、评价美的意识和基本能力;具有健康的审美价值取向;具有艺术表达和创意表现的兴趣和意识,能在生活中拓展和升华美等。
	科学精神	理性思维	重点是:崇尚真知,能理解和掌握基本的科学原理和方法;尊重事实和证据,有实证意识和严谨的求知态度;逻辑清晰,能运用科学的思维方式认识事物、解决问题、指导行为等。
		批判质疑	重点是:具有问题意识;能独立思考、独立判断;思维缜密,能多角度、辩证地分析问题,做出选择和决定等。
		勇于探究	重点是:具有好奇心和想象力;能不畏困难,有坚持不懈的探索精神;能大胆尝试,积极寻求有效的问题解决方法等。

续表

	核心素养	基本要点	主要表现描述
自主发展	学会学习	乐学善学	重点是:能正确认识和理解学习的价值,具有积极的学习态度和浓厚的学习兴趣;能养成良好的学习习惯,掌握适合自身的学习方法;能自主学习,具有终身学习的意识和能力等。
		勤于反思	重点是:具有对自己的学习状态进行审视的意识和习惯,善于总结经验;能够根据不同情境和自身实际,选择或调整学习策略和方法等。
		信息意识	重点是:能自觉、有效地获取、评估、鉴别、使用信息;具有数字化生存能力,主动适应“互联网+”等社会信息化发展趋势;具有网络伦理道德与信息安全意识等。
	健康生活	珍爱生命	重点是:理解生命意义和人生价值;具有安全意识与自我保护能力;掌握适合自身的运动方法和技能,养成健康文明的行为习惯和生活方式等。
		健全人格	重点是:具有积极的心理品质,自信自爱,坚韧乐观;有自制力,能调节和管理自己的情绪,具有抗挫折能力等。
		自我管理	重点是:能正确认识与评估自我;依据自身个性和潜质选择适合的发展方向;合理分配和使用时间与精力;具有达成目标的持续行动力等。
社会参与	责任担当	社会责任	重点是:自尊自律,文明礼貌,诚信友善,宽和待人;孝亲敬长,有感恩之心;热心公益和志愿服务,敬业奉献,具有团队意识和互助精神;能主动作为,履职尽责,对自我和他人负责;能明辨是非,具有规则与法治意识,积极履行公民义务,理性行使公民权利;崇尚自由平等,能维护社会公平正义;热爱并尊重自然,具有绿色生活方式和可持续发展理念及行动等。
		国家认同	重点是:具有国家意识,了解国情历史,认同国民身份,能自觉捍卫国家主权、尊严和利益;具有文化自信,尊重中华民族的优秀文明成果,能传播弘扬中华优秀传统文化和社会主义先进文化;了解中国共产党的历史和光荣传统,具有热爱党、拥护党的意识和行动;理解、接受并自觉践行社会主义核心价值观,具有中国特色社会主义共同理想,有为实现中华民族伟大复兴中国梦而不懈奋斗的信念和行动。
		国际理解	重点是:具有全球意识和开放的心态,了解人类文明进程和世界发展动态;能尊重世界多元文化的多样性和差异性,积极参与跨文化交流;关注人类面临的全球性挑战,理解人类命运共同体的内涵与价值等。

续表

	核心素养	基本要点	主要表现描述
社会参与	实践创新	劳动意识	重点是：尊重劳动，具有积极的劳动态度和良好的劳动习惯；具有动手操作能力，掌握一定的劳动技能；在主动参加的家务劳动、生产劳动、公益活动和社会实践中，具有改进和创新劳动方式、提高劳动效率的意识；具有通过诚实合法劳动创造成功生活的意识和行动等。
		问题解决	重点是：善于发现和提出问题，有解决问题的兴趣和热情；能依据特定情境和具体条件，选择制订合理的解决方案；具有在复杂环境中行动的能力等。
		技术应用	重点是：理解技术与人类文明的有机联系，具有学习掌握技术的兴趣和意愿；具有工程思维，能将创意和方案转化为有形物品或对已有物品进行改进与优化等。

（资料来源：核心素养研究课题组，《中国学生发展核心素养》，《中国教育学刊》2016年第10期。）

（二）核心素养下的《普通高中历史课程标准（2017年版）》新变化

与2003年教育部颁布的《普通高中历史课程标准（实验）》相比，《普通高中历史课程标准（2017年版）》主要增加了学科核心素养、课程结构、学业质量三个部分；对课程目标进行了更加详细的规定；同时还围绕核心素养和教学评价给予了相关案例，帮助高中历史教师在教学实践过程中更好地落实新课程标准。

1.凝练了历史学科核心素养

历史学科核心素养的加入是本版课标最大的变动。历史素养是人文素养的重要组成部分之一，是学生在接受历史教育过程中逐步形成的基本知识、关键能力和方法、情感态度和价值观的综合表现，是学生通过历史学习能够体现出的带有历史学科特性的品质。相较于义务教育阶段历史教学对基础能力的培养，普通高中历史课程的育人功能重在引导学生从多角度对历史进行认识，促进学生历史核心素养的发展，使学生在探究历史的过程中形成对历史的正确认识。

历史学科的核心素养包括唯物史观、时空观念、史料实证、历史解释、家国情怀五个方面。

（1）唯物史观。

唯物史观是揭示人类社会历史客观基础及发展规律的科学的历史观和方法论。

人类对历史的认识是由表及里、逐渐深化的，要透过历史的纷杂表象认识历史的本质，科学的历史观和方法论是非常重要的。唯物史观使历史学成为一门科学，只有运用唯物史观的立场、观点和方法，才能对历史有全面、客观的认识。

（2）时空观念。

时空观念是在特定的时间联系和空间联系中对事物进行观察、分析的意识和思维方式。

任何历史事物都是在特定的、具体的时间和空间条件下发生的，只有在特定的时空框架当中，才可能对史事有准确的理解。

（3）史料实证。

史料实证是指对获取的史料进行辨析，并运用可信的史料努力重现历史真实的态度与方法。

历史过程是不可逆的，认识历史只能通过现存的史料。要形成对历史的正确、客观的认识，必须重视史料的搜集、整理和辨析，去伪存真。

（4）历史解释。

历史解释是指以史料为依据，对历史事物进行理性分析和客观评判的态度、能力与方法。

所有历史叙述在本质上都是对历史的解释，即便是对基本事实的陈述也包含了陈述者的主观认识。人们通过多种不同的方式描述和解释过去，通过对史料的搜集、整理和辨析，辩证、客观地理解历史事物，不仅要将其描述出来，还要揭示其表象背后的深层因果关系。通过对历史的解释，不断接近历史真实。

（5）家国情怀。

家国情怀是学习和探究历史应具有的人文追求，体现了对国家富强、人民幸福的情感，以及对国家的高度认同感、归属感、责任感和使命感。学习和探究历史应具有价值关怀，要充满人文情怀并关注现实问题，以服务于国家强盛、民族自强和人类社会的进步为使命。

五大核心素养互相联系，有机构成，是建构正确历史认识的必备品格和关键能力，是落实国家立德树人根本任务的学科基础。唯物史观是学习和探究历史的基础理论和指导思想；时空观念是了解和理解历史的基础，是认识历史必备的重要观念；史料实证是学习历史和认识历史所特有的思维品质，是理解和解释历史的关键能力与方法；历史解释是在形成历史理解和认识的基础上叙述历史的能力，是检验学生的历史观和历史知识、能力、方法等方面发展水平的主要指标；家国情怀是学习历史和认识历史在思想、观念、情感、态度等方面的重要体现，是实现历史教育育人功能的重要标志。

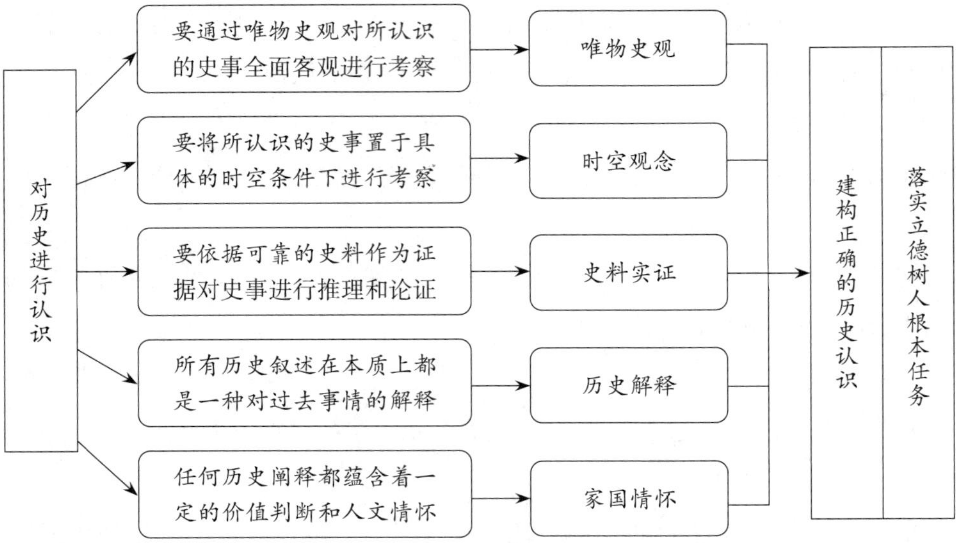

图2-2　历史学科核心素养

（资料来源：叶小兵，《高中历史课标研制的思路》，学科网，http://www.zxxk.com/soft/4716400.html，有修改。）

在历史学科核心素养的基础上，对原来的课程中的三维目标进行了大的调整。在2017年版高中历史课标中对课程目标做出了如下的阐释：

“1. 了解唯物史观的基本观点和方法，包括人类社会形态从低级到高级的发展、生产力和生产关系之间的辩证关系、经济基础和上层建筑之间的相互作用、人民群众在社会发展中的重要作用等，理解唯物史观是科学的历史观；能够正确认识人类历史发展的总趋势；能够将唯物史观运用于历史的学习与探究中，并将唯物史观作为认识和解决现实问题的指导思想。

2. 知道特定的史事是与特定的时间和空间相联系的；知道划分历史时间与空间的多种方式，并能够运用这些方式叙述过去；能够按照时间顺序和空间要素，建构历史事件、历史人物、历史现象之间的相互关联；能够在不同的时空框架下对史事做出合理解释；在认识现实社会时，能够将认识的对象置于具体的时空条件下进行考察。

3. 知道史料是通向历史认识的桥梁，了解史料的多种类型，掌握搜集史料的途径与方法；能够通过对史料的辨析和对史料作者意图的认知，判断史料的真伪和价值，并在此过程中增强实证意识；能够从史料中提取有效信息，作为历史叙述的可靠证据，并据此提出自己的历史认识；能够以实证精神对待历史与现实问题。

4. 区分历史叙述中的史实与解释，知道对同一历史事物会有不同解释，并能对各种历史解释加以辨析和价值判断；能够客观论述历史事件、历史人物和历史现象，有理有据地表达自己的看法；能够认识历史解释的重要性，学会从历史表象中发现问题，对历史事物之间的因果关系做出解释；能够客观评判现实社会生活中的问题。

5. 在树立正确历史观基础上，从历史的角度认识中国的国情，形成对祖国的认同感和正确的国家观；能够认识中华民族多元一体的历史发展趋势，形成对中华民族的认同感和正确的民族观，具有民族自信心和自豪感；了解并认同中华优秀传统文化、革命文化、社会主义先进文化，认识中华文明的历史价值和现实意义；了解世界历史发展的多样性，理解和尊重世界各国、各民族的文化传统，具有广阔的国际视野，树立正确的文化观；认同社会主义核心价值观，认同走中国特色社会主义道路是历史的必然，树立中国特色社会主义道路自信、理论自信、制度自信和文化自信；能够确立积极进取的人生态度，塑造健全的人格，树立正确的世界观、人生观和价值观。”[①]

从三维目标到核心素养要求的变化并不表示三维目标的提法有误或是过时，核心素养其实是三维目标的传承和超越。

首先，三维目标基本蕴含在核心素养之中。例如原三维目标中知识与能力目标中的“进一步认识历史发展进程中的重大历史问题，包括重要的历史人物、历史事件、历史现象和历史发展的基本脉络”，实际上体现在核心素养的时空观念中。过程与方法目标的要求：“进一步认识历史学习的一般过程。学习历史是一个从感知历史到不断积累历史知识，进而不断加深对历史和现实的理解过程；同时也是主动参与、学会学习的过程”，实际上就是核心素养中的史料实证与历史解释的结合。情感态度与价值观目标“通过历史学习，进一步了解中国国情，热爱和继承中华民族的优秀文化传统，弘扬和培育民族精神，激发对祖国历史与文化的自豪感，逐步形成对国家、民族的历史使命感和社会责任感，培养爱国主义情感，树立为祖国现代化建设、人类和平与进步事业做贡献的人生理想”，实际上就是核心素养中的家国情怀的体现。

① 中华人民共和国教育部：《普通高中历史课程标准（2017年版）》，北京：人民教育出版社，2018年，第6-7页。

其次，核心素养是三维目标的专业化和具体化。相较于原来的“双基”目标，三维目标的理论比较全面和深入地刻画了课程和教学对学生的要求，但是它仍然有不足之处：“其一是缺乏对教育内在性、人本性、整体性和终极性的关注；其二是缺乏对人的发展内涵特别是关键的素质要求进行清晰的描述和科学的界定。”[①]具体而言就是三维目标强调在正确的历史学习过程中自主探究知识与技能、掌握学习历史的方法、培养态度和价值观，聚焦的是课程对学生的培养，关注“怎么教”“教什么”的问题，而“核心素养”则更进一步关注学生未来融入社会所需要具备的历史学科的关键能力与品质，也就是“教成什么样”的问题，更体现了从人的角度出发来思考教育、定位教育，所以它是三维目标的专业化和具体化。

再次，三维目标是核心素养形成的要素和路径。“所谓的三维目标，应该是一个目标的三个方面，而不是三个互相孤立的目标，对其理解，可以准确表述为‘在过程中掌握方法，获取知识，形成能力，培养情感态度价值观’。”[②]从上可以看出三维目标强调了对学科知识的获取和掌握。知识是学校教育活动得以开展的基础，教学活动离不开知识，在人的成长过程中知识也是必不可少的养料。但是教学绝不能止于知识，人的发展也不限于对知识的掌握，对知识进行学习只是人用来提升自身素养的一种方式。所以说作为掌握知识手段的学科能力、媒介、方法、材料等其实是提升素养的重要方式，实现三维目标也就是实现核心素养的一个要素和路径。

从次，核心素养是三维目标的提升和发展。三维目标体现的是现代学科的内在价值，体现课程对学生学科能力、学习方法的培养，核心素养则指向多学科、跨学科对学生的要求，强调不同学科融合对学生发展的教育价值，是三维目标的提升和发展。

最后，改变了高中历史课程结构。高中历史旧课标将课程类型分为必修课程和选修课程两类，以专题的形式呈现课程内容，2017年版高中历史课标将高中历史课程内容调整为必修课程、选择性必修课程和选修课程三类。在保证共同基础的前提下，为不同发展方向的学生提供了更多的选择机会，与高考新改革接轨。另外，本版课标合理地确定了各类课程的学习比例，加大了通史、通识课程的学习比重。将原专题式史学模式放入选择性必修课程中，增强对学生历史核心素养的培养。

① 余文森：《从三维目标走向核心素养》，《华东师范大学学报(教育科学版)》，2016年第1期。

② 余文森：《从三维目标走向核心素养》，《华东师范大学学报(教育科学版)》，2016年第1期。

2. 调整课程结构

通过调整课程结构，突出高中历史课程的育人价值与历史学科核心素养的培养目标，在课程内容中增加了历史学科发展的前沿成果和课程改革与国际历史教育的优秀成果。①

2017年版高中历史课标的课程类型最突出的特点是紧密结合、循序渐进，将课程分为必修课程、选择性必修课程与选修课程三类。必修课程中外历史纲要试图通过对中外重大历史事件、历史人物和历史现象的叙述，展现人类发展进程中丰富的历史文化遗产，以及人类社会从古至今、从分散到整体、社会形态从低级到高级的发展历程。通过学习，学生应了解和掌握唯物史观的基本观点，体会唯物史观的科学性，理解不同时空条件下历史的延续、变迁与发展，学习史料实证的基本方法，能够在此基础上对历史做出正确的解释；深化对中华民族多元一体发展趋势的认识，认同社会主义核心价值观和中华优秀传统文化，了解世界历史发展的多样性，理解和尊重世界各国各地区的文化传统，拓宽国际视野，形成开放的世界意识。选择性必修课程试图通过“国家制度与社会治理”“经济与社会生活”“文化交流与传播”三个模块呈现出古今中外历史上不同国家制度和社会治理的措施和发展的线索，同时让学生了解这些措施及发展的不同是由于各国在经济生活、社会文化、交流方式的不同，使学生意识到社会制度建设与社会变迁之间的关系，理解经济生活与社会变迁的关系，树立学生爱国主义和关怀人类共同命运的观念。选修课程的设计分为“史学入门”与“史料研读”两个模块，主要是通过实际的探究活动，增强学生对历史的学习兴趣、提高他们的历史学习能力与基本素养，使他们能够清晰地表达自己的观点，体会史学探究的乐趣，发展历史思维能力。

3. 增加了学业质量评价

在2017年版高中历史课标中，历史学科学业质量标准是其重要内容，体现了新一轮高中历史课程标准改革的进步，代表着国家对历史教育质量的要求，是连接核心素养与课程标准、考试、评价的桥梁，是2017年版高中历史课标要求的“教—学—评”任务的具体体现。

2017年版高中历史课标中将历史的学业质量水平分为四个等级，水平1为最低等级，水平4为最高等级，每个素养的水平等级连续递进。

---

① 徐蓝、朱汉国：《普通高中历史课程标准（2017年版）解读》，北京：高等教育出版社，2019年，第70–78页。

表2-5 《普通高中历史课程标准(2017年版)》学业质量要求[①]

水平	唯物史观
1—2	能够知道人类物质生活资料的生产是社会生活的基础,知道生产力是历史发展的决定因素,知道经济基础与上层建筑之间的辩证关系,了解人类社会形态从低级到高级发展的规律;能够理解唯物史观是科学的历史观。
3—4	能够从生产力与生产关系、经济基础与上层建筑的辩证关系来理解历史上的发展变化和社会形态的演变过程,理解阶级斗争是推动阶级社会发展的直接动力;理解人民群众在历史发展中的重要作用;能够史论结合、实事求是地论述历史与现实问题。
水平	时空观念
1	能够了解所学内容的历史分期方式,理解历史时期是按时序划分的;能够知道认识史事要考虑到历史地理的状况;能够识别历史地图中的相关信息,知道古今地名的区别。
2	能够将某一史事定位在特定的时间和空间框架下;能够运用各种时间术语描述过去;能够利用历史年表、历史地图等方式对相关史事加以描述;能够认识事物发生的来龙去脉,理解空间和环境因素对认识历史与现实的重要性。
3	能够把握相关史事的时间、空间联系,运用特定的时间和空间术语对较长时段(如古代、近现代)、较大范围(如跨国家、跨地区)的史事加以概括和说明。
4	在对历史和现实问题进行独立探究的过程中,能够将其置于具体的时空框架下;能够选择恰当的时空尺度对其进行分析、综合、比较,在此基础上作出合理的论述;能够根据需要并运用相关材料和正确方法,独立绘制相关图表,并加以说明。
水平	史料实证
1	能够知道史料分为文献史料、图像史料、实物史料、口述史料等多种类型;能够在解答某一历史问题时,尝试从多种渠道获取与其有关的材料;能够从所获得的史料中提取有关的信息。
2	能够认识不同类型的史料所具有的不同价值;能够掌握获取史料的基本方法;能够在对史事与现实问题进行论述的过程中,尝试运用史料作为证据论证自己的观点。
3	能够在探究特定历史问题时,自主地搜集有关史料;能够对史料进行整理和辨析,并判断其价值;能够利用不同类型史料的长处,对所探究的问题进行互证。
4	能够比较、分析不同来源、不同观点的史料;能够在辨别史料作者意图的基础上利用史料;在评述历史时,能够对材料进行适当的取舍;在对历史和现实问题进行探究的过程中,能够恰当地运用史料对所探究问题进行论述;能够符合规范地引用史料。

① 中华人民共和国教育部:《普通高中历史课程标准(2017年版)》,北京:人民教育出版社,2018年,第41-44页。

续表

水平	历史解释
1	能够有条理地讲述历史上的事情，概述历史发展的基本进程；能够说出重要历史事件的经过及结果、重要历史人物的事略、重要历史现象的基本状况。
2	能够分析有关的历史结论；能够区分历史叙述中的史实与解释；能够在叙述历史时把握历史发展的各种联系，如古今联系、中外联系等，并将历史知识与其他相关学科如地理、语文、艺术等知识加以联系；能够选择、组织和运用相关材料并使用相关历史术语，对具体史事作出解释；能够尝试从历史的角度解释现实问题。
3	能够分辨不同的历史解释，尝试从来源、性质和目的等多方面，说明导致这些不同解释的原因并加以评析；能够选择、组织和运用相关材料并使用相关历史术语，在正确的历史观和方法论的指导下，对系列史事作出解释。
4	能够在独立探究历史问题时，在尽可能占有史料的基础上，尝试验证以往的说法或提出新的解释；能够在正确的历史观和方法论的指导下，全面、客观地论述历史和现实问题。
水平	家国情怀
1—2	能够发现历史上认同家乡、民族、国家的事例，知道中外优秀文化遗产的主要内容，认识社会主义核心价值观的历史依据，具有对祖国和人民的深情大爱。
3—4	能够把握中华民族多元一体的发展趋势，以及世界历史发展的进步历程，形成正确的世界观、人生观、价值观和历史观；能够表现出对历史的反思，从历史中汲取经验教训，更全面、客观地认识历史和现实社会问题；能够将历史学习所得与家长、民族和国家的发展繁荣结合起来，立志为新时代中国特色社会主义建议、中华民族伟大复兴作出自己的贡献。

学业质量水平1、2主要是学生在学习完成必修课程后必须达到的历史学科核心素养水平，也是高中毕业生应达到的合格要求，对应高中学业水平考试的水平。学业质量水平3、4表现程度均高于1、2，对应的是学业质量的高水平层次，是学生在前一水平基础上学习完选择性必修三个模块后应达到的水平，对应的是高中生水平等级考试的命题依据，是拥有选拔学生性质的考试的考核标准，如普通高校招生考试。

4.明确了历史课程的社会功能和教育功能

对于历史课程的社会功能，新课标做出了这样的解释："探寻历史真相，总结历史经验，认识历史规律，顺应历史发展趋势，是历史学的重要社会功能。"对于历史课程的教育功能也明确指出："学生通过高中历史课程的学习，进一步拓宽历史视野，发展历史思维，提高历史学科核心素养，能够从历史发展的角度理解并认同社会主义核心价值观和中华优秀传统文化，认识并弘扬以爱国主义为核心的民族精神和以改革创新为核心的时代精神，具有广阔的国际视野，树立正确的世界观、人生观、价值观和历史观，为未来的学习、工作与生活打下基础。”[1]

第三节　我国历史课程教材沿革

一、我国古代的历史教育和教材

中国的历史教育起源于何时？有人认为“有人类起就有了人类的历史教育”。历史是对前人活动的记载，“昔者孔子删《书》，断自唐虞，子长撰《史》，始于黄帝，虽云时涉传疑，未可置之弗论”[2]，说明自远古时期我国就开始有了历史记载。到了西周时期《周礼》之中记载春官有大史掌建邦之六典，小史掌邦国之志，内史掌王之八枋之法，掌书王命，外史掌邦国都鄙及万民之治令，掌赞书，这时历史不但有了专门的记述官员，还有了明确的分工。然而这个时期的历史也还停留在记述之上，还没有开启历史的教化功能。

目前最普遍的观点认为历史教育起源于春秋时期孔子编写《春秋》一书，认为该书的编写的目的就在于以史而教化之。《春秋》开创了王朝历史的先河，以此培养治国人才，为后世封建社会的历史教育确立了明确的方向。只是孔子所作《春秋》文字简短，以属辞比事之法，发微言大义之说，其提纲挈领式的写作使得传播须经过“师徒间的口耳相传”，否则便无法理解被省略的内容，于是才出现了对《春秋》进行解释的如《左传》等书籍。也正因为如此，“师徒之间的口耳相传”便成为我国汉朝以前历史教育的基本模式。

西汉“罢黜百家，独尊儒术”，从此儒家的经典成为两千多年来封建社会的文人学习的主要课程。儒家学派重视典籍的整理和传播，汉朝以后很长的时间里学校以经学教育为主，虽然六经中包含着文、史、哲等各种学问，但仍以对经文的解释和道德伦理的哲学诠释为主，历史教育仅是包含在经学教育之中的一个侧面，没有形成独立而完整的学科教育，所以当时的儒生们普遍缺乏历史意识和历史思维，遑论历史教育的目标。

① 中华人民共和国教育部：《普通高中历史课程标准（2017年版）》，北京：人民教育出版社，2018年，第1页。

② 金毓黻：《中国史学史》，石家庄：河北教育出版社，2000年，第7页。

魏晋南北朝时期，战乱频繁、民族融合，各类学说思想也活跃起来，西汉以来的儒家正统思想受到了冲击。目录学上形成了经、史、子、集的四大分类，史学作为一个独立的科目开始发展。南朝宋文帝在京师设立了玄、儒、文、史四大学馆，历史开始作为独立的教学内容被传授与研究。

隋唐时期经济的繁荣，刺激了文化教育的发展，尤其是科举制的兴盛，使得以经学、史学为主要内容的学习之风盛行。唐朝时，将儒家九部正经并《论语》《孝经》作为明经科的考试内容，(九经即大经《礼记》《左传》，中经《毛诗》《周礼》《仪礼》和小经《周易》《尚书》《公羊》《谷梁》)①。史学再次与经学教育相结合，人们通过对经学的研究学习史学。五代时期书院教育兴起，又在九经的基础上增加《史记》《汉书》《后汉书》，被列为书院必学课程；宋朝书院教育又在九经的基础上增加了《孟子》《论语》《尔雅》《孝经》，合称“十三经”，且宋朝大力提倡理学，因此经史不分，以经辩史，历史教育从属于经学教育是这时期的特点。

自唐代以后，还陆续出现了一批专供启蒙教育使用的历史教材。其中重要的有唐李瀚《蒙求》、宋王令《十七史蒙求》、宋黄继善《史学提要》，对史学教育和普及起了推动作用。②

明朝时期，虽然国子监课程中以《四书五经大全》为教程，但在洪武十五年所定的郡县学校课程：礼、乐、射、御、书、数六科中，将经史律诰礼仪等都归入礼科，要求凡生员皆需熟读精通③。虽然这时读史的目的仍没有与读经完全区别开来，但史书已经成为国家学校教育的必修课业。明末清初的著名学者陆世仪以主张在传统学校教育中以“切于用世”为新内容，为此他除了建议增设新科外，还制定了一个三十年成就人才的“读书法”，其中自十五岁至二十五岁的十年讲贯，二十五至三十五岁十年涉猎要将《资治通鉴纲目》《资治通鉴》《纪事本末》《文献通考》等“载古今兴亡大概”之书贯通，提倡经史并读，以此为社会培养“明体达用之士”。

清朝时将“二十二史”、“三通”、《资治通鉴纲目》等书列为教材，康熙钦定将《资治通鉴纲目》《古文渊鉴》二书作为学校生员的必读书籍。这时史学逐渐从经学的教育中独立出来，成为独立的学科。

从以上分析可以看出，虽然我国古代历史教育有着悠久的历史，但是也应该看到，自汉朝开始形成了“经史不分”的状况，历史长期被纳入经学的学习中，直至清朝前期才开

① 刘海峰、李兵：《中国科举史》，上海：东方出版中心，2004年，第76页。

② 赵克礼：《21世纪高等师范院校学科教学论教材·历史教学论》，陕西师范大学出版社，2005年，第5页。

③ 陈青之：《中国教育史》，北京：东方出版社，2008年，第307页。

始形成单独的学科，历史教材也即是儒学经典。而学生对历史的学习也是从属于经学考试的范围，缺乏通识性历史教育和史学理论教育。

二、近代以来的历史教育与教材

1840年鸦片战争以后，外国势力不断入侵，促使中国政治、经济、文化、教育等方面都发生了剧烈的变化。在外国资本主义教育方式的影响下，中国教育也开始朝着近代化的方向发展。近代教育首先出现在传教士活动的地区，由教会创办的西式学堂开始在中国出现。西学的传入开拓了部分国人的眼界，洋务运动时期，洋务派地方官员李鸿章、张之洞、左宗棠等人效仿西方创办了中国的第一批近代教育学校，培养通晓外语的外交人才，其中最具代表性的是京师同文馆，但是系统地建立近代学校制度在当时尚未被纳入统治阶级的考虑范围之中。

其后随着西方势力的不断渗透，一些具有资产阶级维新思想的新学者开始对八股取士深恶痛绝，主张废八股、办新学，改良科举制度，中国的教育制度在这一时期出现了巨大变化。1898年，康有为上光绪皇帝《请开学校折》，第一次提出应该效仿英、德、美、日等国，并采用日本学制，“乡立小学”“县立中学”“省府能立专门高等大学”“京师设立大学”，“设师范、分学科、撰课本、定章程”，“专立学部”。[①]虽然该折只是一个简单的方案，但是他明确提出了设立分级学校、分科目进行教学的近代化教育改革方案。

光绪二十九年(1903年)，清政府颁布《奏定学堂章程》，建立起了我国第一个近代化的新学制，史称“癸卯学制”。该学制仿照日制将学习阶段分为大、中、小学阶段，形成一个完整的学习方案。规定学习科目“于中国向有之经学、史学、理学及词章之学并不偏废。且讲读研求之法，皆有定程”[②]。首次将史学作为单独的科目纳入各级学校学习范围之内；并且规定大学堂开设经学、理学、中国文学、史学各专业。癸卯学制拉开了历史学科教育的序幕，但当时尚未出现专门的历史课程教材，历史课使用的教材仍以经学、史书为主。

中国近代第一部真正意义上的历史教材是夏曾佑在1904—1906年编写的《最新中学中国历史教科书》，该书突破了封建传统的史学体系，在编纂方法上运用西方社会进化史观，分上古、中古、近古三大阶段叙述中国历史，强调古今历史变化的因果关系。在教材

① 周洪宇：《教育经典导读(中国卷)》，武汉：华中科技大学出版社，2013年，第208-209页。
② 舒新城：《中国近代教育史资料(上册)》，2版，北京：人民教育出版社，1981年，第212页。

内容上兼顾政治、经济、文化、民族、外交等各个方面，在体例上采用章节体，按时间顺序叙述历史的演变更替，部分内容还配有地图、年表、插图等，这在历史研究与教学上是一种进步。但该书作为中学历史教材存在缺陷，即用词多为文言，对于中学生而言学习存在困难。

辛亥革命以后，以孙中山为首的资产阶级革命家们非常重视教育的发展，1922年，中华民国北洋军阀政府颁布了《学校系统改革案》仿照美国学制，确定小学、初中、高中"六三三"学制，规定小学高年级、初中、高中均开设历史课程。随后又分别制定了各学科课程要旨，历史学科为《初级中学历史课程纲要》和《高级中学公共必修的文化史学纲要》。这两个纲要不仅规定了中学历史课程的内容、教法，还明确了它的目标、主旨。1928年南京国民政府重新制定了《中华民国学校系统案》，并先后于1929年、1932年和1936年三次颁布中学各科课程标准，明确规定当时初、高中均要开设历史课。"有一份新的课程标准颁布，出版商就得有一套数十种新的教课(科)书去应付"[①]，由于学制的频繁变更，这一时期的历史教科书的种类也是非常繁多，据王正瀚对1922—1936年历史教科书的不完全统计，中国史教科书有19种，世界史有15种之多，其中不乏如吕思勉、顾颉刚之流的史学大家之作[②]。

三、新中国成立后中学历史教材的沿革

（一）新中国成立初期的历史教材

新中国成立后的中学历史教育，是马列主义指导下的历史教育，是社会主义教育的一个组成部分。新中国成立之初，我国就规定初、高中各年级均开设历史课，内容上实行小循环制，初、高中一年级均为中国古代史，二年级均为中国近现代史，三年级均为世界史。由于教材编订需要时间，就临时选用一些基本符合马列主义观点的历史书籍，如初一年级选用解放区使用的叶蠖生编的《初级中学中国历史课本　全一册》，高一年级选用的是范文澜编的《中国通史简编》的节录本。

1953—1957年是新中国教育事业发展的一个重要阶段，教育部依据苏联经验修订了历史教学大纲，编写了历史教科书。这一时期的历史教科书的特点是以马列主义为指导

① 金兆梓：《我在中华书局三十年》，载《编辑杂谈（第二集）》，北京：北京出版社，1983年，第256页。

② 王正瀚：《民国时期中学历史教科书研究》，上海：上海教育出版社，2013年，第58-61页。

思想，基本参照苏联历史教材（尤其是世界史教材）编写。苏联的教学经验在促进我国历史教育教学水平发展的同时，也暴露了许多问题，我国也意识到作为国民教育的历史教学应该符合本国的国情，不能照搬他国模式。从1957年到1960年，我国开始研制符合中国国情的历史教科书，但历史教育开始摆脱苏联模式束缚的同时，又受到极"左"思潮的影响，史学研究和教育领域出现了"打倒帝王将相""打倒王朝体系"等思潮，1959年编写的中学历史教材更是突出了"以阶级斗争为纲"的特点，如中国古代史的教学目的是"使学生认识人民群众反抗统治阶级的斗争是推动历史发展的动力，培养同学的阶级感情与阶级观点，从而积极地参加反对国内外敌人的斗争"[①]，受此影响的历史教材大多空发议论、忽略史实。从1959年开始中学历史课程从每周3课时减少到每周2课时，后来又取消了小学和高中的历史课。

1966年"文革"开始，历史教育完全沦为斗争的工具，历史教学的系统性和规律性遭到了全面破坏。

（二）改革开放以后的历史教材

1. 初中历史教材的沿革

1978年国家教育部颁布了《全日制十年制学校中学历史教学大纲（试行草案）》，历史课程重新被列为中学生必修的科目。鉴于"文革"时期五花八门的历史教材，及其严重的以阶级斗争为纲思想，国家开始重新编订历史教材，并于当年出版了试用本教材。教材编写的指导思想：贯彻执行党的方针、政策，为实现我国四个现代化培养又红又专的人才打好基础。该教材注重"双基"培养，尤其强调学生的智力培养原则。在教材的编排上采取按时间顺序"厚今薄古"的方式，中国史中古代史占教材内容的40%，近代史现代史占60%（世界史部分放在高中进行教学）。在中国史的编写上抛弃了"文革"期间对中国古代史的"儒法斗争"史观，重新划定了中国古代史的分期，客观地评价封建社会的农民运动及其与封建王朝的关系，正确地看待农民运动内部的斗争问题。

1980年国家教育部本着十一届三中全会提出的"实事求是""拨乱反正"的精神，又在1978年试用本教材的基础上对历史教材进行了修订，形成了1980年版试用教材。首先是中国史方面调整了古今历史的比例，形成各占一半的比例。其次是中国近代史方面，本着"拨乱反正"的原则将老一辈无产阶级革命家刘少奇、彭德怀等人重新编入教材，肯

---

① 刘宗华、王克骏、王子和等：《谈谈我们的中国古代史教材编写工作》，《历史教学》，1959年第1期。

定了他们对中国社会主义建设的贡献。最后是运用历史唯物主义原则重新评价了一些历史人物的功过。

1981年国家教育部颁布了《全日制六年制重点中学教学计划(试行草案)》和《全日制五年制中学教学计划(试行草案)的修订意见》,对原教学大纲做出了修订,对历史教材也重新进行了编写。1982年正式版历史教材在进一步肃清“左倾”思想的影响下,做出了以下三方面的修订:第一,突出重点史实,删繁就简,将一些对历史进程影响较小的事件删除或放至小学历史部分;第二,增加了科技史、思想史、文化史,丰富了历史学习的内容;第三,为了增加学生的学习兴趣,在教材中增加了彩色插页和黑白插图。这一教材一直使用到1987年才被过渡本教材替代。

1983年邓小平同志提出了“教育要面向现代化、面向世界、面向未来”的指示,成为新时期教育的指导思想。在这一思想的指导下,1986年国家教育部颁行了《全日制中学历史教学大纲》,1987年对历史教材进行了修订,这次修订主要是延长了中国史的下限,将中国史下限延长至1987年中共十三大的召开。另外,在内容方面再次删除了一些较偏、较难理解的内容,如东汉的“徒附”、宋代的“客户”、元代的“驱口”等封建人身依附关系的内容。

1992年国家教育部颁布了《九年义务教育全日制初级中学历史教学大纲》,提出了素质教育的方针,注重学科能力的培养和历史学科思想教育的功能。为了适应不同地区学生的素质教育,出现了“一纲多本”的新现象。全国大部分地区使用人民教育出版社本,北京等部分地区使用北京师范大学本,另外还有上海教材委员会、广东教育委员会编写的教材。这些教材“各具特色,每套教科书在选材、编写、装帧、设计等方面都有不同的创新”[①],在内容方面都做到以下四点:第一,普遍增加了近现代史的内容,将中国史和世界史的下限延伸至20世纪90年代,将历史和现实更加紧密地结合在一起;第二,增加经济史、科技史、社会史、文化史的内容,使历史学习更加贴近生活;第三,都注重教材的细节,通过增加插图、材料、表格、文献等增强历史学习的趣味性;第四,各地开始编写乡土教材与民族教材,体现了不同地区学生素质教育的总体要求。

2001年秋季,国家颁布了《国务院关于基础教育改革与发展的决定》,接着教育部制订了《基础教育课程改革纲要(试行)》,中国基础教育出现了重大变化,为了适应教育要面向“现代化”,全面推进素质教育的目标,“教学大纲”开始向“课程标准”转化。为了与“课程标准”相契合,为学生学习过程中的三维目标服务,各版本教材都以不同的形式体现课改新理念。

---

① 严志梁:《我国的历史教育和历史教科书》,《课程·教材·教法》,1995年第10期。

基础教育教材是国家意志的体现，是实现国家主流意识形态的重要载体。为了适应21世纪开始十来年世界教学改革的新变化，2009年，中央宣传思想工作小组召开会议，对中小学教材编写进行了专题研究，指示教育部要组织编写德育、语文、历史三科教材。2011年重新制定了《义务教育历史课程标准(2011年版)》，2011年出版了部编版历史教材(2018年重新审定出版)。从教材内容上看，部编版历史教材与以往人教社教材有如下区别：

表2-6　2011年版部编版历史教材与实验教材的区别(单位:课时)

学习板块	2011年版部编版历史教材	实验教材
中国古代史	103	92
中国近代史	70	65
中国现代史	31	45
世界古代史	20	37
世界近代史	36	50
世界现代史	40	41
总计	300	330

(资料来源：基素华，《部编版<中国历史>教材编写的背景与理念》，京口区七年级历史新教材培训。)

从以上对比可知，本次课程改革压缩了中国现代史的内容，增加了中国古代史的知识，尤其是增加了中国古代优秀传统文化、科技成就的知识，对中国近代史部分也做出了调整，世界史方面则精简了大量世界古代史与近代史的内容，只留下了重要事实和重大事件。

在课程内容方面采用了“点—线”结合的方式编写，“点”是指重要的历史事实，“线”是指历史发展的基本线索，依据人类历史发展的顺序，循序渐进地展开。每课的内容安排基本上都是三个子目(个别有四个子目)，分别叙述不同方面的基本史实，较之以往的历史教科书，2011年版部编版历史教材的正文表述更为简单易懂。同时设有辅助部分：课文前设导言，概括本课要点，提升学生的学习兴趣；文中设相关史实、材料研读、人物扫描、问题思考等提供相关史实，作为正文知识的补充，以此引发学生的思考；课后设课后活动，通过灵活的练习巩固学生的知识。

2011年版部编版教材使用的教学建议：①关注学生的学习兴趣，从学生的角度出发运用教材，引导学生分析和理解历史。②贯彻基础性和普及性原则，初中历史教学的基本理念是普及历史基础知识，应该遵循学生心理发展的规律，克服历史专业化和成人化的倾向，避免过深、过难、过偏、过细的历史知识叙述。③创新历史教学方式，激发学生的学习热情，采用多种教学方法使学生贴近历史、感受历史、理解历史，使学生从接受历史知识转化为主动地探究历史发展规律，为高中阶段历史的学习奠定基础。

2.高中历史教材的沿革

十年"文革"期间，出现了五花八门的历史教科书。"文革"结束后，为了尽快稳定教学秩序，恢复在动乱中被摧残的历史教学，邓小平同志亲自抓教材建设工作。1977年国家教育部调集了各方面专家召开了全国中小学教材编写工作会议。历史学科由苏寿桐主持编订了《全日制十年制学校中学历史教学大纲（试行草案）》，并据此编写了高级中学《世界历史》上下册，供高一年级使用。1978年出版的试用本与中国史教材编写中"厚今薄古"的原则一致，世界古代史占25%，近现代史占75%。内容上重新划定了世界史的上下限，将世界史的下限划定到第二次世界大战结束；抛弃了传统的"欧洲中心论"的史观，采取了凡是对人类历史发展进程影响较大的国家就详写，反之就略写的原则安排教学内容，尽可能多地反映殖民地和半殖民地人民的反抗斗争和争取民族独立运动的史实。总体而言该教材肯定了人民群众在历史发展中的推动作用，同时对如拿破仑等对历史发展做出过贡献的统治阶级的代表人物也实事求是地给予了评价，既肯定其功绩，也指出其局限①。

1981年教育部先后颁行了《全日制六年制重点中学教学计划（试行草案）》和《全日制五年制中学教学计划（试行草案）的修订意见》，根据以上文件修订出版了《世界历史》正式版，并于1982年在全国高一年级推广使用。与1978年试用本相比较，正式本进一步克服"左"的思想，在内容方面进行了一定的删减，主要是减少世界史学习内容，取消了"小字"部分内容。

1986年教育部颁行了《全日制中学历史教学大纲》，将原来的第一、二学期每周分别开设2—3节历史课改为每周必须开设3节历史课，教学内容仍为世界史。1987年再次修订后的《世界历史》教材颁行，在内容方面进行了以下调整：首先，内容中增加了大量的文化史知识；其次，世界史的下限由1945年延伸至20世纪80年代。

这一时期世界史教材的编写思想主要是整顿在"文革"期间受到歪曲的史实，恢复历史本来的面貌，但由于当时对历史教育的认识仅停留在教授知识阶段，因此很长一段时间内形成了初中中国史、高中世界史的教学内容模式。这种情况一直到了1990年才发生改变。

---

① 梁励：《1978年—1988年的中学历史教材修订综述》，《江苏师范大学学报：哲学社会科学版》，1991年第1期。

1990年为了普及国情教育，解决高中生文理偏科、学生知识结构比例不合理的状况，全面提升学生素质，国家颁布了《现行普通高中教学计划的调整意见》。在意见中规定历史学科在高一、高二开设，为必修课，“历史课的教学大纲要增加中国近现代史的内容”[①]。为了调整和平衡各学科课时，又将历史课改为每周两节，高中阶段必须修够136节，高三则开设中国古代史，作为文科学生的选修课。随后又颁订了《全日制中学历史教学大纲（修订本）》，并于1990年请人民大学教授、中国近现代史专家彭明，编写了高级中学课本《中国近代现代历史讲座（必修）》全一册，在高二年级使用，又将原初中中国古代史教材添加了适合高中要求的一些内容作为高三文科生的选修教材。1991年6月历史室由严志梁主持，在原高中《世界历史》上下册的基础上修改成三册必修教材，分别为古代史、近代史、现代史。同年10月，高中的历史课程进一步调整，世界史课程减为一年，每周两课时，不再学古代史。高中世界史教材在原有的基础上去掉古代史的一册，改为《高级中学课本世界近代现代史（必修）》上下两册，内容没有什么变化。

1991年，根据国家教委制订的《中小学历史学科思想政治教育纲要（试用）》，提出素质教育的理念，要求全面提升学生的学科素质。为了适应这一改革要求，高中的中国近现代史课程增加到一学年，每周两课时。为此，人教社历史室于同年编写了高级中学课本《高级中学课本中国近代现代史（必修）》上下册，供高二使用，下限至20世纪90年代初，至此高中才有了正式的中国近现代史教材。该教科书体例与义务教育的初中历史教材相近，编写指导思想十分注重时代精神和高初中教材不同层次的分工。通过使用，师生反映高中教材的特点明显，但内容多了些、深了些。经修改，减少了一些“小字”内容，降低了难度，下限延至1999年澳门回归。

为了适应21世纪的到来，全面提升高中生的素质，国家教委于1996年编定了《全日制普通高级中学课程计划（试验）》和《全日制普通高级中学历史教学大纲（供试验用）》，人教社历史室首先编写了高中必修课的教科书，即《全日制普通高级中学教科书（试验本）中国近代现代史（必修）》上下册，供高中一年级使用，每周3课时，从鸦片战争叙述到1997年中共十五大召开。该教科书从提高学生素质出发，注重对不同学术观点的介绍，以培养学生的创造性思维，在编写指导思想上，又进一步克服“左”的影响。除中国史外还编写了限定选修课程的历史教科书：一是《全日制普通高级中学教科书（试验本）世界近代现代史（限选）》上下册，供高二文科班使用，每周两课时；二是《全日制普通高级中学教科书（试验本）中国古代史（限选）》，供高三使用，每周3课时。

① 《国家教委关于现行普通高中教学计划的调整意见》，《人民教育》，1990年第6期。

1999年，教育部再次对历史教学大纲做了修订，于2000年正式颁布了《全日制普通高级中学历史教学大纲（试验修订版）》。新大纲要求，高一上必修课：中国近现代史，每周3课时；高二上选修课：世界近现代史，每周2课时；高三上选修课：中国古代史，每周2.5课时。根据新修订的教学大纲，人教社也对试验本教科书进行了修订，将高一教材修改为《全日制普通高级中学教科书（必修）中国近代现代史》上下册；将高二教材修改为《全日制普通高级中学教科书（试验修订本·选修）世界近代现代史》上下册；高三文科教材修改为《全日制普通高级中学教科书（选修）中国古代史》全一册。新修改的教材将许多与历史发展主线关联较少的内容进行了删减（如中法战争、祺祥政变），突出了历史发展的主要线索，减轻了学生学习的负担，到2002年，人教社新修改的高中历史教科书在全国使用。

进入21世纪，科学技术、思想文化日新月异，国际的交流与竞争较之以往任何时代都更加频繁与激烈。为顺应世界范围内基础教育课程改革的态势，培养适应新世纪能力要求的新型人才，2001年6月，中华人民共和国教育部制定了《基础教育课程改革纲要（试行）》，标志着我国新一轮基础教育课程改革的正式启动。为了全面实现育人功能，2003年，教育部制订并颁发了《普通高中历史课程标准（实验）》，基于这次课程改革的所有教材都体现了以下的编写特点：①将高中历史分为必修和选修，实行中外史合编，并以“专题”的形式呈现，以实现三维目标（知识与能力、过程与方法、情感态度与价值观）为课程目标，从而彻底打破了过去中国近现代史课程必修、世界近现代史课程选修的局面。②以“模块加专题”的形式，无论是中国史还是世界史的内容，必修教材都围绕着政治、经济、文化三个模块进行编写，在各模块中又以专题的形式串联成线索，革新了教育内容，增强了教育内容与社会进步、学术发展和学生经验的联系。③学校可依据时代性、基础性、多样性和选择性的原则自主进行教材选择，有人教版、人民版、岳麓版或大象版4种教材，在选修课程中，也可依据学校和学生发展的需求选择选修内容。基于此次课程改革的教材普遍存在的问题：①必修课程时序性不强。②必修与选修内容重复。③内容体系与高考大纲分离。

2013年，我国全面启动了对2003年版《普通高中历史课程标准（实验）》的修订工作。在“立德树人”的指导思想下，国家教育部颁布了《普通高中历史课程标准（2017年版）》，并于2019年正式出版了《普通高中教科书历史必修——中外历史纲要》上下册（简称《中外历史纲要》）（目前选修内容尚在编写中，未正式出版）。此版教科书编写的核心理念是培养学生“历史核心素养”，使学生通过历史学习逐步形成具有历史学科特征的正确价值观、必备品格和关键能力。

此版教材于2019年秋季在全国推广使用。此版教材有以下特点：

第一，基于核心素养修订了课程结构。高中课程由必修(2册)和选择性必修(3册)两类课程构成。必修课程是全体学生必须修习的课程，是普通高中学生发展的共同基础，由国家根据学生全面发展的需要统一设置。选择性必修课程是学生根据个人需求与升学考试要求选择修习的课程，是国家根据学生专业倾向和个性发展需要设置，由学生自主选择修习的课程。

第二，课程之间具有关联性、层次性和渐进性。按照通史的体例编写必修课程教材——《中外历史纲要》，作为高中学生历史学习的基本课程教材，上册为中国史，下册为世界史，两册的古代史部分与近现代史部分均各占约50%。在内容的安排上强调时空顺序，选取了对世界经济、政治、文化发展有重要作用的典型史实作为内容，行文简洁、史实清晰，便于学生对史学进行入门学习和研究是此次编写的一大特点。但由于篇幅所限，必修两册中不能将所有古今中外的重要史实一一叙述，因此，在第三册选择性必修课本中进行有效的补充。在选择性必修课本中进一步从国家制度与社会治理的演进、经济与社会生活的变迁、文化交流与传播三个方面进行核心素养的拓展。

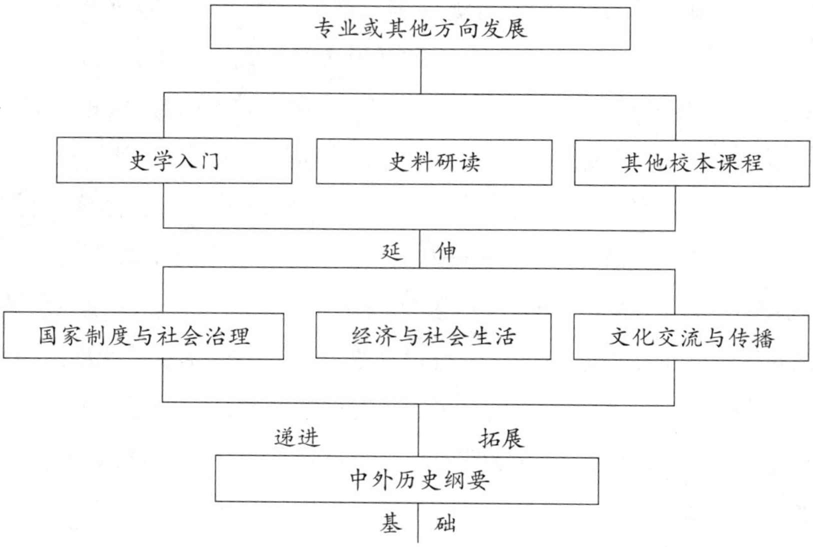

图2-3　历史课程之间关联性、层次性和渐进性示意图

(资料来源：中华人民共和国教育部，《普通高中历史课程标准(2017年版)》，北京：人民教育出版社，第11页。)

第三，与高考紧密衔接。必修课程对应的是合格性学业水平考试；选择性必修课程对应的是等级性学业水平考试或高考。当前的历史高考命题导向，重在考查学生的历史学科能力，尤其是运用史料分析问题、解决问题的能力，这与2017年版高中历史课标对核心素养的培养要求相契合，也使高考的指向性更为明确。

第四，教材内容安排方面。必修课程中《中外历史纲要》下册是改动较大的一个部分，教材内容强调世界文明发展是由部分逐渐走向整体的，因此增加如非洲的加纳人、美洲的阿兹特克人等创造的辉煌的地区文明，并增加了以前高中历史课文中忽视的中世纪史与宗教传播史的内容。

简答题：

1.《义务教育历史课程标准（2011年版）》对历史课程内容的三维目标是怎样规定的？

2.《普通高中历史课程标准（2017年版）》中规定的历史学科五大核心素养是什么？该怎样理解它们之间的关系？

第三章　中学历史的教学原则与教学模式

第一节　中学历史的教学原则

教学原则是依据一定的教学目的和对教学的规律性认识而制定的对教学工作的基本要求。中学历史的教学原则是根据历史学科本身的特点，依据历史课程目标，以及中学生的认知特点和历史课程教学的基本规律，从而指导历史教学实践的一般性原则。认识中学历史的教学原则可以使教学设计、教学过程、教学反思更有目的性，使教学工作更具规范性。

一、教学原则的含义及其特征

（一）教学原则的含义

什么是教学原则？历来有许多不同的定义，在《人才学辞典》中“教学原则”一条将其定义为：“根据教育目的和教育过程的主要规律制定的对教学工作的基本要求，是指导教学活动的基本原理，是客观教学规律的主观反映，是教学规则的统一整体。”[①]于友西在《中学历史教学法》（第3版）中将其定义为，教学原则是根据教学目的和遵循教学规律而制定的对教学工作的基本要求，贯穿于教学的各项活动之中，对教学内容、教学组织形式、教学方法等方面的设计及实施具有指导和规范的作用。[②]张保华在《中学历史教学研究》中认为：“教学原则是人们根据一定社会要求和一定教育目的，以对教学过程的规律性认识和对长期教学实践经验的概括总结为基础，制定出来的用以指导教学实际工作的基本要求。”[③]

---

① 张念宏、冷兴恩：《人才学辞典》，北京：农村读物出版社，1989年，第73页。

② 于友西：《中学历史教学法》，3版，北京：高等教育出版社，2009年，第138页。

③ 张保华：《中学历史教学研究》，北京：高等教育出版社，2001年，第48页。

尽管各位学者对教学原则的定义不同，但基本认同教学原则是依据一定的社会需求和教学目的，在对教学规律进行总结和对教学实践经验进行概括的基础上，形成的用于指导实际教学工作的基本要求。

（二）教学原则的特征

依据上述定义可知，教学原则应具备以下特征：

教学原则具有主观性。它是教师以教学实践经验概括和总结为基础的，反映了教师对教学过程的加工和选择，体现出教师的主观认知水平和社会对教学过程的主观要求。

教学原则具有客观性。它是教学规律的客观反映，是在教学过程中产生的，是教学过程的本质反映，因此具有客观性。

教学原则具有社会性。教学原则需要适应一定的社会需求，不同的国家、制度会有不同的教学原则要求。在我国，教学原则是以社会主义核心价值观为指导，以培养学生的学科核心素养为目的，以教育学、心理学、现代信息技术学、系统论等学科知识为其理论根据，具有明显的社会主义特色。

教学原则具有时代性。人类社会在不断发展变化，人们的认知能力也在逐步提高，学科的教学目的、教学内容、教学方法等在不断改进，教学原则也必然随之改变，因此它具有强烈的时代性和变革性。

二、中学历史的教学原则

（一）历史学科的特点

历史是人类已经发生过，并且不会再次发生的事件，在历史教学中归纳和总结教学经验，形成历史教学的原则就必须先认识历史学科的特点，再从中总结出历史教学的规律及原则。

历史学科研究的对象是人类社会发展的具体过程及规律，它的研究对象是不可复制的，因此历史学科的特点是由它的研究对象与社会功能所决定的。

第一，过去性。过去性是历史知识最本质的特征，历史是已经过去的人类社会实践活动，它不能重演，也无法实验。姜义华曾说："历史实际是已经发生了的事变、过程，它一经发生，就成了不可能更改的既定存在。”[1]人们只能通过文字、实物、图片等直观教具，将抽象的东西形象化，概括的东西具体化，用语言的记述将历史知识转化为生活的画面，让学生间接感知或认识历史。

第二，现实性。任何历史都是无法重演，但又真实存在过的，意大利历史学家克罗齐说过：“一切真历史都是当代史。”他认为任何的历史判断都要面向当代的需要和实际，强调历史对现实的借鉴意义。为了能够让历史对现实起到更好的借鉴作用，我们必须了解历史的具体内容，包括时间、空间、条件、经过、人物及其活动等要素，从中发现规律，形成对现实的指导。

第三，综合性。历史是一门综合性学科，它涉及古今中外，涉及自然和社会的各门学科，其内容包罗万象，纵横交错，互为影响。可以说，人类一切事物发生和发展的过程，都是历史学研究的对象。马克思曾说：“我们仅仅知道一门唯一的科学，即历史科学。”

第四，科学性。科学性是历史知识的重要特征，即我们所学习的经过科学整理的历史知识并不包括以往一切历史现象和历史事实，而仅仅包括在马克思主义、辩证唯物主义和历史唯物主义的科学理论指导下，经过选择、分析并做出正确解释、说明之后的这一部分历史现象和历史事实，它们是客观真实的，是能够解释历史发展基本规律的。

研究历史学科的特点对归纳和总结历史教学原则有很大的帮助。首先，它有利于科学地确定历史教学的目标；其次，它有利于科学地选择历史教学的方法；最后，它有利于科学地组织历史教学的过程。

（二）中学历史教学的原则

对于中学历史教学原则内容的研究，自20世纪80年代中学历史教学法开始出现以来，各位学者就进行着探索和总结。例如，著名学者于友西在《中学历史教学法》（1988年第一版）中将其概括为：思想性和科学性统一的原则、教师的主导作用和学生的主动性统一的原则、直观性原则、系统性原则、巩固性原则、量力性原则、理论联系实际的原则、因材施教的原则。[2]在2003年第二版中，他将“思想性和科学性统一的原则”改为“科学性和历史的真实性统一的原则”[3]，在2015年第三版中又将其改为“科学性与思想性相结合的原则”[4]。李景旺在《中学历史教学论》中将历史教学原则归纳为：人本原则、发现性原则、教师主导性与

① 姜义华、赵吉惠、瞿林东等：《史学导论》，西安：陕西人民教育出版社，1989年，第92页。

② 于友西：《中学历史教学法》，1版，北京：高等教育出版社，1988年出版，第78—84页。

③ 于友西：《中学历史教学法》，2版，北京：高等教育出版社，2003年出版，第94页。

④ 于友西：《中学历史教学法》，3版，北京：高等教育出版社，2009年出版，第140页。

学生主体性相结合的原则、民主合作原则、关注个性原则、学习评价多元化原则、材料和观点相统一的原则、理论联系实际原则、系统讲述与突出重点相结合的原则、传授知识与发展能力相统一的原则、直观性和抽象性相结合的原则、寓教于乐原则。①

教学原则是教学规律的概括和总结，那么，历史教学原则也应该看它是否符合中学历史教学规律，是否符合国家需求，是否有利于完成教学任务，是否对学生的学科素养发展起到良好的作用。

1.教师主导性与学生主体性相结合原则

教学的目的是促进学生的个体发展，这是对教育价值进行定位的基本原则。教学过程是教师与学生双边互动的活动，在整个教学活动中，教师处于教育者和教学活动组织者的地位，对学生负有引导、指导、教导的责任。教师需要把握历史教学的方向，制定教学的目标，合理地安排教学内容，动态地掌握学生学习的心理和思维状态，并正确地对学生的学习成果进行有效的评价。教师工作的出发点和落脚点都是学生的学习和发展，教师所做的任何工作都应该转化为学生能力的发展和知识的增长。因此，学生是学习的主体，在教学活动中学生的学习主体地位是否表现出来，他们的学习态度是否端正、学习方法是否正确、学习效率高低、学习效果评价都会直接影响历史教学的质量。从这一意义上来讲，教师的主导地位只有在学生的主体地位得到有效的保障的情况下才能充分地发挥，学生的主体地位要在教师的充分准备、积极调动下才能得到有效保障。这就要求历史教师在备课时既要对课标要求、课本内容有充分的了解和准备，俗称“备教材”，又要对学生的心理情况、学习基础、学习态度有充分的了解，俗称“备学生”，才能够在教学过程中充分利用各种教学方法，积极调动学生的参与性，开展各种各样的教学活动，以平等的地位处理教学上的师生关系，倡导学生的探究学习。

2.史论结合原则

“史”指材料，即具体的时间、地点、人物、事件等，“论”指论点，即用唯物史观去揭示历史发展的本质与规律。“史论结合”就是指在马克思主义史学理论的指导下，从具体的史实、史料出发，将理论与具体的问题结合起来进行研究。观点必须立足于材料，否则它就成了无源之水；材料也必须升华为理论，才能总结规律，发挥价值。在历史教学中，史论结合的原则就是论从史出，寓史于论，具体而言就是要求在辩证唯物史观的指导下，具体地讲述历史，分析历史事件，评价历史人物，总结历史经验，探索历史发展的规律。在

---

① 李景旺：《中学历史教学论》，郑州：大象出版社，2012年，第105-114页。

运用这一原则时必须注意以下两个方面的问题:第一,坚持历史唯物主义的观点。在中学历史教学中要避免照本宣科、不求甚解或云天雾地,化演义为正史等低级错误就必须掌握科学的历史观。我们的史学理论是建立在历史唯物主义基础上的,这是我们探索历史发展规律的科学世界观和方法论。只有掌握了历史唯物主义的观点,才能科学地分析历史,透过现象揭示历史发展的规律,从而理解历史、正确地把握历史,才能体现历史学习的真正价值。第二,材料要真实可靠。历史教师的基本功之一就是判断材料的真实性和可靠性,在中学历史教学中,对所讲的每一个史料都要保证其真实性和可靠性,对尚无定论,可供探索研究的史料则应该介绍其研究现状,并进行进一步的关注。

3.偶然性与必然性结合的原则

马克思主义唯物史观认为历史发展是偶然性与必然性的统一。必然性是指社会历史发展过程中合乎规律的、不以人的意志为转移的、一定如此的趋向,是一定条件下的不可避免性。偶然性是指构成历史过程的单个历史事件或非确定性的东西,它可以出现,亦可以不出现,反映的是历史发展的多样性。历史的必然性必然是隐藏在历史现象背后的规律性的东西,历史的偶然性是历史必然性的表现和补充。正如恩格斯评价拿破仑那样:“恰巧拿破仑这个科西嘉岛人做了被战争弄得精疲力竭的法兰西共和国所需要的军事独裁者,——这是个偶然现象。但是,假如不曾有拿破仑这个人,那么他的角色是会由另一个人来扮演的。”时势造英雄,这是历史必然性,而不是英雄造时势。但产生的英雄是谁又成为历史的偶然,因此,在历史教学中,我们必须在向学生描述多姿多彩的历史偶然现象的同时,承认历史发展的必然性,启发、引导学生对历史规律的认识。

4.历史认知与历史体验相结合的原则

可以理解为理论与实践相结合。认知是学生对历史知识组织和重新组织,属于智力因素范畴,它是学生历史学习的基础与结果。体验是指学生在对历史事实认知的基础上而产生的历史情感和历史意识。它们都属于非智力因素范畴。在教学中,必须把学生对历史的体验、情感、意志引入历史认知过程中,在这个过程中,学生的历史学习不再是单纯的历史认知,而是渗透到情感、态度、价值观层面,这样学生才能在动之以情中做到全面发展。历史教师应在教学中努力寻求学生历史认知与体验的契合点,以达到晓之以理与动之以情的有机结合和高度统一。

5.直观性与抽象性结合的原则

人们的认知通常开始于直觉，但由于历史具有过往性，无法重演、无法实验、无法直接接触和感知，因而相较于其他学科，更难对历史产生直观的认知，所以需要教师尽可能运用直观的手段，调动学生的视觉、听觉，激起学生的想象和联想。直观的教学手段包括直观的语言（生动、形象、准确的语言描述）、直观的文字（选择典型、形象的教材，运用观点明确的史料，设计具体而直观的板书等）、直观的影像（运用各种纪录影片、地图、历史画卷、人物影像等）、直观的活动（组织实地参观、体验古人生活、依据历史条件模拟情境等）。同时，历史认知也是一种理论认识活动，历史教学的目的之一就是培养学生历史唯物主义的史观，这就要求教师在实际教学过程中做到史论结合，理论与实际相结合，把对历史事实的描述与讲解相结合，引导学生形成正确的理论观点。

6.接受性与探索性结合的原则

人们的认知总是从吸纳前人的探索结果开始的，然后再亲自进行探索，使认知不断地提高。学生的学习也是这样，通过接受现成的知识，建立自己的知识基础，并积极地发现和探究自己未知的事物，使学习不断深入。历史教学的接受性是由历史学科的教学内容决定的，因为历史讲授的都是已经发生了的事实，学生不能直接观察、亲自体验，历史知识只能依靠前人的描述、教师的讲授、教材的叙述、媒体信息的传播等途径获取，即接受知识。但这并不代表历史的学习就是完全的接受性学习，在学习中同样需要进行思考和探索。新一轮的课改中规定的历史教学目标之一就是引导学生对历史进行探究，因此历史教学同样需要学生通过独立思考、收集和发掘信息、分析和论证、交流和探索，探究那些隐藏在历史现象背后的历史规律，思考历史与现实社会的关系，进而提高学生的知识水平和能力水平。所以历史教学是一种接受性教学与探究性学习相结合的学科，接受性与探究性相结合也成为历史教学原则中的一个重要原则。

7.系统讲述与重点讲述相结合的原则

历史发展有时序性，历史知识有因果联系性的特征，因此需要在教学中按时空的顺序先后进行系统讲授。但是历史发展连续不断，历史知识浩如烟海，如何才能在有限的课堂时间内既体现历史发展的趋势，又将历史事件之间的因果联系讲授清楚？这就要求教师在讲授时突出重点，即在教学中不能面面俱到，需要根据历史发展的特点和课标的要求，分清主次、突出重点，抓住关键。将课标要求学生必须了解的重要历史事件、历史人物、历史现象、历史概念作为讲授重点，使学生掌握基本的历史知识，了解历史进程的线索，认识历史发展的一般规律。

在实际教学过程中贯彻该原则的基本要求是：第一，按照历史发展的时序进行讲授，不可随意颠倒历史发展的时序。第二，在讲授新知识时，应有意识地联系旧知识、旧内容，使学生形成完整的、系统的历史概念。第三，既要突出重点又要照顾一般知识。所谓重点就是历史事件发展过程中的重要环节和构成重大历史事件的重要内容，教师在备课时需要围绕重点内容进行充分的准备，这些内容也是学生需要重点掌握的。在突出重点的同时，也需要找到重点内容与一般知识之间的联系，兼顾两者，才能将历史事件的来龙去脉、先后因果讲述清楚，孤立重点只会破坏历史事件的整体性和系统性。

第二节　历史教学的教学模式

教学模式是教学目标、教学过程、教学方法、教学手段、教学条件、教学形式、教学内容的集合，是教师为了达到更好的教学效果，根据教学目的和教学内容制定的教学过程中使用的方法和策略的体现。中学历史教学由于历史学科的特点和课程标准的特殊要求而形成独特的要求。掌握中学历史教学的教学模式，可以为教学设计和教学过程提供更有效的实施方案。

一、教学模式的概念

什么是教学模式？教学模式一词中的“模式”，是从“模型”一词引申而来的，有样本、标准、范例的含义，它是人们在长期的教学过程中不断总结、改良教学而形成的模式，是教学理论、教学目标、教学过程、教学方法、教学手段、教学条件、教学形式等方面的综合实施。可以说，它源于教学又反过来影响教学。

最早提出教学模式的是美国学者乔伊斯、韦尔和卡尔霍恩，1972年他们共同出版了《教学模式》一书，专门研究教学各种流行的教学模式，在书中他们认为：“教学模式就是学习模式”，“一种教学模式就是一种学习环境”。[①]他们将当时社会流行的教学模式分

① 乔伊斯等：《教学模式：第七版》，荆建华等译，北京：中国轻工业出版社，2009年，第5，16页。

为：信息加工型教学模式、社会型教学模式、个人型教学模式、行为系统型教学模式，并介绍了当时流行的二十多种具体的教学模式类型。细读该书可知，他们将教学模式定义为构成课程和课业、选择教材、揭示教师活动的一种范例或计划，实际上是将教学模式与教学方法进行了简单的等同。但是模式不应该是方法或计划的简单构成，而应该是一种蕴含有理论体系的教学思想，缺乏理论指导的教学终将只是教学范例，而不能成为"模式"。

在他们之后，国内学者也开始了对教学模式的研究。目前国内关于教学模式的看法大致有三种：第一种认为教育模式与方法相同，这与乔伊斯等人一致。第二种认为各种方法在具体的时间、地点和条件下表现出不同的空间结构和时间顺序，从而形成模式，二者既有区别又有联系，实际上也只承认方法与模式的不同，没有真正认识到什么是模式。第三种认为模式与"教学结构—功能"紧密相连，教学模式是人们在一定教学思想指导下，对教学客观结构做出的主观选择。相较于前两者，第三种定义似乎更为准确，但是"教学结构—功能"主要是从教师、学生、教材组成要素出发的组合关系，而教学模式同时还应该包含教学理论指导下的教学过程的组织和结构。

从这一观点出发，吴云秋等人对教学模式的定义更为合理。他们认为："教学模式是在一定教学思想或教学理论指导下建立起来的，较为稳定的教学活动结构框架和活动程序。"[①]"结构框架"意在凸显教学模式可从宏观上把握教学活动整体及各要素之间的内部联系功能，"活动程序"意在突出教学模式是在教学理论指导下的具备有序性和可行性的教学活动。

二、教学模式的构成要素

（一）教学模式的构成要素

由上文定义可知，教学模式是在理论指导下的教学结构和活动程序，因此教学模式的构成要素自然也包含了理论、教学结构要素、教学活动要素等诸多方面。教学模式虽多，但其构成要素主要有以下几个方面：

1.理论

每一种教学模式都有其理论基础，都是根据一定的教育思想和教学理论而提出的。

① 吴云秋、李克清：《教学模式》，北京：中国人事出版社，1998年出版，第4页。

缺乏理论指导的思想就是无根之水。如设置历史情境模式就是依据美国教育心理学家巴特勒提出的理论为基础的。

2. 目标

每一种教学模式都指向一定的教学目标，都是为了完成一定的教学目标而制定的。在教学模式的构成要素中，教学目标是核心因素，制约着其他因素，尤其是教学程序的操作和教学评价的标准。

3. 条件

条件因素也体现为一种手段，是指在完成一定的教学目标的过程中，影响教学模式发挥效力的各种条件。任何的教学模式都是在特定的条件下才能有效，条件因素包括的内容很多，有教师、学生、教材、教学工具、教学时间、教学空间。其中教师与学生在教学模式中的作用最为关键，在教学模式中教师和学生有着怎样的地位和作用往往决定了各种教学模式的特点，如在奥苏伯尔的有意义接受教学模式中，教师扮演着主导者和组织者的角色；罗杰斯的非指导性教学模式则主张讲师是学生学习的顾问和促进者，而不要以指导者自居。①

4. 程序

每一种教学模式都有其基本和稳定的操作程序，有具体的步骤和过程，明确地显示教师与学生活动的阶段、教学内容的顺序、教学方法的采用等。如杜威的教学模式将操作程序定为：设置疑难情境、确定问题、提出假设、推理、验证；巴特勒教学模式就由七个程序组成，分别是设置情境、激发动机、组织教学、应用知识、检测评价、巩固练习、知识拓展等部分；加涅将学习的过程看成信息加工的过程，他的教学模式由引起注意、告诉目标、刺激回忆先决学习、呈现刺激材料、提供学习指导、引发业绩、提供业绩正确程度之反馈、评估业绩、增强保持和迁移九个程序组成。②

5. 评价

评价是教学模式的一个重要因素，它包括评价的方法、标准等。由于以上因素的不同，对教学模式的评价标准和方法也就不同。每一种教学模式都有着适合自身特点的评价标准和评价方法。

---

① 于友西：《中学历史教学法》，3版，北京：高等教育出版社，2009年，第145页。

② 高文：《现代教学的模式化研究》，济南：山东教育出版社，2000年，第194-250页。

（二）我国教学模式的新发展

随着教育教学环境的不断改革，教学模式也在不断发生变化。从20世纪90年代开始我国提出素质教育的新人才培养目标，2013年又提出了学科核心素养的培养目标，为了适应这些教学改革的目标，我国的历史教学模式也出现了新的发展趋势。

首先，以讲授为主的教学模式向以学习为主的教学模式发展。传统教学模式的基本特征是由教师按照教学目标安排教学内容、教学程序，主要的目的是实现知识的传授，忽略了学生在教学过程中的主体地位。现代教学模式的共同特征是重视学生的学习主体地位，强调学生在学习过程中的积极性和探究性。在教学目标上实现了由“重知识轻能力”到“知识与能力并重”；在教学内容上由以教师或教材为中心转变为以学生学习为中心，使学生在教学过程中充分发挥主观能动性。

其次，由单一的教学模式向多样化教学模式发展。在20世纪70年代，“教学模式”这一概念刚提出时，系统研究教学模式的学者较少，教学模式比较单一，主要是传统教授式与活动式两种。随着世界各国教育教学研究的深入，对教学模式的研究开始增多，各种教学模式互相取长补短，进行比较、竞争。在实际教学过程中，为了达到教学目标，许多教师也开始采取不同的教学模式进行混合式教学，这促进了教学模式的不断改革与发展。

最后，教学模式的研究开始走向学科化、具体化。以往国内外教育学者们对教学模式的研究往往是将其作为一种普遍现象，进行一般性比较与概括总结，提出适应多学科的教学模式。而近年来，对教学模式的研究已经深入具体学科，出现针对不同学习阶段、不同学科类别的模式研究。这些研究较之一般研究更有针对性和适应性，为推进教学模式研究的精细化和实用性提供了丰富的理论基础。对于历史学科常用的教学模式，将在下文进行详细的分析。

三、中学历史教学模式的类型

（一）传统讲授式教学模式

传统的课堂教学主要以教师的讲授为主，其理论是将教学视为在教师的组织和指导下学生进行认知的活动，学生认知的来源方式主要是接受教师的信息传递。在历史学科中，教师需通过对教学内容的事先组织（一般按照历史事件发生的时空顺序），在课堂教学中也会有适当的师生互动，使学生在教师的指导下掌握系统的基础知识和基本技能，提高认知水平。

这种教学模式在教学程序上，一般严格遵循以下程序：组织教学—复习旧课—引入新课—传授知识—归纳总结—布置练习，或换言之：备课—复习旧课—导入新课—新课讲授—课堂总结—课后练习。这种方法能够充分发挥教师的主导作用，教师可以按照自己的思路在课堂上讲授更多的知识，以启发和调动学生接受信息的积极性。

在传统的讲授式课程中必须遵循以下要求：①教师在课前做好充分的准备，包括对课标的解读、教材的认识、教学材料的组织、课程内容的安排、语言的组织、板书的设计、课后练习的挑选等。②在课堂教学过程中教师运用丰富的语言、生动的讲述，具体史实要讲得生动、抽象概念要讲得深入浅出、理论分析要深刻，这样才能积极调动学生的学习兴趣。③教师在传统讲授法教学模式中的作用是决定性的，“教师本身是决定教学的教育效果之最重要的、有决定作用的因素”[①]，教师必须有严谨的知识体系、准确的语言表达、良好的师德师风来感染学生。

就历史学科的自身特点而言，历史的过去性（不可重复、不可实验）、抽象性（历史的发生和发展自有其规律，人们通过对历史的研究可以归纳其规律）以及丰富性（历史时空的纷繁复杂，历史事件的多样性）有时候只有用讲授法，通过教师对历史事件有选择性地讲授，学生才能得到更好的理解，因此有的历史章节需要教师的有效讲授。

然而这种“传递—接受”教学模式也有自身固有的缺陷。这种教学模式中对教师的定位是信息（知识）的挑选者、组织者、传递者，教室一般是信息传递的固定地点，学生则是信息的接纳者。虽然在教学过程中也会有适当的师生互动，但这种互动多以教师提问、学生回答的形式出现，更多的信息组织、传递、综合、归纳、概括都是在教师主观能动性的发挥下完成。学生处于被动、机械化接受的地位，其学习主动性、积极性、创造性会被忽略。

（二）情境复现式教学模式

情境复现式教学模式来源于美国教育学心理学家巴特勒的情境教学模式，主要是由七个教学程序组成，分别是：设置情境—激发动机—组织教学—应用知识—检测评价—巩固练习—知识拓展，可以说这是一套完整的教学实践过程。这种教学模式认为学生的学习是认知活动与情感活动相互作用的发展过程，学生的认识是从具体生动的表象开始，

① 凯洛夫：《教育学》，3版，沈颖、南致善、贝璋衡等译，北京：人民教育出版社，1953年，第58页。

进而发展到理性的认识,情境的创设是为了使学生近距离地感受知识,调动其情绪和情感,引发其思考,从而使学生掌握知识并发展能力,并促进其形成正确的情感态度和价值观。

历史学科中的情境复现式教学模式认为:学生的历史认识不应该只是概念上的理解,而应该是通过对历史的感受和体验进而形成对历史的抽象认识。因此,这种教学模式的主要教学目标,是通过对历史情境再造、复现、模拟等方式,使学生近距离地感受历史的真实,激发他们的学习兴趣,调动他们的情绪和情感,引发他们进行观察和思考,从而使他们掌握知识并发展能力,促进其形成正确的情感态度和价值观。

这种模式在历史学科中的运用通常是创设历史情境,一般遵循以下教学程序:制定教学目标—创设情境—深入情境、进行情感体验—分析情境、共同探究—归纳评论、总结转化。

这种教学模式在历史学科的运用具有自身的特点和优势:第一,历史具有不可重复性,但可以通过设置合乎历史时空的场景尽量还原历史事件,使学生身临其境,在轻松愉快的教学环境下进行学习;第二,历史学科的不可接触性在情境设置之下变得生动、有趣,可以激发学生的想象力和表现力;第三,历史情境的设置,可以鼓励学生参与,学生通过扮演角色增强历史体验,从而对历史进行更深入的理性思考;第四,使用情境式教学设计,强调学生的参与性,可以突出学生的学习主体地位,符合现今教育原则的要求。

情境复现式教学模式在历史课程中的运用需要遵循以下原则:①目的性原则,任何教学情境的创设都应该为学生的学习服务,在创设历史教学情境时必须与教学目标紧密结合。②真实性原则,所谓真实不是指情境中的所有细节都与历史相符,而是指其人、其事、其观点、其情感应该是历史上真实存在过的。真实性是所有科学的根本所在,所有历史情境设置都应该以不违背当时的历史时空原则为准则。③激活思维原则,教学情境设置的目的之一就是让学生能够近距离地接触和体验历史活动,因此情境设置及其问题的提出能否激发学生的思维,使学生从感性认知上升到理性认知是非常重要的。

(三)问题探究型教学模式

问题探究型教学模式是以师生讨论历史问题为主要特征的教学模式,其理论依据来源于建构主义关于"知识是由认知主体积极建构的"理论。历史学科的教育目的不但在于使学生认识和了解过去发生过的事情,还在于在教学过程中不断加深学生对历史事件的认知。教学过程就是一个使学生由对历史的感性认知上升到对历史的理性认知的过程，在这一过程中，学生发现问题、探讨问题、研究问题、解决问题，这其实就是认知提高和加深的过程。

学生对历史问题的学习重要的是形成对历史的解释，不同的学生对相同的历史问题可能会出现不同的历史解释，问题探究型教学模式的教学目标就是通过对历史问题的探究和探讨，使学生形成对历史的解释，为他们提供观点交流、比较、深入探讨的机会，并使他们在这一过程中掌握正确解读历史的方式，提高对历史及社会问题进行分析和解决的能力，提高表达能力。

问题探究型教学模式一般遵循以下教学程序：创设问题情境—产生疑难—引发疑问—运用材料，推理论证—展开讨论—寻求答案—进行评价。

问题探究式教学模式在历史课程中的运用必须遵守以下原则：第一，提出的问题具有不确定性，能够引发思考，激活思维；第二，以学生合作研究、探讨为主，教师注意引导；第三，注重引发不同观点的交锋，在比较中使问题的探讨更加深入；第四，注意论证中历史学科理论的引入和使用；第五，问题的结论可以是开放性的，不强求达成一致性的结论。

（四）社会考察型教学模式

社会考察型教学模式主要是指将历史活动课与校外调查活动相结合的历史教学。其优势在于使学生贴近历史、贴近社会、贴近生活，把书本知识与生活实践相联系，从社会实践中获得有效的学习信息。

历史课程中运用社会考察型教学模式可采取参观历史遗迹、历史人物回忆讲座、社会历史考察、口述历史、走访等方式进行。这种教学模式的教学目标是使学生能够更多地掌握直接性材料，形成更真切的历史感受，进而形成对历史的认知和解释。

这种教学模式在运用时一般按照以下程序进行：确定考察主题，提出任务方案—选择考察方式、场所—搜集信息、加工整理—形成成果、交流总结。

社会考察型教学模式在历史课程中的运用需要注意以下几点：第一，对考察方式的选择需要与教学目标相结合，应该选择最有利于学生收集、获取信息的方式；第二，在考察前应该明确考察内容，学生获得的信息应不能与教学内容相冲突，否则达不到教学的目的；第三，教师在考察中要加强对学生的指导和引导，随时解决学生在考察中遇到的问题和困难；第四，在制定方案时注意学生之间的分工与合作；第五，提倡多样化的成果，进行经验交流。

中学历史教学模式会随着教育理论的不断更新和科学技术的不断进步涌现出来，除上述介绍的比较常用的四种教学模式外还有资料研习式教学模式、发现式教学模式、现象比较式教学模式等，都在中学历史教学过程中有所运用。

四、中学历史教学模式的选择和使用

随着教育理论的不断更新，教育理念和科学技术的不断进步，中学历史教学模式也在不断地更新和发展，有的教学模式使用范围较广，有的使用范围较窄，如何选择和使用中学历史教学模式成为一个实际问题，尤其是对于即将走上教育实习岗位的师范生来说更为重要。对于教学模式的选择，可以参考以下几条意见：

第一，尽可能多地了解和掌握中学历史教学模式。掌握多种历史教学模式，并对每一种教学模式的优缺点进行全面的了解和比较，做到心中有数，才能正确地选择合理的教学模式。

第二，对了解和掌握的各种教学模式进行灵活的使用。教学模式的使用不是僵化而机械的过程，而是灵活选择、多层次运用。在实际教学过程中需要根据特定的教学目标，综合考虑选择和使用教学模式，将教学内容，以及学生学习起点、学习习惯、思维能力、生活社会实践等问题综合起来考虑，确定一种或几种合适的教学模式进行综合组织，争取更好地实现教学目标。

第三，在实践中不断改进和完善所选择的教学模式。现行的历史教学模式，许多都是由历史教师在长期的教学实践中总结和提炼出来的，非常具有实用性。但是随着教育理念的更新和学生知识能力的不断提升，有些模式也开始显现出自身的缺陷。如在20世纪90年代之前传统讲授法的模式一直被认为是历史教学中最合适的模式，但是随着素质教育的推进，该模式在突出学生学习主体地位方面已有所欠缺。因此，师范生需要在教学实践中不断地对教学模式使用情况进行整理和总结，成为与时俱进，能充分发挥创造精神的优秀教师。

简答题：

1. 中学历史的教学原则有哪些？
2. 中学历史的教学模式主要有哪些？
3. 怎样选择适合的中学历史教学模式？

第四章　中学历史学习心理与学习策略

第一节　学习理论与历史的学习

什么是学习？学习的本质是什么？学生是怎样学习的？制约学习的因素有哪些？怎样才能进行有效的学习？历史也是一门学科，历史的学习自然也需要学习理论的支撑，在历史学习中学习理论有怎样的体现？

一、学习理论的概念

从古至今的学者、教育学家、心理学家们进行了大量的研究，形成了各种理论流派。学生的首要任务是学习，作为教育工作者的教师自然也必须考虑学习的内涵和核心问题。进入21世纪以后，随着我国基础教育改革的日益推进，对学与教的关系研究也从最开始的“教师教什么”“教成什么样”，转向了“学生学什么”“怎样学”，更加重视学习的过程和知识的内化。

学习是什么？我国古人认为学习是人类特有的一种行为。早在甲骨文中“学”一字就已经出现。到了春秋时期，学术界出现“百家争鸣”的繁荣景象，各家都提出了自己关于学习的理论，学与习也开始相结合。西汉成书的《礼记·月令》中“鹰乃学习”最早将两字组合成一个词语；《史记·秦始皇本纪》中也有“士则学习法令辟禁”的用法。对于学习概念，“万世之师”孔子提出：“学而时习之，不亦说乎？”就是说学习之后，经常进行温习，不是一件很愉快的事情吗？他认为学习是学与习二者的共同作用，学是获取新知识、新技能，习则是将学到的知识、技能进行内化，形成技能、德行，学与习共同出现即认为人获取知识的过程必须达到知行合一。《墨子·经上》中也提出了“知、闻、说、亲。名、实、合、为”的学习理论。《荀子·儒效》中的学习理论更是提出了学习有效性行为的各个层次，其有言：“不闻不若闻之，闻之不若见之，见之不若知之，知之不若行之。学至于行之而止矣。……故闻之而不见，虽博必谬；见之而不知，虽识必妄；知之而不行，虽敦必困。”

19世纪中叶，西方学者首先从心理学的角度开始了对学习理论的研究，到1885年艾宾浩斯出版了《论记忆》一书，“心理学界普遍认为，《论记忆》的出版，标志着人类科学研究学习和记忆的开始。”[①]19世纪末，受到达尔文进化论和美国当时机能主义心理学的影响，以动物为实验对象的学习理论研究开始盛行起来。1903年，桑代克出版了《教育心理学》一书，成为学习理论和教育心理学研究的创始人。20世纪上半期，随着学者们以动物实验为基础开展对人的记忆、行为等的研究，学习理论研究进入了黄金时期。在巴甫洛夫的条件反射理论基础上，华生等人将行为主义学习理论发挥到了极致；苛勒与托尔曼开创了认知主义学习理论。20世纪下半期，在美国又兴起了人本主义学习理论。行为主义、认知主义、人本主义成为当代学习理论的三大主要流派。

可见对于学习概念的研究和界定，东、西方学者各执一词，但是一般根据学习主体的范围，大致可以将学习的概念分为广义和狭义两种。广义的学习，是指人和动物在生活过程中，凭借经验而产生的行为或行为潜能的相对持久的变化。狭义的学习指人类的学习，人类的学习是指个体在社会生活实践中，以语言为中介，有目的的、有组织的积极主动地获得社会的和个体的经验的过程。

学生的学习是人类学习的一种特殊形式，“是指每个学生凭借自己的经验而获得的知识或行为的相对持久的变化历程”[②]，这一历程具有其特殊性。首先，它是一种有目的、有计划、有组织的行为，需要在特定的场合（学校），在规定的时间（教学时间），在特殊的人（教师）的指导下进行，因而十分强调过程的目的性和有效性。其次，它是以学生掌握间接经验为主，虽然在最新的教学改革理论中强调了学生直接性学习和直接经验的养成，但为了能够让学生在短时间内接触并掌握人类社会的历史经验，间接经验的传授仍是主要方式，直接经验一般作为间接经验的辅助、验证和练习。最后，在学习的过程中，学生会发生心理和行为上的变化，因而学习的过程必须随着学生行为、认知、情感的变化而产生变化，在传授知识的同时传递情感。

综上，中学生学习的过程，也就是他们在一定的环境中有目的、有计划、有组织地在他人的指导下掌握知识、技能、观念等间接经验，并导致行为、认知、情感等发生持久变化的过程。因此，研究学生的学习必须考虑到以下三个问题：

---

① 李璐、云年奉：《当代学习理论十三讲》，北京：中国商业出版社，2016年，第3页。

② 王雄：《中学历史教育心理学》，长春：长春出版社，2012年，第40页。

（一）学习的目的性

是否能动地进行学习是人与动物的本质区别。学生的学习是有目的、有计划的活动，在学习过程中学习者本身的学习兴趣、学习目的是这一认知活动的内在驱动力，而教师对教学活动的组织、安排和计划则是外在推动力。因此，对于教学的组织首先要考虑的是学生的学习兴趣、学习动机及学习目的。

（二）学习的主体性

学生的学习虽然是在教师的指导下进行的，但这一活动不应该是学生被动接受指导的过程，而应该是学生主动接受、积极思考、认真探究的过程。学生在学习中处于主体地位，他们的学习态度、学习策略、学习能力、学习方法等最终将决定着学习的实效性。

（三）学习的策略性

学而有法，教无定法。学习策略是学习活动中学习者对学习目标的认识，对学习规则的掌握，对学习过程的调控和对学习方法的运用等，它对于学习效率而言，就像生产力对于社会发展的重要性一样。只有制定一定的策略、掌握一定的方法、遵循一定的程序才能让学习顺利地进行。在学习过程中我们要求学生要有明确的学习目标，通过目标控制自己的学习行为，分析学习得失，选用合适的学习方法。

二、学习理论的主要流派

中国古代学者虽然对学习是什么、怎样学习都做出了自己的回答，但对学习的系统性、理论性的研究却是在19世纪中期由西方学者开始。19世纪后期，学习理论的研究逐渐多起来，并形成了认知主义、行为主义和人本主义三大流派，除此之外还有信息加工论、建构主义论等也比较盛行。

（一）行为主义学派

行为主义学派（Behaviorist Orientation）形成于20世纪初，是西方心理学的主要流派之一。1913年美国心理学家华生发表了《行为主义者心目中的心理学》一文，标志着行为主义心理学的诞生。

行为主义学派的创始人华生认为:“人类的所有行为都是后天习得的,环境和教育是行为发展的决定条件。”[①]在他的眼里,人和动物没什么差异,都遵循同样的规律。他认为人类学习的基本要素是反应,形成反应必须施以必要的刺激,人们只要了解刺激与反应之间的联系,就可以设计并控制刺激,而刺激与反应之间的联系是否紧密要看这种反应是否得到多次重复。这种理论解释了学习上的很多基本现象。如我们以2分作为对学生答对鸦片战争爆发时间的刺激,并以知道“1840年爆发鸦片战争”作为学生学习应有的反应,并不断地将答对时间作为获得分数的反应,加强“刺激—反应”之间的联系。那么,一段时间后,这种反应将成为一种固化的反应。

行为主义学派第二代学者斯金纳非常重视强化在行为形成和行为学习中的作用。他的理论最大的发展在于他解释了由多种反应组合而成的行为,设计了连续渐进法实验,将动作行为进行逐步分解,按照行为的顺序一步步实施,每进行一步都给予及时的强化(如奖励),逐步渐进,最后将多个反应连贯在一起形成复杂行为。他的理论最终引起了“程序教学”的兴起,其主要原则如下:首先,确定学生的学习起点行为及终点行为;其次,将教材细分为若干小单元,并按各个单元的逻辑顺序排列,形成由易到难的渐进层次,编序中每一个小步骤都代表一个概念或问题,每一个问题都须预定好正确答案,而第一个问题的答案是学习第二个问题的基础,形成连续渐进的学习顺序;最后,可采取测验试卷的方法,使学生及时地得到自己的学习反馈,及时修正自己的错误。但是这种程序教学的实施原则上是一种个别化教学方式,每一个学生可以按照自己的学习状况进行学习。

行为主义学派第三代学者班杜拉则认为在社会环境中,学习不仅受到环境因素的影响,环境因素、个人对环境的认知以及个人的行为三者都会对学习造成影响。学习并不是亲身体验才能完成,个人未曾亲身体验而单凭观察别人行为后表现出来的受奖励或惩罚的行为,或者听到别人对某一行为的对错评价,也可以学会该如何表现该行为,所以学习行为来自观察和模仿。

总之,行为主义学家们通过动物实验得出结论:“学习是一种活动发端的过程,或一种活动通过对所遭遇的情境做出反应而发生改变的过程,如果这一活动改变的特征不能用先天反应倾向、成熟或机体的暂时状态(例如疲乏、药物的作用等)来加以解释的话。”[②]简言之,他们认为学习是一种后天形成的行为,是“刺激—反应”之间联系的加强,有什么样的刺激就会有什么样的反应。

---

① 刘晓明:《学习理论与有效教学》,长春:东北师范大学出版社,2013年,第26页。

②《新行为主义学习论》,章益辑译,济南:山东教育出版社,1983年,第2页。

在他们的实验研究中，对学习的过程、学习的动机、学习的迁移、学习的方式等进行了观察和总结，在学习的实质、学习的规律等方面也进行了深入的探索，大大推进了学习理论的发展，成为20世纪最主流的学习理论流派之一。但是行为主义学派强调外部环境对学习的影响，注重研究学习者对外部环境的行为反应，却否认人的意识的作用。他们的理论是建立在机械唯物主义理论基础上的，力求将人的心理反应与肌肉的一系列运动等同起来。

（二）认知主义学派

认知主义学派（Cognitivist Orientation）于20世纪50年代开始发展，是认知心理学的主要理论流派之一，源自格式塔学派，后来分为传统认知心理学派与现代认知心理学派，目前最为流行的是现代认知心理学派。

格式塔学派心理学家认为，学习是有机体通过组织作用形成新环境的完形过程，代表学者苛勒认为学习是由顿悟实现的，是认知的重新组织，人在认知活动中需要把感知到的信息组织成有机的整体，并在头脑中构造和组织一种格式塔。

传统认知心理学家托尔曼认为学习是有机体通过对行为的目标与取得目标的手段、达到目标的途径形成认知的过程，他反对行为主义学派的机械刺激反应论，认为在刺激与反应中间存在中介变量。

布鲁纳是现代认知心理学派的代表人物，他认为学习的实质是一个人把同类事物联系起来，并把它们组织成赋予它们意义的结构[①]，即学习就是认知结构的组织和重新组织。他为美国的中小学教育构建了一种学习理论，称为“发现学习”。采用“认知—学习”的结构，给学生提供有关的学习材料，让学生通过探索、操作和思考，自行发现问题，理解概念和原理的教学方法。他反对把人看成一个在认识上被动的接受者，而是把人的认识过程看成一种积极主动的建构过程。[②]“认知—发现”学习理论的中心内容主要是一种描述与解释学生知识学习过程的学说，其要点如下：第一，发现学习的前奏是直觉思维，在学习中要鼓励学生用直接思维的方法，活跃思维，积极探索问题的答案。第二，发现学习的知识结构是由学科知识中的基本概念、基本思想或原理组成，其结构形式是通过人的编码系统的编码方式构成的，如果学习的材料缺乏结构性，或者学生自己的知识基础缺乏结构性，发现学习就不可能产生。第三，学习的情境结构十分重要，学生在具有结构性的知识中学习到原理、原则，将有利于以后在类似的情境中，产生正迁移，并能够从事独

---

① 路海东、倪牟双：《现代学习理论与学习心理分析》，天津：天津教育出版社，2013年，第4页。

② 杨翠蓉、周成军：《布鲁纳的“认知发现说”与建构主义学习理论的比较研究》，《苏州教育学院学报》，2004年第2期。

立的研究。他的“认知—发现”理论对中小学教育产生了很大的影响，他在经典著作《教学理论的建构》中说过一段至今仍然影响力巨大的话：

教学生学习任何科目，绝不是对学生心灵中灌输些固定的知识，而是启发学生主动去求取知识与组织知识。教师不能把学生教成一个活动的书橱，而是教学生学习如何思维，教他学习如何像历史学家一样研究分析史料那样，从求知过程中去组织属于他自己的知识。因此，求知是自主性的活动历程，而非知识被动地承受前人研究的结果。①

现代认知心理学派的另一代表人物奥苏贝尔又提出了“接受式”学习理论。他将学习按其效果划分为“有意义学习”和“机械学习”两种类型，认为学生的学习是一个认知过程，是认知结构的组织与重新组织，如果有价值的话，应该尽可能的有意义。当学生把教学内容与自己的认知结构联系起来时，有意义的学习便发生了。要想实现有意义的学习，关键是要在当前所学的新概念、新知识里与原有的认知结构中某个方面建立起实质性联系，如果没有这种实质性联系则成为“机械学习”。他强调学习者的积极主动性和建构联系的材料的潜在意义性。

认知主义学派的学习理论，大大丰富了教育心理、教学论的内容，对现代教育和教学影响非常大。他们认为“学习是由经验引起的认知结构相对持久的变化，学习的实质是学习者内部复杂的心理加工过程，主张学习的结果是形成反映事物整体联系的认知结构”②，他们重视学习者的主观条件对学习的重要性，在学习过程中强调理解、积极思考，注重对学习积极性、创造性、主动性的培养，这样有利于学生形成独立思考、积极探究、自我发现的思维方式。但是，学习不但是人脑的主观活动，还会受到环境等因素的影响，他们对学习中非智力因素（如学生的情绪、意志、生活环境、文化背景等）的影响不够重视，他们的研究是在忽略了个体差异性的基础上进行的，因此他们的理论很难运用于现实的学习过程中。

（三）人本主义学派

人本主义学派（Humanist Orientation）是20世纪五六十年代在美国兴起的，又被称为人文主义学派。这一学派是建立在人本主义心理学基础上的，影响最深远的两位著名心理学家是马斯洛和罗杰斯。

---

① 转引自张春兴：《教育心理学》，杭州：浙江教育出版社，1998年，第213页。

② 刘晓明：《学习理论与有效教学》，长春：东北师范大学出版社，2013年，第51页。

马斯洛反对行为主义心理学所主张的条件作用学习论。他认为这种学习论重视外在环境的作用,但忽视了学生自身的作用,是一种外在的学习,并为此提出了内在学习论。内在学习或内发学习是一种自发性的、创造性的学习。他强调学生的内在成长潜力,认为只要这种内在的潜力被激发出来,那么学生就具有学习的自发性,因此,教师不需要刻意地对学生进行教导。

当代人本主义心理学的代表人物罗杰斯认为,学习不是机械的刺激与反应之间的联结综合,学习是一个心理过程,是个体对知觉的解释。具有不同经验的两个人在知觉同一事物时往往会出现不一致的反应。他认为造成这种不同的原因在于两个人对知觉的解释不同,他们对这个世界的反应也就不同。他批评以往的学习都是一种无意义的学习,只是涉及冷冰冰的认知发展,与个人的生活、情感、态度、经验无关。对此,他提出了"意义学习"的概念,使学习具有个人意义,他认为使个体的行为、态度、个性发生更大变化的学习,不仅仅是增长知识,还要与每个人的各部分经验融合在一起。他还提出重视学习者的潜力和主动性、创造性。此外,他还强调学习动机在学习中的重要作用,认为只有当人的基本需要得到满足以后,才能产生成长的需要,学习动机是学生的一种高层次的成长需要。教育的作用就在于创造良好的条件,以满足学生的基本需要,激发学生的成长需要,推动学生向自我实现的方向发展。

人本主义学派强调学习者的自我价值,重视他们的主观能动性,主张在学习过程中发挥学生的个体因素和潜能。这些观点对我国的素质教育和课程改革起到了重要作用。然而,人本主义理论忽视了社会对学习者的实际影响和要求,并且在一定程度上轻视了知识和技能学习的重要性,这是其不足之处。

(四)信息加工学习论

20世纪60年代,随着信息科学和计算机科学的兴起,心理学领域掀起了革命,信息加工学习论应运而生,他们认为人类学习的实质就是信息的加工过程。

加涅就是信息加工学习论的创立者,他提出了公认的、引用最多的对于学习的定义,即"学习是指人的心理倾向和能力的变化,这种变化要能持续一段时间,而且不能把这种变化简单地归结于生长过程"①。他认为人的发展取决于两个因素:生长与学习。这两个因素是互相作用的。他反复强调,引起学习的条件有两类:一类是内部条件,就是学生在开始某一学习任务时已有的知识和能力;另一类条件是外部条件,是独立于学生之外存

① 北京师联教育科学研究所:《外国教育名家名作精读丛书·第四辑》,北京:中国环境科学出版社,2005年,第3页。

在的，即学习的环境。他总结了学习的四个要素，分别是学习者、刺激情境或刺激、记忆、反应；还分析了学习的八个层次，提出学习从简单到复杂可分为信号学习、“刺激—反应”学习、连锁学习、语言联想学习、辨别学习、概念学习、法则学习和问题解决学习八种层次，前四种是比较简单的学习，后四种则是建立在前四种学习的基础上的较高级、较复杂的学习。

加涅的理论是典型的行为主义与认知主义的折中论。他从两大学派中合理地汲取有价值的研究成果，一方面承认学习是刺激与反应的联结，另一方面又着重探讨刺激与反应之间的中介，认知活动对学习的影响。由他构建的信息加工模式可知，应该合理地安排学科知识与技能，采用先易后难的方式，按照一定的程序进行学习。并且他在1970年版《学习的条件》中承认自己的理论无法解决教育上的一些重大问题，如师生之间的人际互动关系的许多方面，包括引发学习的动机、说服学生，以及形成态度和价值观等。

（五）建构主义学派

建构主义学派是认知心理学派中的一个分支。建构主义学习理论主张世界是客观存在的，但对事物的理解却是由每个人自己决定的。不同的人由于原有经验的不同，对同一事物会有不同的理解。在此基础上，建构主义学习理论认为：学习是引导学生从原有的经验出发，生长（建构）起新的经验。建构主义学习理论提出教学不能无视学习者已有的知识经验，不能简单地、强硬地从外部对学习者实施知识的填灌，而是应该把学习者原有的知识经验作为学习的生长点，引导学习者从原有的知识经验中，主动建构新的知识经验。

建构主义学习理论的内容非常丰富，但其核心思想用一句话概括就是在教学中以学生为中心，强调学生对知识的主动探索、主动发现和对所学知识意义的主动建构。因此，建构主义学习理论强调教学中的探究学习、情境教学和合作式教学。

三、学习理论对研究历史学习的指导意义

学习理论是心理学的一门分支学科，是对学习规律和学习条件的系统阐述，它主要研究人类与动物的行为特征和认知心理过程。历史学科与其他学科一样需要学习理论的理论支撑和方法论指导。

首先，学习理论为历史的学习提供学科领域知识，以及分析、探讨和从事历史学习、历史研究的途径和方法，还规定了学习时可以使用哪些方法和技术，应该用什么样的术语来描述研究的结果，等等，从而为历史教师提供了一个研究学习的框架，把注意力集中在最值得研究的问题上。

其次，学习理论为历史教师研究历史学习提供了重要的理论基础。学习理论是对有关学习法则的大量知识加以概括，使其系统化和条理化，以便人们更容易掌握。历史是一门经验总结的学问，但是古今中外历史纷繁复杂，怎样才能将这纷繁复杂的历史进行经验总结，就需要一定的学习方法。学习理论是关于学习本质、学习分类、学习特征、学习过程、学习规律、学习策略，以及学习心理、学习能力和学习方法等方面的研究，对历史学习有着重要的指导意义。

最后，对历史教师个人成长有着重要意义。教师的教育观念和教学理念，直接影响着自己的教学实践，而教育教学的观念和理念与对学习理论的掌握有着密切关系，即使是总结自己成功的教学经验，也需要提升到理论的高度。学习理论对历史学科的学习方法、学习规律、学习策略具有重要的指导作用，所以学习理论对于历史教师进行研究和教学改革都有着重要的意义。

第二节　中学生历史学习的心理基础

学生学习历史的过程是接收历史信息，进行历史解释，进而形成对历史的认知的过程。在这一过程中，历史学科核心素养的培养和发展，以及情感态度和价值观的养成，都是伴随着学生的心理活动。因此，正确地分析学生学习的心理，有助于教师教学活动的设计及开展。

一、中学生历史学习的心理基础

学生学习历史的心理特点，与学生的年龄、心理特征有着必然的关系，可分为智力因素与非智力因素两个方面。智力因素就是学习历史的动机、认知发展等。非智力因素就是学习历史的兴趣，包括学习历史的兴趣、学习历史的情感、学习历史的意义，教师通过对历史过程的阐述，激发学生学习历史的兴趣，培养他们正确的情感态度与价值观，通过历史人物坚定的意志、高尚的家国情怀来激励和教育学生。积极调动、充分利用学生的学习心理，可以促进其学习的进步。

（一）中学生学习历史的动机

学习动机是推动学生进行学习的原因。“学习动机是指引起学生学习活动，维持学习活动，并导致该学习活动趋向教师做设定目标的内在心理动力与历程。”[①]学习动机的目标一般是由教师设定的，更强调学生的内在心理因素。成就动机是指个人对自己认为重要或有价值的工作，不但愿意去做，而且能达到完美的一种内在的推动力。中学生学习历史的动机是各种各样的，但是成就动机是所有动机中起决定性作用的一个。

一般来说，初中生的学习动机要低于高中生。初中生往往将历史学习的目标确定为课程内容本身或获得某种奖励或评价，即处于认知动机阶段，尚未形成远景动机，不能自觉地将动机转化为学习的动力。到了高中阶段，学生的自我提高动机、成就动机不断增强，他们把学习历史与认识过去、学会看待现在、知晓人生的意义等逐渐相连，并愿意为之全力以赴，促成人生远景目标的达成。就同一阶段学生的学习动机而言也会出现不同：初一学生的学习动机低于初三学生，同为高一年级学生，文科班的学生为了高考这一远景规划和人生道路的选择，其历史学习动机也将高于理科班的学生。

如何培养学生的学习动机？首先，应该将学生能积极主动参与学习，确定为教学目标之一，在教学过程中鼓励学生主动参与学习活动，让学生感受到探索知识的乐趣，体验到思考与探索后的成功，强调学习的内在价值。其次，鼓励师生之间的互动与探索。历史学科作为人文学科的价值在于通过对过去的了解和认识，解决现实生活中的问题，利用师生之间的交流、互动，使学生在较为宽松的气氛中进行讨论，同时在交流和讨论中更深入地理解学习目的。最后，及时反馈与适当评价。学生是学习的主体，学习的进展，学习过程中暴露出的问题，要通过反馈来了解。让学生及时了解自己的学习结果，了解自己的进步，以提高其学习热情，增强其学习的自信心；了解自己的不足、短处，以设置学习的新起点，纠正不足，争取获得更好的成就。

① 王雄：《中学历史教育心理学》，长春：长春出版社，2012年，第70页。

(二)中学生学习历史的认知发展

“认知(cognition)这一概念有广义与狭义之分,从广义来看,它是指人认识、理解事物和现象,并运用知识、经验解决问题的能力的总和,与‘智力’(intelligence)的含义等同。从狭义来看,它指人运用表象和概念进行分析、综合、判断、推理等认识活动的过程,与‘思维’(thinking)的概念等同。”[①]中学生的认知发展是随着他们生理与心理的变化而不断发展的。

中学生语言的认知与技能主要是在他们进入初中之前通过小学语文课程进行学习。目前我国小学语文课程标准规定了小学生语文总体学习目标是“识字与写字”“阅读与鉴赏”“表达与交流”“梳理与探究”四个方面,培养小学生对文字理解和运用的能力,初步形成理解不同语言环境下语义表达的能力。这种认知会随着年龄的增长和知识经验的不断丰富,从对字词表面含义的认知发展为对文字深层次含义的认知,并会影响对中学历史学科中的词语在不同语境下语义的准确把握和运用。如对“中央”一词的理解,在中国古代史中“中央”是指封建国家统治核心,是相对于地方管理的统治阶级内部架构;在中国近现代史上,则是指国家政权或政团的最高领导机构。再如,《辛亥革命》一课,教师表达辛亥革命的意义“使民主共和观念深入人心”,在对该句话的理解上,很多初中学生会形成表面认知,即每个人都认可了民主共和的观念,并通过袁世凯与张勋复辟的失败进行说明。但进入高中阶段,随着语言理解能力的提高,学生就会认识到“民主”与“共和”是两个概念,对这句话应该分成两个方面来理解,“民主”指的是在一定的阶级范围内,按照平等和少数服从多数的原则来共同管理国家事务,“共和”则是国家权力机关的选举形式或国家政权组织形式,是相对于君主制、君主立宪制的一种政体。所以对这句话的正确认知应该是:“辛亥革命使民主共和国的观念从此深入人心,使人们公认,任何违反这个观念的言论和行动都是非法的。”[②]

(三)学习兴趣

兴趣是指人力求认识、探究某种事物或从事某种活动的心理倾向,它总是伴随着良好的情感体验。[③]兴趣又是以需要为基础的,对于学生的学习来说有着重要的意义。

---

① 王雄:《中学历史教育心理学》,长春:长春出版社,2012年,第54页。

② 刘少奇:《关于中华人民共和国宪法草案的报告》,《山西政报》,1954年第19期。

③ 王雄:《中学历史教育心理学》,长春:长春出版社,2012年,第73页。

第一，兴趣是推动学生学习的内驱力之一。人们常说兴趣是最好的老师，一堂丰富多彩、生动有趣的历史课可以使学生忘记学习历史的困难、挫折，进而激发他们对历史学科的喜爱和关注。

第二，兴趣是一种特殊的认识倾向，它表现在人对有关事物的优先注意和集中注意上，相应的感知、记忆、想象和思维水平都会提高，兴趣可以使学生在学习时具有更全面、更仔细的观察力，敏锐灵活的思考能力及丰富多彩的想象力。

第三，兴趣可以分为直接兴趣和间接兴趣。就历史学习而言，初中生的直接兴趣养成比较容易，如果教师的讲授生动、有趣，教科书的编写趣味性较强，教学课件有丰富的图片、故事、音频、视频等刺激学生感官，学生很容易喜欢上历史课，进而更为关注历史学科，并与自身发展联系起来。高中生则更加关注历史学科与自身发展的联系，表现为间接兴趣。

二、中学生历史学习的心理过程

（一）前认知阶段

建构主义强调，学生并不是空着脑袋走进教室的，他们在日常的生活学习中已经形成了丰富的经验。中学生学习历史课程之前并不是对历史一无所知，而是或多或少、或深或浅地积累了一些经验，这是由于学生所处的社会中包含大量与历史有关的信息。如历史相关图书《中华上下五千年》《三国演义》等；历史题材的影视作品，如《海棠依旧》《历史转折中的邓小平》《建国大业》等；各类历史科普电视节目，如《百家讲坛》《国家宝藏》等；还有历史遗迹，如猴场会议会址、邓恩铭故居、息烽集中营等；口耳相传的历史传说及历史故事等，这些都会有意无意地被学生接受，使其在头脑中形成一定的认知。只是这种认知往往是以碎片化的形式呈现，不完整，未能形成体系，还可能夹杂着模糊和错误的认识，但都会对其历史学习产生影响。

（二）感知阶段

根据行为主义心理学的观点，通过语言符号的刺激，引起学习者相应的反应，进而形成连接性转化，由于历史的过去性和不可重复性，历史的学习内容具有间接性，信息传递不充分或不通畅,都会造成历史学习的障碍,所以感官刺激非常必要。进行历史学习时,通过教师的讲述,阅读教材资料,学生开始接受历史信息,通过听觉和视觉把信息同化和顺化到自己的知识结构中,形成刺激,并调试自己的心理。如果学生心理活动调适得好,通常课堂气氛活跃。

但是这时学生对信息的接收尚处于选择性接收信息阶段,他们会自觉地将自己感兴趣的刺激,或对前认知阶段顺化、同化的刺激进行强化,进行直觉编码,贮存在短时记忆中,这个过程就是选择性知觉;同时将自己不感兴趣的刺激进行信息分化。初中生的心理特点是半成熟半幼稚,兼具独立性和依赖性,自觉性和幼稚性;虽然高中生相比初中生来说,心理上向成人接近,但还是处于成熟与半成熟之间。因此,中学生对信息的接收程度,还要受刺激物本身的新奇程度等的影响。

(三)思维阶段

教师通过语言符号、图片等形成刺激,再现历史,让历史的本来面貌呈现在学生的面前,但他们的认识还停留在感觉、知觉、印象阶段,还未理解历史现象的意义,认识需要深化。皮亚杰认为这一阶段中学生的思维已超越了对具体可感知事物的依赖,使形式从内容中解脱出来,进入形式运算阶段,他们已经能够进行抽象思维,但并没有成人深刻,介于具体思维和抽象思维之间。因此,学生还需要就接收到的信息进行重新加工和处理,对贮存在短时记忆中的信息进一步编码,将其转入长期记忆中。由具体思维向抽象思维的转化,受到学生前认知阶段水平、教师所给予的刺激、教学环境等的影响,学生往往会呈现出不同的表现。

(四)结构重建阶段

经过思维阶段,学生对历史学习的内容已经介于具体思维和抽象思维之间,这样就会打破其原有认知的结构,重新建立历史认知结构,从而使学生对历史的认知逐渐条例化、系统化,这是形成长期记忆,培养核心素养的重要阶段。这一阶段是把对信息接收和加工的成果同化于自己的认知结构中,删除原有结构中的错误和偏差之处,如对《南京条约》《天津条约》《北京条约》《马关条约》《辛丑条约》形成一系列的条约结构,自觉地比较其相同点,区分其不同点。可以说历史教学的主要目标就是使学生建构对历史的认知,形成他们心目中的历史,而结构重建就是达到这一目标的过程之一。学生在经过了知识重组的心理活动后,形成对知识的记忆并且长期保持。

（五）迁移阶段

记忆不是我们的目的，能将学到的历史知识、思维方法、分析能力等运用到新情境、新问题中，培养影响学生终身的素养才是我们的最终目的。通过历史学习所获得的基础知识、思维方法、探究能力以及情感态度价值观等都不是静态的，而是对后来的历史学习和认知有着直接的影响。如学习洋务运动及分析评价的方法时，会在大脑中自觉检索洋务运动相关内容及分析评价的方法，如历史唯物主义、一分为二的思想方法，从而自觉地将其运用到洋务运动的评价中去。迁移不仅有利于学习的继续，而且有利于学习的巩固和创新。

总之，中学生学习历史是在主体前认知的基础上，经过感知接受历史信息，形成对历史事物、历史现象、历史特点及历史规律的认识，并将其运用迁移到新情境和实际问题中的过程。了解学生学习历史的心理过程，实际上是为了更好地把握历史学习过程中，中学生心理活动的主要特点，以便采取相应的教学策略，指导学生的历史学习。①

第三节　中学生历史学习的策略与方法

一、历史学习策略

（一）学习策略的概念

人们很早就认识到，对于学生来讲，影响学习的因素，除了通常所说的一些因素，如智力水平、学习态度、原有知识基础、对学习的期望之外，还有一个学习方法的掌握和应用的学习变量，这个学习变量对于学生的学习有着十分重要的影响。我国古人早已认识到学习方法和学习策略在学习过程中的重要性，如古代著名的思想家、教育家孔子说的“学而不思则罔，思而不学则殆”，古语“授人以鱼不如授人以渔”都是在探讨学习策略问题和学习策略在学习过程中的重要性。法国近代思想家、心理学家、教育学家卢梭也曾

① 于友西：《中学历史教学法》，3版，北京：高等教育出版社，2009年，第234页。

就此问题提出“形成一种独立的学习方法，要比获得知识更为重要”这样对学习策略的认识。

20世纪中叶开始，随着科学实验等方法的进一步发展，许多教育心理学家专门对学习策略进行了专门性、系统性的研究，提出了各种关于学习策略的概念。如杜菲认为：“学习策略是内隐的学习规则系统”；奈斯比特和舒克史密斯认为：“学习策略是选择、整合、应用学习技巧的一套操作过程”；丹塞雷认为：“学习策略是能够促进知识的获得和贮存，以及信息利用的一系列过程或步骤”，他指出，学习策略应该包括两类相互联系的策略：主策略和辅策略，主策略为具体地直接操作信息，即学习方法；凯尔和比森认为：“学习策略是一系列学习活动过程，而不是简单的学习事件”；梅耶认为：学习策略是人“在学习过程中用以提高学习效率的任何活动”；琼斯、艾米伦和凯蒂姆斯认为：“学习策略是被用于编码、分析和提取信息的智力活动或思维步骤”；里格尼认为：“学习策略是学生用于获得、保持与提取知识和作业的各种操作与程序”。[①]以上研究或把学习策略看作具体的学习方法和技能，或把学习策略看作学习的调节和调控技能，或把学习策略看作内隐的学习规则系统，或把学习策略看作学习方法和学习的调节与调控的有机统一。他们的研究都是站在不同的角度进行的，从抽象意义上而言，学习策略是一种内隐的学习规则；从具体操作上而言，学习策略又具备学习方法的含义。

为了方便研究，这里采用于友西等对学习策略的定义：学习策略是学习活动中学习者对学习目标的认识，对学习规则的掌握，对学习过程的调控，对学习方法的运用等。在历史学习时，要求学习者有明确的学习目标，能够控制自己的学习行为，分析学习的得失，选用合适的学习方法。由于历史的过去性与不可复制性，在学习策略中如何选择学习方法最为重要。

（二）历史的学习策略

学习是一种特殊的认知活动，中学生对历史的学习更是一种具有学科特殊性的认知活动，他们的历史学习既不同于专业史学家对历史的研究活动，也不同于普通成人对历史的了解活动。历史的学习策略主要是学习活动中学生对历史学习目标的认识，对历史学习规则的掌握，对历史学习过程的调控和对历史学习方法的运用等。

---

① 蒯超英：《学习策略》，武汉：湖北教育出版社，1998年，第27-28页。

历史教师应指导学生建立合理的学习策略,掌握正确的学习方法。具体而言,可以从以下三个方面着手:

1.注重史论结合

历史知识本身就包含了“史”与“论”两个方面。“史”是历史上发生的事情,是研究历史知识的本源,是历史学习的基础;“论”是理论,是史学研究的观点。“史”是“论”的依托,“论”是“史”的根据。在历史学习过程中,“史”往往以直观的形象出现在历史教材中,学生很容易注意到,也很容易简单地将历史认为是“史”的堆砌,产生学习历史就是枯燥地背诵历史知识的错误认知。“论”则是隐含在“史”之中的,一般需要经过研读史料、提取信息、得出结论的过程,在此过程中教师需要充分利用到文字材料、地图、文物、插图、图标等,指导学生进行观察、整理、归类、分析,形成自己独特的认知。

2.掌握线索、提纲挈领

每一个历史事件都包含了历史事件的背景、原因、内容、过程、性质、影响,千千万万个历史事件组成了丰富多彩的历史知识。如果在学习过程中没有明确的学习策略,那么千头万绪的历史知识会阻碍学生的学习。教师只有厘清历史知识的线索,掌握历史发展的背景、规律、趋势、潮流,总结出历史事件的共性特征,归纳其规律,才能通过构建宏观的历史知识框架,合理指导学生进行学习。

3.注意横向知识、纵向知识之间的联系与比较

联系与比较是历史辩证法的主要特征。教师应该在统领宏观线索,整合历史知识的基础上,引导学生从不同的角度、不同层次辩证地去分析历史现象,同时还应该注意运用历史辩证法对历史事件的本质与现象、个性与共性进行分析,形成联系和比较,从而全方位地把握历史知识。

二、历史学习方法

学习的重要意义之一是学会学习,而学会学习的主要体现是掌握和运用学习方法。历史学是研究和阐述人类社会发展的具体过程和规律的学科,坚持正确地认识和揭示历史发展的真实过程和客观规律,就成为历史学习和历史教学的根本原则。历史的学习方法在很大程度上是由历史学科的内容特点决定的,学习的成功不仅要靠能力和勤奋,也

要靠有效的学习方法，学习者不仅要接触和了解学习的内容和形式，而且要选择适合历史学科的学习方法，从而提高学习的效率。

（一）听课法

听课是学生在课堂学习时的一种主要活动，是学生获取知识信息的重要途径，提高听课质量是其提高历史学习效率的重要保证。听课的方法可以分为听、思、答、记四个方面。

所谓听，就是学生要认真听讲，集中注意力，及时准确地吸收教师所传达的信息，尤其是关注要点、把握重点、化解难点。一般来说，一堂历史课所涉及的内容，如历史事件、历史现象、历史过程等概念，其中历史的时间概念、地理概念、人物概念等是比较多的，而且往往只出现一次。听课要听开头、听新知、听结尾。课堂导入是知识的连接，概括旧知识，引入新知识的内容，有承上启下的作用；结尾是对新知识的归纳总结，重点突出，概括性强。在听新知识的讲授时要注意知识的完整结构。

所谓思，就是在听课时要主动进行思考，一方面要对听到的语音语义进行辨析，对所表达的信息及时做出反应；另一方面还要对信息加以筛选，保留有价值的信息，把接收的信息初步纳入已知的知识系统中，实现知识的迁移。听课的思考，也包括思考是不是听懂了，有没有疑问等自我质疑。

所谓答，就是积极回答教师所提出的问题，锻炼并提高历史思维能力和口头表达能力。回答教师所提出的问题，可以集中注意力，对自己的学习进行当堂检验。

所谓记，是指在听课过程中，学生在笔记本上做笔记。初中阶段的历史笔记一般是记录板书提纲、基本概念、重要观点等；高中阶段的笔记，可对教师讲述的内容做选择性记录，尤其是一些补充性的内容。记笔记可以提高课堂学习效率，让学生始终保持积极的听课情绪，也便于他们课后进行知识整理和复习巩固。

（二）材料阅读法

历史材料是指与历史学习有关的材料，包括历史教科书、历史资料、历史读物等。阅读历史材料是学习历史的基本方式之一，是接收历史信息的主要途径。中学生阅读的历史材料一般来自教科书与课堂教学中教师所提供的材料，还有一部分来自学生自己的收集和整理。

历史学习一定要提高历史材料阅读能力,要提高材料阅读能力,既要快速浏览也要重点解读,还要带着问题去研读。研读材料需要认识字词的形声义,懂得词和短语的内涵和外延,认读句子和语段,并在认读的基础上,进一步了解阅读材料的内在含义。为提高阅读的效果,可以在阅读时做必要的笔记,或在阅读材料上做一些提示性的记录,如画线、标符号、写批注等。

在对历史教科书进行阅读时,首先需要明确教材的教学目的。其次,要养成阅读教材目录的习惯。教材目录是教材的框架结构,目前初高中的历史教科书都是按照时间、空间顺序进行架构的,可以反映出历史知识的系统性和逻辑性。阅读教材目录可以便于我们从宏观上把握历史结构,还可以做到纵横对比,融会贯通。再次,阅读章节导言,章节导言是一章一节的历史背景和主要线索总结,它的编写目的是便于学生从宏观上了解本章内容,明确本章内容所处的时代背景,从而形成立体的时空观和系统的历史观,常读导言还可以提高历史概括能力。

(三)比较法

历史比较法是通过对不同时期、不同时空条件下的复杂历史现象进行比较、研究、分析,发现历史本质,从而探索和发现历史规律的一种史学方法。通过比较,有助于认识诸多历史的共同点和差异点,从而更好地把握事物矛盾运动的普遍性和特殊性,更好地认识历史发展的规律和特点。

学生运用比较法可以就历史发展过程中的不同时期阶段的历史现象进行比较,或就某一历史事件的各个发展层次进行比较,这叫纵向比较,如《史记》与《汉书》、中国近代的所有不平等条约、戊戌变法和孙中山所领导的资产阶级民主革命、美国独立战争和美国内战、文艺复兴与启蒙运动、俄国二月革命与十月革命等。或就不同民族、地域、国家的历史现象进行比较,这叫横向比较。如中西文化成就、戊戌变法与日本的明治维新、美英法德等主要资本主义国家的民主制度等。运用比较法进行学习有利于学生形成更为完整的知识网络,巩固对同类知识的记忆和理解。

(四)观察法

观察法是指研究者根据一定的研究目的、研究提纲或观察表,用自己的感官和辅助工具去直接观察被研究对象,从而获得资料的一种方法。由于历史的过去性和不可复制性，人们只能根据前人所遗留下来的历史信息进行学习。承载前人遗留下来的历史信息的主要工具是抽象的文字记载，但也有很多信息是以具象的形式呈现的，如历史地图、历史图片、历史照片、历史实物和模型、历史遗址、历史建筑等。观察，可以是在教室里的观察，也可以是走出教室之外的，对社会、历史建筑、历史遗址的观察。

对于历史的教学来说，观察法的运用有以下优点：第一，直接性。教师可以引导学生对历史图片等进行观察，从而获得有价值的历史信息，并在一定程度上感受历史的情境和氛围，所谓百闻不如一见，就是因为观察法具有直接性这一基本特点。第二，目的性。观察法是人们有目的、有计划地通过感官和辅助工具，对处于自然状态下的客观事物进行系统考察，从而获取经验事实的一种科学研究方法，因此，观察需要有明确的观察目的，并要确定好观察的范围、形式和方法。通过教师的安排，学生在进行历史观察时可以事先明确观察目标，并进行思考，再将所学的文字材料与观察所得信息联系起来。

在使用观察法进行学习时需要注意以下问题：第一，紧扣观察目的。目的性是科学观察区别于一般感知活动的根本标志，观察目的是观察活动的灵魂，观察前的一切准备工作，观察活动中观察什么，具体怎么观察，观察后对观察资料进行分析研究，始终要以观察目的为出发点和归宿。如果观察活动脱离了观察目的，将不能得到有价值的信息，还会浪费时间和精力。第二，要实事求是。观察到什么就说什么，一定要反映事物的本来面目，不能根据自己的好恶，带有任何偏见。第三，细心观察，进行联想。历史观察的对象可能是地图、图片、遗迹、实物等，在观察时需要开动脑筋，并把所学的文字知识与观察得到的有效信息进行必要的联系。

（五）评价法

学习历史和认识历史，都要对具体的历史事物，如历史事件、历史现象、历史人物等进行评说，所以历史评价能力是学生学习历史的基本能力之一。评价法要求学生能把历史事件、人物观点放在特定的历史条件下进行分析和评价，能初步运用辩证唯物主义和历史唯物主义的基本观点，分析历史现象和历史事物，继而去认识、阐述历史发展的规律。

历史人物的评价。评价历史人物要坚持马克思主义的唯物辩证法。首先，要用普遍联系的观点评价历史人物。要把历史人物放到一定的历史范围内进行考察，因为个人的思想和活动受众多条件（如时间、空间）的制约，所以，考察历史人物时，只有熟悉个人背后的社会背景，才能发现历史规律，才能理解历史人物活动的实质。其次，要确定历史人物在历史上的作用，主要看他是否顺应历史发展的潮流，是否推动或阻碍了生产力的发展，这是确定历史人物作用的最根本的标准。最后，评价历史人物要坚持历史唯物主义和辩证法的要求，要用一分为二的观点看待历史人物，防止全盘肯定或全盘否定；既要肯定人民群众是历史的创造者，也要肯定杰出人物对历史的推动性。

历史事件的评价。对于历史事件的评价应遵循以下标准：第一，生产力标准。生产力决定生产关系，它是社会发展的决定因素，是历史发展的终极动力。第二，实事求是原则。评价历史事件应当遵循实事求是的原则，坚持历史主义的方法，把历史事件放在特定的历史环境中去考察，不能脱离当时的历史条件，或者用现代的标准去评价。第三，微观与宏观相结合原则。微观研究方法是从比较小的角度，即从相对的局部意义方面去研究历史的方法，微观研究是历史研究的基础；宏观研究方法是指从较大的角度，即从相对的整体意义上去研究历史的方法，宏观研究是历史研究的最终目的。

（六）材料收集法

材料收集法即学生通过研读历史资料获取信息，在教师的帮助和指导下，形成自己的历史认知的学习方式。历史学习常常要运用历史材料，并将适当的材料作为证据，进行历史的推论，因此，应该认识到能够收集材料是学会学习的重要表现之一。通过史料理解历史，可以激发学生的学习兴趣和探究意识，促使他们提高自主学习能力和历史思维能力，并锻炼其创新思维能力。

材料收集法的关键在于材料的收集、选择和组织。收集材料，就是对材料进行检索，需要学生通过图书馆、网络或调查（问卷调查、访谈调查、实地走访调查、田野调查等方法）获取材料。选择史料，即在确定的史料收集目的下，对所获取的史料进行甄别，需要学生具备简单的辨别历史真伪的能力。材料的组织就是学生对选择出来的材料进行整理、分类，以便使用。

在运用材料收集法时需要注意以下问题：首先，必须有明确的材料收集目标，如对历史人物曹操进行研究与评价；其次，必须有粗浅的史料学能力，能够辨别史料的真伪，尽量使用一手史料，对历史描述、演义、虚构的内容进行甄别，如《三国演义》中对曹操的描述与《三国志》中的曹操是有区别的；最后，要能够正确全面地收集资料，要知道历史讲究“孤证不立”的原则，不能断章取义，更不能主观臆断，随意阐释。

（七）合作探究法

历史学习的价值在于对历史的认识，这就要求学生不仅要搞清楚历史事物“是什么”的问题，更要探讨“为什么”的问题，形成对历史正确的认识，这需要对具体的历史问题进行探究。探究学习的核心就是把课堂还给学生，让学生发挥在学习过程中的主动性、积极性和能动性，体验知识的生成过程。历史探究学习也是一个学生收集、整理和运用历史知识，自主分析并解决问题的学习过程。合作学习是指学生在小组或团队中，为了完成共同的任务，有明确责任分工的互助性学习。它是针对团队教学条件下学习的组织形式而言的，与之相对的是个体学习。由于探究性研究对学生的知识能力、逻辑思维、语言组织等要求较高，单个学生完成一次探究性研究难度较大，因此，在历史的探究性学习中一般采取合作式探究的方法。历史探究学习的基本模式是问题引导、合作探究、总结升华。

第一步，问题引导。问题是学习的动力、起点和贯穿学习过程的主线。该教学模式并不在于直接给学生传授现成的知识，而是一个发现问题、提出问题、分析问题和解决问题的过程。因此，在探究学习过程中问题的提出必须是合理而科学的，教师应该在教学中巧设问题情境，以激发学生的多向思维和创造性思维。以高中“洋务运动”内容为例，传统教学模式通常将关注焦点放在洋务运动的主要内容和失败原因分析上，以致忽略了洋务运动出现的背景，为了拓展学生的知识面和锻炼他们的思考能力，可以提出问题：洋务运动是一场发生在19世纪60年代到90年代中期的一场清朝统治阶级内部的自救运动，它的出现与当时国内外的时代背景有极大的关系，请全面地探究洋务运动出现的原因。教师可引导学生对该问题进行分组探讨，并提供一部分同时期欧美国家发生的大事件、日本发生的大事件以及中国其他阶级的发展情况等方面的资料，为学生呈现全面的世界发展境况，为学生的讨论交流提供足够的话题。但是探究式教学的最终结果不是获得知识、结束问题，而是让学生提出更多的问题，把学生不断地引向思考、探索之路，由课内引向课外，最终让学生走向创造之路。

第二步，合作探究，也就是合作学习。既可以是学生之间的，也可以是师生之间的，它的基本要素是积极的互相支持、配合，特别是面对面的促进性的互动。在探究性学习中，通常按照元素将学生分为几个小组，每组承担探究研究中的一个任务，最后将任务成果进行整合。例如在初中《百家争鸣》一课中，将学生按儒家、法家、道家、墨家、兵家等分为多个小组，提出探究问题：该学派在当时为何会出现，他们的哪些思想受到了统治阶级的欢迎，为什么？通过对材料的收集、辩论和探讨，加深学生对百家争鸣的理解，对各学派思想的认知。在合作探究阶段最好的方式就是每个小组成员积极承担共同任务中个人的责任,所有的学生能进行有效的沟通,建立并维护小组成员之间的相互信任,有效地解决组内冲突,对任务进行分工,对共同活动的成效进行评估,寻求提高其有效性的途径。

第三步,总结升华,是学生探究学习成果的获取阶段。学生通过问题的提出与合作探究已经取得一定的成果,但这些成果往往是零碎的,缺乏系统性,有些甚至是错误的,缺乏科学性,教师需要对学生的探究成果进行总结升华,由感性认知上升到理性认知,总结规律,形成对历史新的思考。这一阶段可以分小组总结,让小组分别总结自己的学习探究成果,学生总结后,教师要进行最后的总结,让学生掌握的知识更有系统性,从而达到知识的升华。

(八)调查法

调查法一般指学生通过对家乡或学校所在地区的事物、人物进行调查、访问、参观、考察等,收集有关历史问题的资料和信息,然后对其进行归纳、整理、分析、研究,形成结论的学习方法。如黔南地区的学生可以对石板街和裤裆街的由来、邓恩铭的革命生涯、三线建设的成就等问题进行研究。这是一种比较主动的研究方法,一般适用于课外的小课题研究,容易激发学生的兴趣和参与热情,这种方法能够锻炼学生的实践能力和创新能力,但关键是要先有一个周密的调查计划和方案,调查过程中学生要有持之以恒的精神,否则容易半途而废。

(九)规律总结法

历史规律,即历史法则,即相信人类社会和历史发展,像自然界那样具有不以人的意志为转移的客观变化轨迹。它是人们透过历史表象,探讨其生存因果联系,揭示历史发展中普遍性、统一性、必然性的表现。历史规律具有重复性、预见性。在历史学习中,不断总结历史规律,理解规律的重要性也是学生必须学会的重要学习方法之一。中学历史学习中的历史规律有生产力与生产关系矛盾运动的关系、人类社会由低级向高级不断延伸的规律、经济基础与上层建筑的互动关系等。

（十）练习的方法

学习中的练习对于知识的巩固、技能的运用等都是必要的，有意义的练习实际上是在一种新情境下的继续学习。练习与信息加工水平有密切关系，可以说练习的频次越高，信息向长时间记忆迁徙的可能性也越大。学会做作业，也是学习的一个方面。在进行练习的过程中，重要的是通过练习加深对已学知识的理解；学会对知识进行实际运用；将知识系统化和条理化；发现学习上的问题，查缺补漏。

练习的基本形式有课程练习、单元练习、综合练习和归纳练习等。课程练习按照历史教材的课程编排进行，一课一练，可以当堂进行练习，也可以课后进行练习。单元练习是按照历史教科书的单元编题练习，一般而言，历史教科书每一单元的内容都是按照时空线索或主题线索进行安排的，学生通过每单元一次的练习可以增强对本单元知识结构的理解，加深记忆。综合练习是对所学过的历史知识进行综合性练习，练习时需要编制具有变化性的题目，使学生将学过的知识灵活地运用于各种题目中，特别是综合性强，分析度大，需要多方思考才能作答的题目。历史知识是一个积极思维，消化知识的过程，练习又是强化知识巩固所学知识的方法之一。在做练习时首先要认真审题，审题是答题的先导，也是答题的关键，必须认真推敲，弄清问题的范围和要求，注意关键词，然后列出提纲，这个过程就是组织材料的过程，在列提纲的基础上作答就会要点齐全，层次清楚，作答时要史论结合，这是分析历史问题的基本原则，运用历史唯物主义原理进行分析，实事求是地得出正确结论。

（十一）复习的方法

“学而时习之”，复习是学习过程的一个环节。由于历史知识的特点，复习对于掌握历史知识是必不可少的。一般来说，复习的类型有随堂复习、课后复习、阶段复习、期末复习、高考复习等。每一种类型的复习目的、复习范围、复习要求是不同的，这需要在进行具体的复习时加以了解和适应。

初中历史的复习方法是多种多样的，基本方法有整理学习笔记，编写复习提纲，重点阅读、比较相关的知识，对知识进行分类与归纳，构建知识体系，并与练习相结合等。

高中历史复习相对于初中历史复习而言更复杂和多变，目前比较流行的复习法有“四轮复习法”“专题复习法”等，这些方法都是通过提高学生的信息接收能力来形成长实效记忆。2017年我国提出了高中历史新课标，历史学科必须培养学生的核心素养，发展学生的历史综合能力，下面简单介绍一下历史核心素养培养要求之下的高考历史复习方法。在高中历史复习中，学生应自觉将核心素养渗透到历史复习中，倾力打造高效复习，提高复习效率。第一，借助时空观念，厘清复习脉络。时间和空间是历史事件的重要组成部分，任何历史事件都离不开时空要素。历史事件是按照时间顺序、空间范围组成的一个自上而下的时空脉络，因此，培养学生时空观念，可以帮助学生厘清历史事件的脉络，为复习指明方向，通过完整的时空知识网络，可以提升学生的复习效率。例如，在复习时，可以构建中国古代史、西方古代史、中国近现代史、西方近现代史的时间轴。通过对同一时段不同空间的中西方历史事件进行对比，加深学生的理解，进而提高复习质量。第二，借助史料实证，提高复习效率。所谓史料实证，是指从可信史料中汲取信息，作为历史证据，经严密逻辑推理构建历史认知的能力。运用史料实证解决问题是高考的一个重要方向，也是培养学生核心素养的重要内容。在高三历史复习中，学生可以收集、整理一些史料实证。运用所学知识来分析、对比、概括史料实证的历史价值，以提高学生分析问题、解决问题的能力，进而提高复习效率。第三，借助历史理解，提高复习水平。历史理解是指人们对历史事件的理性理解与客观认识，这是学生形成唯物史观的基础，更是提升学生历史能力的保障。要想学生真正理解历史，就要学生在认识、了解历史事件的基础上，引导学生突破时空限制，设身处地理解历史史实，将历史事件的起因、经过、结果、人物都放在历史背景中并做出公正的评价。在理解的基础上构建唯物史观，从而提升学生的历史思维能力，提高其复习水平。第四，借助历史价值观，提高复习效果。所谓历史价值观，就是人们从历史事件中凝练出来的价值取向。在高三历史复习中培养学生的历史价值观、核心素养，关键是引导学生具备历史人文情怀与家国责任感，以承担社会责任，实现民族强盛，服务国家进步为己任，让学生成为高素质的优秀人才。①

三、中学历史的学法指导

（一）学法指导的意义

学习方法指导，简称学法指导，指教育者通过一定的途径对学习者进行学习方法的传授、诱导、整治，使学习者掌握科学的学习方法并将其灵活运用于学习之中，逐步形成较强的自学能力，通俗地讲学法指导就是引导学生学会学习。

---

① 梁爱建：《例谈学科核心素养下的高三历史复习教学》，《高考》，2018年第21期。

著名认知心理学家诺曼说："真奇怪，我们期望学生学习，然而很少教他们如何学习。我们希望学生解决问题，却很少教他们解决问题的思维策略。类似地，我们有时要求学生记忆大量材料，却很少教他们记忆术。现在是弥补这一缺陷的时候了，我们需要总结关于怎样学习、怎样记忆、怎样解决问题的一般性原则，然后设置一些传授这些一般性原则的应用课程，最后把这些一般性原则渗入到学生的各门学科中去。"在当今新一轮的课程改革全面实施，学科素养教育不断深入的情况下，教育由原来的"一种有组织、有目的的传授知识的活动"转变为"能够导致创新学习的交流活动"；教育的内涵也由以学科为中心、以教师为中心、以课堂教学为中心，向以培养能影响学习者终身的学科素养为中心转变，学生在课堂中的主体地位不断加强。这就对教师的教学提出了更高的要求，教师不仅要考虑自己怎样教，更要考虑学生如何针对不同的学习内容，运用各种学习方法，在教师的指导下，主动地、富有个性地学习。

历史学法指导对于历史教学本身有着重要意义。对于历史教学而言，新课改要求课堂不再是以教师为中心，而是以学生学习为中心。这就涉及下面的重要问题：教师"教什么""怎样教"，应该由学生"学什么""该怎样学"决定，历史教学的过程应该是学生"学会"和"会学"的过程。但在"学会"和"会学"上学生是难以自然生成的，需要教师针对学生的实际情况做出引导。尤其是历史学习的内容有着自身的特点，历史知识时间跨度大、空间分布广、涉及领域多，又受到过去性和不可重复性的影响。学生在学习如此繁多的内容时，如果在学习方法上不得当或者是采用死记硬背的方式进行学习，就很容易减弱学习兴趣，感到学习历史枯燥乏味、负担沉重。帮助学生解决历史学习上的困难，引导学生采用有效的学习方法，提高学生的学习能力和学习积极性既是历史教师教学的需要，也是学生学习的需要。

历史学法指导对于落实历史学科核心素养培养有着重要意义。2016年核心素养研究课题组发布研究成果《中国学生发展核心素养》，明确了核心素养是"指学生应具备的，能够适应终身发展和社会发展需要的必备品格和关键能力"，认为落实核心素养培养是落实国家立德树人的根本任务，是适应世界教育改革发展趋势、提升我国教育国际竞争力的迫切需要。从核心素养的培养意义上来讲，对历史学习方法的学习甚至超过了学习历史知识本身。学生通过教学实践活动，运用已掌握的历史知识去理解新的历史知识；通过各种练习作业，培养学生口头和书面表达历史，观察历史试卷和分析历史问题的能力；独立收集历史资料、搞历史调查、查阅简单的历史工具书、编绘历史地图和历史图表、利用多媒体网络学习历史知识等活动，都是在落实核心素养的要求。

（二）历史学科学法指导的主要内容

学习方法指导，包括两个含义：一是在具体的学习情境中，引导学生掌握学习方法；二是引导学生获得有关学习方法使用价值的认识，充分认识具体学习方法及其适用范围，使学生在一定的学习情境中选择并运用恰当的学习方法。这里仅就应引导学生掌握学习方法进行阐述。学习历史和认识历史的前提和基础是获取历史的信息，学生获取历史信息的途径有很多，如听课、阅读、观看、参观、调查、交谈。教师在教学过程中，对学生可能获取历史信息的所有途径和方法都应进行相应的指导，但重点要放在听课指导和阅读指导上，因为这是学生获取历史信息的主要渠道。

1.教学生掌握正确阅读历史教材的方法指导

阅读是学生从事学习的基本活动，是其获取知识和发展智力的重要途径，也是学生自学的手段，学会阅读是学好历史的第一步。现行初高中历史教材具有篇幅多、阅读量大的特点，如何阅读并提高历史阅读能力是历史学习中学生面临的首要问题。作为历史教师，首先要教会学生"粗读""细读""精读"的三种方法，并理解其含义。所谓粗读，就是浏览教材，知其大义；所谓细读，就是要逐字逐句地读，掌握时间、地点、人物等基础知识；所谓精读就是对重点内容进行分析概括，归纳成要点。其次，在具体的学习中，要指导学生读目录，构建知识体系；读启发性导语，了解教材重点；读正文，把握主体知识；读平面地图和形象插图，掌握历史活动空间，强化学习的直观效果；读历史知识大事年表，厘清繁杂的历史头绪，形成完整的时空观念。

2.教学生从听课中获取历史信息的学法指导

在听课指导方面，主要是指导学生如何进行历史课堂学习，如何在每节课上最大限度地获取信息，提高其课堂学习效率。听课指导主要包括以下几个方面：首先，教学生掌握正确的预习方法。预习的目的在于对将要学习的知识有一个总体的了解，以便上课时有目的地听讲，集中精力解决好新课的重点和难点。预习时要有目的、带着问题对教材进行粗读，对应掌握历史的基本知识如时间、地点、人物事件、历史意义等有一个基本的了解。其次，教会学生找准学习重点。由于历史课时较少、任务较重，如果在学习中不抓住重点、找准关键，那么必然会在繁多的史实中迷失方向，陷入事倍功半的困境。教会学生掌握确定重点知识的原则和方法，在教材中出现以下内容的一般都是本课的重点内容：发生在历史转折时期，对历史进程有重大影响的历史人物和事件；教材文字表述中具有“最大”“最早”“第一”“领先”“标志”“开端”“序幕”等字眼的内容;教材内容配有插图,补充史料的知识。最后,课后复习是保证学生课堂有效学习持续性必不可少的环节,除了要注意平时的温习,还要注意考前的复习。

3.教学生科学记忆历史知识的学法指导

中学历史教材具有历史知识时间跨度大、空间分布广、涉及领域多的特点。需要识记的知识量特别大,这无疑增大了记忆历史的难度,但记忆基础历史知识又是必要的。良好的记忆方式可以使学习得心应手,运用自如,从而大大提高学习效率。如何使学生运用科学的方法,充分地挖掘记忆潜力?可以从以下三个方面着手:一是教师在处理和讲授教材内容时,把握教材,化繁为简,厘清线索,有助于学生记忆。二是向学生传授历史知识记忆的一般原则,先粗后细,先大后小,层层深入,步步开展,厘清历史知识的内在联系,让学生在理解的基础上记忆,注意知识的前后连贯、同类知识的联想扩散等。三是应向学生传授科学的记忆方法,让学生在学习中广泛而灵活地运用,从纷繁复杂的历史事实中寻找记忆的规律,对于动态的历史知识,一般可以以时间为轴,以年代为序来记忆;对于静态性质的历史知识,一般采用的记忆方法有谐音、联想、歌谣等。

4.教会学生整理归纳历史知识的学法指导

在掌握历史基础知识之后,学生应学会整理和归纳历史知识。如在学习唐朝的开元盛世之后,应该对已学过的中国古代史中的清明政治及其出现的共同原因做一个总结;再如在学习启蒙运动之后,对已学过的文艺复兴和中国新文化运动等进行归纳、概括、比较,这样把散见在不同册、单元的同一类型的知识组合在一起,形成较完整的知识结构,便于学生掌握和记忆。另外还可以在教师的指导下,随时把学过的知识,循序渐进地联系起来,形成知识链条,随着所学知识的增多,不断在旧知识的链条上加入新环节,把所学知识编成知识网,对所学知识进行加工整理,按照自己的方式组成线、面、体,长此以往,有利于学生更好地消化、理解和掌握。

简答题:

1.世界上目前流行的五大学习理论分别是什么?简单谈一谈每一种学习理论的内容。

2.简述中学生学习历史的心理特点。

3.历史学习的方法有哪些?为什么要采取这些方法进行学习?

第五章　历史教学的教学设计

第一节　教学设计的理论

教学是一项有明确目的的培养人的社会实践活动，在这个社会实践活动中要使学习者学习和掌握基础知识和基本技能，发展学习者的智力，培养学习者的能力，使学习者形成能够影响其终身发展的能力和品质，促进学习者身心健康的发展。为达到这样的教学总目标，教师必须依据一定的教学思想或理念，结合自己对教学过程的理解和认识，以各种方式方法对师生双边活动进行周密的思考和精心的设计。

一、教学设计的概念

（一）教学设计的概念

设计一词最先是在建筑、工业、军事等行业使用的，后来被引入教学领域，引起了人们的极大兴趣和普遍关注。近半个世纪以来，人们对教学设计进行探索，对教学设计的认识得到了进一步深化。国外学者布里格斯认为："教学设计是分析学习需要和目标以形成满足学习需要的传送系统的全过程。"在此基础上，瑞达·瑞琪提出了他的观点，认为教学设计是："为了便于学习各种大小不同的学科单元，对学习情景的发展、评价和保持进行详细规划的科学。"[①]在此基础上，美国学者切尔曼对教师教学设计做出了简单的定义，他认为："教师教学设计就是教师通过运用系统的方法设计课堂教学的过程，这个系统的过程包括：确立学习目的、创设学习目标、分析学生特点、编写测验、选择教学材料、开发课堂活动、选择教学媒体、实施并修改课堂教学。"并将教学设计的步骤分为：分析需要（analyze needs）、设计教学（design instruction）、开发教学材料（develop materials）、实施

① 徐英俊、曲艺：《教学设计：原理与技术》，北京：教育科学出版社，2011年，第4页。

教学评价(implement the instruction)、调整教学(evaluate and revise the instruction)五个步骤。[①]

教学设计理论传入国内后，国内学者也开始对其进行研究，他们大多数都认为教学设计是一个过程。麦曦认为教学设计是指为了达到预期的教学目标，运用系统观点和方法，遵循教学过程的基本规律，对教学活动进行系统规划的过程；王辉认为："教学设计是以获得优化的教学效果为目的，以学习理论、教学理论和传播理论为理论基础，运用系统方法分析教学问题、确定教学目标，建立解决教学问题的策略方案、试行解决方案、评价试行结果和修改方案的过程"[②]；李伯黍则认为："所谓教学设计，就是为了达到一定的教学目的，对教什么(课程、内容等)和怎么教(组织、方法、传媒的使用等)进行设计。"[③]

(二)教学设计的特性

可以说教学设计是把学与教的科学原理用于计划和规划教学资源和教学活动的系统过程。它是教学理论、设计思想、应用技术相结合的综合系统。因此，与其他设计相比，以下四个方面是教学设计不可忽略的特性。

第一，教学设计是必须经过实践检验的假设说明。教学设计是以关于教和学的科学理论为基础的，而教和学的科学理论与其他的科学理论一样，是对现实世界假设性的说明，只是教学设计是按照教学基本原理进行设计，它不仅要求有效，而且要对学生有吸引力。它是通过设计一系列的问题解决程序来帮助自己在设计过程中做出决策，通过有目的、有计划的系统设计，教学设计者构想出即将完成的设计可能是什么。与工程设计、建筑设计等不同的是他们的产品只是一种规划，而不必把规划具体为一系列的实物和具体的操作方法。工程设计师和建筑设计师往往是把他们所构思的规划交给设计产品的实施者和生产者，例如建筑设计师把设计产品移交给建筑承包人，工程设计师将设计产品移交给机器制造商；而教师既是教学的设计者，也是教学的实施者和体验者，并需要在教学实践过程中对事先的设计进行检验、评价，以便进行下一次的修订。

第二，教学设计是一种生成学习经验和学习环境，提高学习者获得特定知识技能的效率和兴趣的技术过程。教学过程是为了便于学习者达到预定的目标和意图所进行的转换、传送信息的一系列行为活动。在这个过程中，教师既是教学设计者又是教学的实

---

① 艾丽森·A.卡尔-切尔曼：《教师教学设计：改进课堂教学实践》，方向、李忆凡译，福州：福建教育出版社，2018年，第2-3页。

② 王辉等，《学校教育技术操作全书》，北京：经济日报出版社，1999年，第577页。

③ 李伯黍、燕国材，《教育心理学》，2版，上海：华东师范大学出版社，2001年，第268页。

施者，教师不仅希望能够有效进行教学这一目标，而且希望创设一种高效率，所需时间少、花费合理，具有强烈吸引力的教学。

第三，教学设计是一种具有创造性、学科性、决策性的研究活动。它是背景范畴、经验范畴、组织化的知识范畴等三方面因素综合作用的产物。教学设计是一门学科，但它与通常的科学学科不完全相同，它既强调了学科中的基础科学知识，也突出了设计实践活动，而这些活动又是以经验为基础的。所以，教学设计的研究基础中包含了基础性研究和应用性研究，它既有设法成功地获得产品的设计实践，也有实验性和自然性的学科特征。同时，教学设计又具有创造性，它的创造性又与一般的学科设计不同，不能脱离教学规律的范畴，不能天马行空地进行想象和研发，需要严格遵守教学设计规律，以一定的教学目标为依据进行。

第四，教学设计是设计者与使用者和社会之间互动的产物。教学设计的优劣是由教师、学生等人的价值观、愿望、要求、喜好所决定的，另外也受到教育环境、教学观念等多方面的影响。教学设计者——教师需要根据具体的教学环境、学生需要对教学进行调整，使教学设计中存在和出现的问题能够马上得到修正和纠正，而其他设计不具备这一条件。这也表明教学设计具有非常强烈的社会交往性，它受到教学设计者、实施者、学习者多方面的限制和制约，所以不能将教学设计与其他设计完全等同起来。

二、教学设计的原则

教师教学行为设计的原则主要是依据教学效果，在教学的多种因素构成合力的规则的基础上提出的。教师教学行为设计的基本原则是指教师在进行教学行为设计时，要对教学的各个环节统筹规划和安排，设计切合实际的最佳教学方案。通常一个有效的教学设计既能够保证“教师+学生”模式在教学设计中的体现，更好地促成教师的教学与学生的学习活动，又能够体现学生学习的主体地位，达到最优化的教学效果。

（一）目的性

教学行为最终是为了使学生在有限的时间与精力中获取更多的知识、训练更多的能力，以培养他们终身受益的关键素质，因此教学设计具有强烈的目的性。教学行为设计是面向课堂教学，解决教学问题的一种特殊的设计活动，它的实质在于综合考虑教学质量、教学速度、教学内容、时间因素，综合考虑教学效果和时间精力消耗的相互联系和统一性，使教学工作走向学科化、效率化。是以充分发挥现有的教学条件，克服各种不利因素，创设有利于发挥教学最优功能的各种因素，争取师生双方都能以比较经济的时间和精力，取得该条件下最好的教和学的效果。因此，教学行为设计的评价标准应是以特定时间、精力耗费下教学设计目标的达成度，探讨现实教学的低投入、高产出。对经济欠发达地区的教育，尤其具有现实针对性意义。

（二）系统性

教学行为设计是一项系统工程，包括教学目标设置，学生情况分析，教材的分析与处理，教学模式的选择，教学媒体和方法的运用，教学效果的评价和反馈等各个要素和环节。教学行为过程是一个系统，六个方面的内容既彼此紧密联系，针对教学目标发挥各自的作用，组成一个有机的整体，又具有各自的特殊问题，相互制约和联系。因此在教学行为设计过程中，必须着眼于教学系统的整体关联性，把教学行为过程的各个要素作为一个开放的、动态的、整体的系统进行综合考虑，综合协调教师、学生、教材之间的关系，这样才能够把握教学要素的本质及它们之间的必然联系，只有各组成部分和谐统一地协调于系统的整体之中，才能达到整体的优化，从而使教学效果达到最优。总而言之，教学设计必须要实现科学性与艺术性的统一、科学性与人文性的统一、学生身心发展的统一。

（三）主体性

主体性原则的直接含义是在教学中以学生的需求为主体，教师在教学中起到主导作用。教学要充分发挥学生和教师的双边互动作用。主体性原则要求在教学设计中将学生主体性的培养作为基本出发点，培养学生的主体意识、主体精神、主体人格和主体能力，让学生形成终身受益的核心素养，为其在将来的社会中发挥主体作用奠定良好的基础。“主体性”是人与动物的最大区别，人具有马克思所说的“自由自觉”的特点，也就是通常所说的“自主性”“主动性”和“创造性”。人在实践中表现出来的主体性及其所属的自主性、主动性和创造性的特征，既不是先天固有的“神来之物”，也不是固定不变的抽象物，它是在人类社会实践中形成的，并随社会实践的发展而发展的，具有社会性、现实性和历史的发展性。[①]所以，在教学设计中所体现出的学生的主体性原则必须具备时代性与阶级性、民族性的特征。

① 侯耀先、栾宏：《有效教学论》，西安：西安出版社，2011年，第39页。

（四）程序性

教学行为设计是一项系统工程。这一工程的完成，需要各个部分和环节按照一定的程序一步一步地加以落实，前一环节的实施会直接影响后一环节的实施，后一环节的实施需要依靠前一环节的顺利完成，这就是教学行为设计的程序性。如，在历史教学设计中一般遵循教学目标设计—学情分析设计—教学重难点设计—教学方法的选择—历史教学方案的形成的程序，而在实现教学设计的课堂教学中则遵循课堂导入—新课讲授—知识过渡—课程结课的程序。在教学行为设计过程中，应该遵守各个环节间的等级结构和程序规定性，注重它们的关联性、连续性，按照一定的程序一步步地落实，以确保教学行为设计的科学性。

（五）实践性

由于教学行为设计是按照科学的规律，组织教师和学生的教与学活动，是针对性地解决教学中具体问题的活动，其目的就是在具体的教学条件下使教学达到可能的最大效果，因此教学行为设计过程中每一环节的工作是必须具有可实践性的。例如，在分析、确定教学目标时，教师必须仔细剖析国家课程标准对该内容的要求，具体教学目标中所含的概念、规则等，再综合考量知识与能力、过程与方法、情感态度价值观三维目标，使之构成一个教学目标系统，并在此基础上提出具体的教学步骤和方法。另外，教学行为设计是依据一定教学理论对教学实践所进行的规划，这种规划要成为现实，至少必须具备两个可行条件：一是符合主客观条件。因此，在进行教学设计时除考虑学生年龄特点、已有知识基础和学习的客观环境；还应考虑学校设备、地区差异的因素。二是具有操作性。如在教学行为设计方案中，各类教学目标被分解成具体的、有可操作性的目标，各个教学环节被做了具体明确的规定和安排，成为教师教学的可行依据。只有具备这两个基本条件，教学行为设计方案的实施才能达到预期目的。

（六）动态性

虽然教学行为设计过程具有一定的模式，需要按照既定的流程进行，但教学设计是为了教学实践而进行的设计，在实践过程中往往不一定能够严格按照设计好的程序开展。教学是一个开放的系统，教学过程是动态的过程，涉及多个因素与环节，如环境、学生、教师、信息媒体等，也都处于变化之中。因此教学行为设计工作呈现出一种相对稳定的动态变化过程，随着教师的教学活动实践而不断变化，因此这就要求教师在利用教学设计模式时，应根据不同的情况和要求，针对不同的实际问题，决定从何处着手工作重点解决问题。例如在某些教学行为设计过程中，强调学生的实践教育是一个重要的教学行为设计环节，但我国中小学属于基础教育，其教学目标由教育部相关部门统一制定，教学任务由学期时长决定，在教学过程中实践教育是非常占用时间的，在课前也必须进行大量的准备工作，另外实践教育活动还受到经费、环境、气候、设备等的制约，不是每一次教学设计都能够实现。在有条件的时候可以进行，以增加学生的实践经验与学习兴趣（如都匀地区初中历史课可进行造纸术的研究活动实践），有的实践教育无法实现，也没有必要去严格执行（如青铜器的制造活动实践）。教师必须略掉一些不必要开展或者无法开展的工作步骤，因地制宜，创造性地开展教学行为设计工作，而不是严格地按照教学设计程序进行。

三、教学设计的意义

（一）有利于教学工作的科学性生成

传统教学以课堂为中心，以书本为中心，以教师为中心，教学上的许多决策都凭教师个人的经验和意向做出。有经验的教师在传统教学中也能取得较好效果，这是具有教学艺术的表现。但能够运用好这门艺术的教师毕竟占少数，而且教学艺术很难传授。教学系统设计克服了这种局限，将教学活动的设想建立在系统方法的科学基础上，用可以复制的技术作为教学的手段。只要懂得相关的理论，掌握了科学的方法，一般教师都能实际操作。因此，学习和运用教学设计的原理是促使教学工作科学化的有效途径。

（二）有利于教学理论与教学实践的沟通

教学活动作为一种社会实践源远流长。为了使教学活动有序、有效，人们早就开始探索教学的机制，对教学过程中涉及的各个要素相互间的关系进行研究，并形成了一套独立的知识体系即教学理论。

但长期以来，教学研究偏重理论上的描述和完善，广大教师批评教学理论脱离实际，对改进教学工作帮助不大。这固然同理论研究不够深入有关，但更多的原因是忽视应用研究，致使在实践上无法操作。在这种情况下，被人称为“桥梁学科”的教学设计起到了沟通教学理论与教学实践的作用。教学设计为了追求教学效果的优化，在解决教学问题的过程中，注意把个别教师的教学经验升华为便于广大教师掌握和运用的教学科学，注意把已有的教学研究理论成果综合应用于教学实践，使教学理论与教学实践紧密地联系起来。

（三）有利于教师教学能力的提升

教学行为设计能力是指教师事先对课堂教学的目标、内容、方法等重要的教学因素进行周密详细的计划和安排的能力。教学行为设计的过程，实际上也就是教师根据不同的教学目标和不同的学生特点，创造性地思考、设计教学实施方案的过程。简言之，教学行为设计能力就是教师在上课前对教学过程中各种要素进行最优化组合的能力，成功的教学依赖于教师出色的教学设计能力。首先，教学设计有利于提高教师对教学目标的确定能力。教学目标设计是对教学活动预期所要达到的结果的规划，合理的教学目标是保证教学活动顺利进行的必要条件，所以在教学行为设计时，教师首先要设计教学目标。教师通过钻研课程标准、分析课程内容、分析教学目标的前提条件，对教学目标进行分类，列出综合性目标，描述教学目标，完成教学目标的确定工作，在这一过程中对教学目的的理解将得到大大加深。其次，教学设计有利于加深教师对教学内容的了解。教学内容设计是教学活动成为促进学生学习发展最为关键的一步。教学内容设计是教师认真分析教材，合理选择和组织教学内容，以及安排教学内容的表达和呈现的过程，它是教学行为设计中最关键的环节，是教学行为设计的主体部分，其质量高低直接影响教学活动的成败。最后，在教学行为设计中，教师要理解和掌握常用的教学模式，如讨论式教学、合作式教学、分层式教学、情境式教学，教师有必要了解和分析每种教学模式各自存在的理由和依据，运用的范围和限制，还要不拘泥于现有的教学程序安排，创造适合自己特点和便于学生将新旧知识相联系的教学模式。可以说，教师能够摆脱一般性教学程序的束缚，创造适合自己的教学模式，是其教学行为设计走向成熟的体现。

（四）有利于科学思维习惯和能力的培养

教学设计是系统解决教学问题的过程，它提出的一套确定、分析、解决教学问题的原理和方法也可用于其他领域和其他性质的问题情境中，具有一定的迁移性。例如,在教学内容或学习任务分析这个设计环节中,要求设计者将总的教学目标分解成单元教学目标或更具体的目标,建立一个教学目标群,然后根据每一个具体目标拟定策略。这与现代管理学中目标管理的思路是相同的。因此,通过教学设计原理和方法的学习、运用,可以培养教师的科学思维,提高他们科学地分析问题、解决问题的能力。

四、教学设计与传统教师备课的联系与区别

随着教育观念的变革和现代教学媒体的广泛运用,教师的备课开始由传统的经验型备课转向现代的科学性教学设计。传统备课与教学设计的教学目的性、计划性、一般程序都相同,但二者在教学活动的中心系统过程、教学手段、教学要素等方面的表现均有较大的差异。

(一)备课的概念与内容

备课的含义有狭义和广义两种。狭义备课是指"教师认真研究一定的教学内容和所面对的学生实际情况,确立科学的教学目标,并考虑采取哪些相应的方法,运用相应的资源,引导学生达成教学目标(知识、技能、方法、情感、态度等)"[①]。一般说的"备课"就是狭义方面的。而广义备课是指教师通过增加专业储备,不断总结与反思教学经验的过程,是一个教师的职责,是教师职业发展的内在需求。备课的目的是上好一堂课或上好一学期的课,因此教师根据学科课程标准的要求和本门课程的特点,结合学生的具体情况,选择最合适的表达方法和顺序,以保证学生有效地学习。备课的主要内容有:备学生(把握住学生知识、能力的基础和特点)、备教材(钻研并吃透教材)、备教法(设计教学方法)[②],即教师要在课程教学开始前对课程教学进行有目的、有预见性的安排,所以传统的备课也可以称之为"前备课"。

备课从备课的主体分类,可分为集体备课与个人备课。集体备课一般是以教研室为单位,由教研室组长组织教师开展集体研读课标和教材、分析学情、制订学科教学计划、分解备课任务、审定教学设计、反馈教学实践信息等系列活动。集体备课一般采用以下程序:第一,活动准备。组长提前通知全组成员提前认真研读教材、课程标准,明确

① 张晓峰、李英丽:《教师备课的艺术》,合肥:安徽人民出版社,2012年,第1页。
② 熊生贵:《新课程教学设计与传统备课之差异》,《语文教学通讯》,2004年第13期。

集体备课的时间、地点、主备人。第二，集中研讨。主备人提出备课方案，全体成员进行发言，讨论备用提纲，讨论的重点包括教学目标的确定是否准确、重难点是否突出、教学方法是否得当、学术观点是否运用适宜等。第三，修改方案。依据讨论的内容进行方案修改，做到统一思想、统一目标、统一教学考核要求。第四，撰写教案。各任课教师依据备课方案和各班学生情况，撰写教案。第五，信息反馈。下一次集中时，把备课提纲实施时反映出来的重点问题提出来，供以后借鉴。个人备课的主体是教师个人，由教师个人进行课标和教材研读、学情分析、教学计划制订、教学设计编订、反思等系列活动。个人备课要求：①确定教学目标，深刻领会课程理念，全面理解课程内容，挖掘课标要求的内涵并拓展外延。②分析把握学情。了解学生学习的态度、兴趣、习惯和学习要求，从学习水平、认知结构、已有的知识经验和生活体验等方面做全面分析，针对学生实际情况，尊重学生个体差异，因材施教。③整合教学内容，恰当选择、处理教学素材，挖掘教学内容中过程、方法、情感态度价值观等因素，合理组织教学内容，突出重点，突破难点。④优化教法学法。根据教学目标要求和教学内容特点，结合学生的年龄特点、心理特征和认知规律，以及课程资源条件、教师的个性特征，灵活恰当地选择教学方法和学习方法。⑤根据教学的需要，合理选择，有效组合，恰当运用实验器材、挂图、模型、计算机、网络等多种媒体辅助教学，加强现代信息技术与学科教学的有机整合。⑥设计教学过程。紧扣教学目标设置教学环节，保证总体环节的完整。⑦预设检测练习。合理有序地配置有层次、有梯度的当堂达标检测题，课后作业要具有层次性和选择性，以基础性练习为主，适当布置拓展性、开放性习题。⑧合理设计板书。板书设计要条理清晰、简明扼要、布局合理、美观大方，注重体现知识的形成过程，注重揭示知识结构和学习方法。⑨认真撰写教案。在环节齐全、格式规范、详略得当的基础上，体现教学设计的针对性和有效性，彰显个性特点。

备课从内容时长分类可分为学期备课、单元备课和课程备课三种。学期（或学年）备课就是制订教学进度计划，通常在学期（或学年）开始之前制订，它的作用在于明确整个学期（或学年）教学工作的任务和范围，并做出整体安排。它一般由两部分组成：一是总说明，包括教材、学生基本情况的分析，教学目的，教学总时数，预定复习、考试和考查时间等；二是教学进度计划表。单元（或课题）备课，也称为单元（课题）计划，在一个单元（或课题）的教学开始之前制订，它的作用在于对一个单元的教学工作进行全面安排，包括单元（或课题）名称、教学目的、课时分配、课程类型、教学方法、信息技术手段和教具的利用等项目。课程备课(教案),在上每节课之前制订,它对每一节课进行缜密的设计,是教师讲课的依据,直接关系到课的质量。它一般包括以下几个项目:班级、学科、课题、教学目的、上课时间、课程类型、教学方法、课程进程和时间分配、教具使用、板书设计和课后反思等。

(二)教学设计与传统备课的异同点

教学设计是系统化的教学规划,决定教学目标,解决“教什么”的问题;备课是根据教学设计,在一学期、一门课程的教学规划下,细化教学时段、内容,准备教具、课件(文案、音视频文档图片课件等),根据一定的演讲、演示、沟通手段,达到预定的教学目的。

二者定义不一致,但还是有许多相同之处的。首先,二者的教学目的性相同,但教学设计比备课需要思考的问题更进一步。传统的备课在确定教案的教学目的时,取决于教学大纲、教材的内容和学生的实际这三个方面。教学设计中对“教什么”和“学什么”设计的核心是:了解问题以及解决问题的必要性和可能性,决定解决问题的目标,而不是解决问题的方法。重点是研究学生的需求及教学内容的状况以便编制教学目标。它除了关注“教什么”“学什么”外,还需要关注“怎样教”“怎样学”和“谁在学”“学成什么样”的问题。从目前国家所提倡的“立德树人”的核心素养教育而言,很显然教学设计的本质和内涵更符合这一要求。其次,从准备程序而言,二者大致相同。传统课程备课的教案编写是:研读教材内容,确定教学目的,明确教学内容(教学的重点、难点),选定教学过程的方式(课型、方法、教具、时间等),做好教学的小结。教学设计的教案编写是:分析学生的学习需要是整个教学活动的起点,编制好教学目标,对学生的状况和教学内容进行分析;在教学过程中选好教学的策略(包括划分教学内容、步骤、形式、方法,组合运用教学媒体);对教学过程及教学的结果做形成性评价和总结性评价。可以看出,二者都大致遵循着确定目标、决定内容、形成策略、进行反思四个步骤的模式进行。

备课与教学设计虽然有相同点,但更多的是不同点。

第一,二者的价值取向不同。教学设计是为学生“怎样学”做准备的,教学设计是以学生发展为目标,在促进学生发展过程中,关注全体学生的共同发展。它所关注的发展不仅包括学生的知识、技能、能力的发展,而且更加关注那些学生应具备的适应学生终身发展和社会发展需要的必备品格和关键能力的发展。学科知识体系固然重要,但在教学设计中学科知识结构已经成为隐性的东西,即以学科活动和核心素养的培育为显性线索,以学科知识体系和学科能力为隐性线索。传统的备课是为了保证教师能在教室课堂教学中顺利地讲解教学内容，它关注的是教师能否在规定的时间内把预定的教学内容讲完，虽然也对学生是否接受知识、怎样接受知识进行反思，但这种反思只能是对某一课、某一知识点的反思，不能形成系统的教学理论，更不能对整体的教学系统做出调整。同时它关注的是学科知识量与学科知识结构，对学生在掌握知识过程中的情感态度与价值观的评价、学生关键能力的培养和检测显得无能为力。

第二，教学活动的中心不同。这是教学设计与传统备课的最大不同之处，教学设计关注的是以学生为主体的学习过程，传统备课关注的是以教师教授为主体的教授过程。用图5-1对二者的区别进行表示。

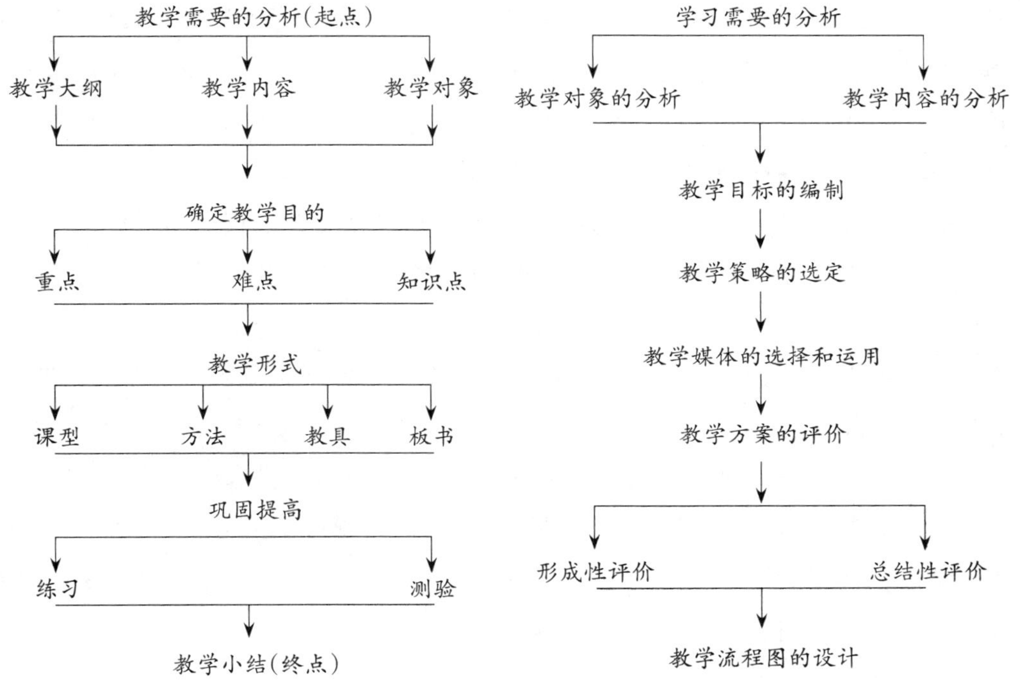

图5-1 传统备课与教学设计流程图

注：左图为以教师讲授为中心的传统备课流程图，右图为以学生学习为中心的教学设计流程图。（资料来源：张建南，《传统备课与教学设计的比较分析》，《广东教育学院学报》，2000年第2期。）

由上图可知，从教学设计的起点来看，教学设计分析学生学什么，学生需要的是什么，这是教学的实质所在。它是通过了解学生已有的水平，确定学习的起点，以及通过对当前社会及未来学生发展的需要进行分析来确定教学目标，而不是以教材来定“教什么”，教学设计首先是以学生的学习需要来编制教学目标。从教学设计的过程来看，教学设计包括教学策略的选定、教学媒体的选择和运用,教学策略与教学媒体的效果会因为教学对象、场合、情境而变化,因此依据学生的需要选择的教学策略与教学媒体,才能够达到最佳的教学效果。再将教学目标与教学策略及教学媒体进行优化和有效的组合,才能达到学生学习的最佳效果。从教学的结果来看:教学设计的落脚点是落到学生到底学得怎么样。这个阶段是教学的反馈阶段,它通过形成性评价及时诊断、反馈学生学得怎么样,并及时进行矫正。另外,在教学活动后,还进行总结性评价,检测教学目标的达成度。从以上三点来看,两者在本质上的区别是:传统备课以需要教什么、学生学到什么为中心,而教学设计以学生需要学什么、能学到什么为中心的。

第三,二者使用的教学方法不同。备课可以选用的教学方法基本上是教师为实现既定教学目的、完成既定教学任务而安排的行为方式。教学设计为实现三维目标、核心素养培养,在借鉴传统教案教学方法的基础上,侧重学法指导、情境创设、问题引导、探究研讨、反馈调控等教学策略,更注重教学的动态生成性和即时灵动性。

第四,二者教学步骤不同。这分别是传统备课和现代教学设计的重心所在。教案的教学步骤强调预设的程序,体现了教师对课堂教学的精心准备和周密安排,但也会带来僵化的弊端,不利于教学过程中即时即景的灵活创新。教学设计则大大淡化了传统教案的程式性和烦琐性,教学过程设计往往只是一个教学构想,充分尊重了教师教学的创造性和学生学习的自主性。

第五,二者关于学习评价不同。备课中对教学反思的内容没有严格要求,和课程本体的关系较为疏松,经常在教案编写的实际中被教师所忽略。教学设计的教学评价则是基本程序之一,非常重要。教学设计的教学评价要同时从三个侧面看教学目标的达成程度,强调为学生的终身可持续发展奠定基础。

五、教学设计的流程

如前所述,教学设计是针对教学的系统化设计,它将传播论、学习理论、教学理论、系统论的方法融合统一,是对教与学这一过程的预先构想。这个构想是必须经得起教学实践过程检验的,具有很强的实践性。

在教学实践中,教学设计绝不能是僵化的、形式化的、模糊化的,它必须遵循教学原理,包括一些具体的环节。具体而言,应该包括教学目标设计、教学方法设计、导入新课设计、教学内容设计、教学评价设计等方面。如果按照它们在课堂教学过程中的先后顺序则可分为课前系统部分、课堂系统或教学过程部分、课后系统部分。

（一）课前系统部分

历史课堂的课前系统部分包含了学情分析、教材分析、教学目标分析、教学重难点分析以及教学教法分析几个部分。它们共同组成的课前系统部分是历史教学设计的根本和依据。

（二）课堂系统部分

课堂系统部分，又称为课堂教学的技艺，即详细地对教学内容进行设计，包括教学内容的先后安排顺序、使用的材料、使用的教学方法、学生的预期反应等，是整个教学设计的重头戏。

课堂系统部分大体分为导入新课、讲授新课、课堂小结三个部分，以及穿插在课堂教学过程中的知识过渡、板书设计部分。关于它们的具体方法将会在下一章进行详细的讲解。

（三）课后系统部分

课后系统部分主要是教学反思和教学后记。教师每节课后都应该对本次课程的教学进行反思，及时总结经验教训。教学反思可以提高教师的教学水平和专业素养，也是教学设计的重要内容之一。

综上所述，历史教学设计是一个系统的工程，它由课前、课中、课后等部分组合而成。各个部分之间既是独立存在，又是紧密联系的，教师应该按照教材内容、课程目标要求及学情对教学进行整体的设计。下面先将教学设计的各个部分进行具体分析，再完整地呈现整个教学设计。

第二节　课前系统部分的设计

一、学情分析设计

（一）学情分析设计的内涵

教学设计的理论讲求“为学习而设计教学”，强调教学的出发点和归宿点都是为了学生的学习。以为学生服务为宗旨，以引导学生成长、形成必要的知识体系和养成学生能够终身受益的核心素养为最高目标。但这只是理论上的目标，在实际教学中，教师所要面对的是一个班级、一个年级、一个学校，甚至是一个地区的学生，这些学生各有特点，兴趣爱好不尽相同，教学设计在现实中不可能同时满足所有学生的需要，只能是在设计时抓住大多数学生的学情，满足尽可能多的学生的需要。

（二）学情分析的主要内容

在进行学情分析时需要具体分析以下内容：

1.对学生学习心理的分析

学生学习心理，指的是在学生发展过程中，一定年龄阶段所具有的一般性、本质性的典型特征，具体而言就是学生学习历史的心理特征。学生学习历史的心理特征主要由学习动机与学习兴趣两个方面组成，前文第四章已述，这里不再具体分析。在实际分析中，还要依据不同年龄阶段学生的学习动机与学习兴趣客观地进行分析，以便做出最有效的教学设计。

2.对学生初始学习能力的测定

对学生初始学习能力的测定，即对学生学习起点的分析。一般来说，初始学习能力分析，包括以下三个方面：首先是对具备技能的了解及分析，即分析学生是否具备进行新的学习所必须掌握的知识和技能，这一点在对初中学生进行学习分析中尤为重要，如分析学生是否能够独立阅读材料，是否具备初步的地理常识，是否具备初步的历史知识。

其次是对目标技能的了解及分析,即分析学生是否已经掌握或部分掌握了将要达到的教学目标中的相关知识和技能,如分析学生是否能够独立地进行思考,是否能够流畅地表达自己的想法。最后是对学生的学习态度进行分析,即了解学生当前的学习爱好、学习的积极性、学习的动机等。

3.对学生学习需要的分析

学习需要在教学设计中是一个特定的概念,是指学生学习方面目前的状况与所期望达到的状况之间的差距,也就是学生目前的水平与期望达到的水平之间的差距。学习需要分析的目的是通过分析学习中问题产生的原因,确定问题的性质,并明确教学设计是否是解决这个问题的合适途径,同时还分析现有的资源及约束的条件,以论证解决问题的可能性,所以学习需要分析的实质就是分析教学设计的必要性和可行性。

确定学习需要的方法主要有两种:一是内部参照法,二是外部参照法。内部参照法是学生所在组织机构内部就已经确定的教学目标和工作要求,对学生的学习基础进行分析,找出两者之间存在的差距,从而明确学习需要的一种分析方法。这种方法可以把将知识、技能和态度等方面的目标具体化的学业考试成绩作为一个参考依据,但不是唯一的依据。外部参照法是根据社会的要求来确定对学生的期望值,以此为标准来衡量学生学习的现状,找出差距,从而确定学生需要的一种分析方法。对学生的社会期望值最好的标准就是教育部制定的课程标准的要求。

(三)学情分析的主要误区

在教学实践过程中许多教师对这一概念或不够重视,或不懂得如何分析,往往出现以下误区。

首先,教师忽视学情分析。教师在进行教学设计之前,不对学情进行分析,而是直接开始进行教学设计,找出本课教学的知识,制定三维培养目标,凭自己的主观想象估计教学重点与难点,再确定需要掌握的技能与技巧,针对教学内容设计教学步骤。在这样的教学设计及其实施过程中,教师所重视的是对教材的理解与把握,关注如何将知识、能力传达给学生。这种重视教材的教学设计,虽然体现了教材的系统性和严密性,但教师与学生的关系变成主动传授和被动接受的关系,学生的主体性得不到充分发挥,学生的发展需求得不到关注。教师不能因为学情分析的复杂性而却步,也不应该把其当作教学负担。

其次，以了解学生代替学情分析。教师往往在不经意间偷换“学情分析”和“了解学生”这两个概念，误把对学生的了解和熟悉当作学情分析，自以为心中有数。当然平常的相处交流确实能够增进教师对学生的认识和了解，这种了解有助于对学生学习起点和学习心理的分析。但是了解学生并不等同于学情分析，我们所说的学情分析应该是建立在科学的理论方法基础上，有针对性、有目的性地对学生的学习行为、学习习惯、学习起点进行分析和研究。

最后，学情分析陷入空洞、抽象误区。学情分析是教学设计之前的步骤，是教学设计中不可或缺的部分，它会通过课堂教学中师生互动来体现其意义和价值。但是一些教师进行学情分析往往停留在抽象分析层面，对学生水平的认知过于笼统、抽象，此类学情分析对教学设计和课堂教学缺少指导和借鉴意义，于是学情分析和教学设计、教学实施成了互不相干的内容。空泛的学情分析使教学设计缺少针对性思考，最后导致课堂教学的低效。比如教学《罗斯福新政》一课之前教师进行学情分析，指出：“学生应该对经济危机有所了解”，这个分析说明教师对学生的认知情况并不了解，得出了模棱两可的分析结果，教师的分析停留在表层。

（四）学情分析的一般方法

1.学生学习起点分析

建构主义学习理论认为学生在进入教室之前并不是空着脑子的，对新知识的学习必须建构在旧知识的基础上，学生已经掌握的旧知识、旧技能就是学习的起点。按照赵克礼等人的说法，“起点能力是指学习新内容之前原有知识和技能等方面的准备水平”[①]，它是学生学习新知识和形成新能力的必要条件，在很大程度上决定了教学的成效。如果忽视对学生起点能力的分析，教学内容的确定、教学方法的选择以及教学策略的应用，就会脱离学生实际，影响教学效果。学生学习起点分析的主要内容包含了解学生的认识基础、接受水平、学习能力与思维规律。

想了解初中学生的已有知识储备、接受能力，可以将学生的入学成绩作为一项参考；想了解他们的学习能力与原有知识，可先了解小学阶段的学习内容。

想了解高中学生的已有知识储备、接受能力，可以将中考成绩作为一项参考，也可以通过对学生进行课前知识小测验来评估。同时还要考虑到学生对将来发展方向的想法，是倾向文科还是倾向理科，这个倾向可以通过课前与学生进行有目的的交谈来了解。

① 赵克礼、徐赐成：《中学历史教材研究与教学设计》，西安：陕西师范大学出版社，2011年，第159页。

2.学生非智力因素分析

非智力因素包括学习环境、学习兴趣、学习态度和学习习惯。学生的发展和成长，是智力因素和非智力因素共同作用的结果。以感情为核心的一系列非智力因素是影响并制约学生学习和发展的内在动机、动力。学习环境对学生的学习兴趣、态度和习惯都有很大的影响。如生长在农村的学生，由于环境的影响，对农业经济的发展、我国社会主义建设，尤其是农村建设的认知水平会高于城市学生。而城市学生会更容易理解衣食住行的变化趋势及原因。学习兴趣是推动学生学习前进的主要动力，一个没有学习兴趣的学生是学不好的，因此在教学设计中通过学情分析，教师应该尽可能地想办法培养并增强学生的学习兴趣。

对学习环境的调查可以通过与学生的日常相处或学生的个人档案获得相应的信息。对学生学习兴趣、学习态度和学习习惯的调查可以从学生的日常表现、学业成绩测试、平时作业中获得相应的信息。

3.依据教学内容，调查学生问题开展学情分析

学生对于不同教学内容所具有的学习经验、认知水平和心理需求也是不同的。认真分析学生在学习新知识方面欠缺的是什么，然后依据学生的问题开展学情分析，这是进行学情分析最直接、最有效的方法之一。通过对学生在学习中存在问题进行分析，可以更清晰地确定学生的学习起点，又可以更准确地把握学生的思维脉络，使教学能更好地符合学生的认知方式。

开展学情分析，关键在于如何及时准确地了解学生所存在的问题。在具体的实践操作中，可以依据教学内容编制学案，在新课前发给学生预习，让学生发现并提出问题。教师针对学生提出的问题进行整理归纳，这些问题是教师备课时选择教学方法、组织教学活动、确定教学重难点的重要依据。

案例一：部编版《中国历史》七年级上册第14课《沟通中外文明的“丝绸之路”》学情分析

本课的教学对象为七年级学生，他们思维活跃，乐于表现，求知欲强。但因为小学没开设过历史课程，所以他们对历史的认知水平和对问题的分析能力还不高，学习基础薄弱。就现实学情来看，习近平总书记提出了“一带一路”战略规划，对本班有学生布置每天收看《新闻联播》的作业，学生应该在媒体或成年人的交谈中曾听说过“一带一路”一词，对“一带一路”的概念应该有所了解，但理解并不深刻，不知道为什么媒

体上说这是中国古代丝绸之路的现代延续。因此，本课中西域的地理位置、为何要开通丝绸之路、陆上海上两条丝绸之路的路线及丝绸之路开通后对沟通中外文明的作用的知识对学生来说是陌生的。

在授课中，将利用学生的好奇心进行课堂设置，通过展示历史图片和历史材料，激发学生的兴趣，让他们敢于表现自己，同时培养他们对历史问题的归纳、分析、拓展的能力，提高他们的逻辑思维能力。鉴于七年级学生注意力集中时间较短的问题，在教学过程中通过插入视频、比一比、思路拓展等方式吸引学生的注意力，并将历史问题与现实的“一带一路”成就联系起来，以古论今，赋予课文内容现实意义。

案例二：部编版《中国历史》八年级上册第4课《洋务运动和边疆危机》学情分析

本课的授课对象是八年级的学生，他们好奇心强、思维敏捷，已经初步具备分析问题的能力，课堂参与性较好。在前面章节的学习中，学生知道了清王朝的统治危机不断加深，其思维中已经形成了晚清政府怎样挽救统治危机的疑问，本课可以由此顺利进入。但是八年级学生对中国近代史的内容不熟悉，“洋务运动”这一概念和相关知识并不常出现于学生的生活之中，他们无法从生活中获取先行经验，这一点不利于学生的学习。并且八年级学生无法长时间集中注意力，在教学过程中必须采用设置情境、史料分析、合作探究等多种教学方法吸引学生的注意力，提升他们的学习兴趣。

案例三：部编版《中外历史纲要（上）》第一单元第2课《诸侯纷争与变法运动》学情分析

本课是高中历史课程的第2课，学生刚进入高中不久，其思维方式和学科知识还停留在初中阶段。高一上学期尚未进行选科，但全体学生必须经过高中学业水平测试考试，这对他们的基础技能和基本知识要求较高，学生会采取端正的态度对待。本课的内容是将初中一个单元的内容融合在了一课，课程内容偏多，但学生在初中时已经对本课的基础知识全部学习过，可以利用他们对知识的熟悉，减少知识的讲授，多采用问题探究、知识串联的方式建构学生对整个春秋战国时期大发展、大变革、大融合的理解，以满足日后选择历史为高考科目的学生的需要。

案例四：部编版《中外历史纲要（下）》第四单元第8课《欧洲的思想解放运动》学情分析

高一下学期学生将进行高考科目选择，本班为选择历史为高考科目的班级，在升学压力之下，学生会认真学习，课堂参与度和理解知识的能力会得到提升。经过上学期的学习，学生已基本适应高中历史的学习方法，对探究式教学、问题式教学不再陌生。本课多数内容学生在初中阶段已经学习过，学生缺乏的是对知识的横向联系，因此教师在教学设计时可打乱课程内容，以探究式教学模式对13—17世纪欧洲的政治、经济面貌进行总述，之后再探究文艺复兴、宗教改革、科学革命、启蒙运动四者之间的递进关系。

二、教学目标设计

（一）教学目标基本概念

教学目标术语最初由著名课程理论学者拉尔夫·泰勒于1933年提出，他强调教学目标是对学生行为结果的一种规范，必须具有可测性。[①]目前学术界比较主流的界定是：关于教学将使学生发生何种变化的明确表述，是指在教学活动中所期待得到的学生的学习结果。简言之，教学目标就是为了课程的实施，把课程目标以标准化的形式明确清晰地表述出来。它可以分为课程教学目标、单元教学目标、课时教学目标，它是教师课堂教学具体操作的指南。

教学活动必须以教学目标为导向，且始终围绕实现教学目标而进行。因此，教学目标在教学设计过程中起着十分重要的作用，是中学教师进行教学设计时直面的首要问题。在教学设计时要求有清晰明确的教学目标表述，教学目标是完整和规范教学设计必不可少的内容。

在探讨教学目标之前，我们首先应该理清教育目的、培养目标、课程目标与教学目标之间的关系。

1.教育目的

教育目的是国家对各级各类学校教育的总的规定和要求，它反映的是国家和社会历史时代总体的、终极的教育意图和教育方向，有广义和狭义之分。“广义的教育目的是指所有参与教育活动的主体对教育结果的冀望，即希望受教育者通过教育在身心诸方面发生一定的变化，或产生预期的结果；狭义的教育目的则是指国家对教育所要造就的社会

① 张德顺：《中学历史教学设计与案例分析》，苏州：苏州大学出版社，2017年，第3页。

个体的质量、规格等总的设想或规定。”[1]2012年召开的中共十八大指出要把“立德树人”作为教育的根本任务。2015年，习近平总书记在党的十八届五中全会第二次全体会议上指出：“我们必须把创新作为引领发展的第一动力，把人才作为支撑发展的第一资源，把创新摆在国家发展全局的核心位置。”2016年，习近平总书记在省部级主要领导干部学习贯彻十八届五中全会精神专题研讨班开班式上指出：“一个国家和民族的创新能力，从根本上影响甚至决定国家和民族的前途命运。”这一教育目的就是非常概括和抽象的，从国家和整个社会的角度看这种教育目的是具有原则性、抽象性、概括性的。然而在一个国家一定社会里各层次学校、各类型学校的特点是不一样的，这种抽象概括的教育目的虽然对各级各类学校教育具有广泛的适用性，但若要进一步落实，还需要明确的培养目标。

2.培养目标

“培养目标是各级各类学校根据教育目的制定的、符合一定社会需要的具体要求，它是具体化了的教育目的。它与教育目的的关系是具体与抽象的关系。”[2]也就是说，培养目标是各级各类学校根据国家教育目的制定出来的，在学校的学科活动中有实践性的、可操作性的目标。更确切地说，培养目标是需要在课程实践中通过教育目标来达成的。

3.课程目标

课程目标是针对全部教育内容和教育实践活动而言的，分为总目标和分科目标。总目标和学校培养目标一致，分科目标指的是某一学科内容或某一教育活动内容的目标，是总目标的具体化。自从2012年在中共十八大提出了我国教育“立德树人”的根本任务以后，新一轮的教学改革就围绕着这一主题开展，在2014年3月《教育部关于全面深化课程改革落实立德树人根本任务的意见》中提出将培养学生的核心素养作为我国课程的总目标。所谓“核心素养”，即“学生发展核心素养，主要是指学生应具备的，能够适应终身发展和社会发展需要的必备品格和关键能力”[3]。在此基础上，教育部颁布的《普通高中历史课程标准(2017年版)》中将高中历史学科的课程目标定义为：

“普通高中历史课程的目标是坚持落实立德树人的根本任务。学生通过历史课程的学习，形成历史学科核心素养，得到全面发展、个性发展和持续发展。学生通过历史课程的学习，掌握必备的历史知识，能够：

---

① 陈伟军：《教育学》，济南：山东人民出版社，2014年，第77页。

② 韩桂凤：《现代教学论》，北京：北京体育大学出版社，2003年，第196页。

③ 核心素养研究课题组：《中国学生发展核心素养》，《中国教育学刊》，2016年第10期。

1. 了解唯物史观的基本观点和方法，包括人类社会形态从低级到高级的发展、生产力和生产关系之间的辩证关系、经济基础和上层建筑之间的相互作用、人民群众在社会发展中的重要作用等，理解唯物史观是科学的历史观；能够正确认识人类历史发展的总趋势；能够将唯物史观运用于历史的学习与探究中，并将唯物史观作为认识和解决现实问题的指导思想。

2. 知道特定的史事是与特定的时间和空间相联系的；知道划分历史时间与空间的多种方式，并能够运用这些方式叙述过去；能够按照时间顺序和空间要素，建构历史事件、历史人物、历史现象之间的相互关联；能够在不同的时空框架下对史事作出合理解释；在认识现实社会时，能够将认识的对象置于具体的时空条件下进行考察。

3. 知道史料是通向历史认识的桥梁，了解史料的多种类型，掌握搜集史料的途径与方法；能够通过对史料的辨析和对史料作者意图的认知，判断史料的真伪和价值，并在此过程中增强实证意识；能够从史料中提取有效信息，作为历史叙述的可靠证据，并据此提出自己的历史认识；能够以实证精神对待历史与现实问题。

4. 区分历史叙述中的史实与解释，知道对同一历史事物会有不同解释，并能对各种历史解释加以辨析和价值判断；能够客观论述历史事件、历史人物和历史现象，有理有据地表达自己的看法；能够认识历史解释的重要性，学会从历史表象中发现问题，对历史事物之间的因果关系作出解释；能够客观评判现实社会生活中的问题。

5. 在树立正确历史观基础上，从历史的角度认识中国的国情，形成对祖国的认同感和正确的国家观；能够认识中华民族多元一体的历史发展趋势，形成对中华民族的认同感和正确的民族观，具有民族自信心和自豪感；了解并认同中华优秀传统文化、革命文化、社会主义先进文化，认识中华文明的历史价值和现实意义；了解世界历史发展的多样性，理解和尊重世界各国、各民族的文化传统，具有广阔的国际视野，树立正确的文化观；认同社会主义核心价值观，认同走中国特色社会主义道路是历史的必然，树立中国特色社会主义道路自信、理论自信、制度自信和文化自信；能够确立积极进取的人生态度，塑造健全的人格，树立正确的世界观、人生观和价值观。”

4. 教学目标

教学目标是指教学活动主体预先确定的，在具体的教学活动中所要达到的，利用现有技术手段可以测量的教学结果。简单地说教学目标是教师教学和学生学习的目标，是每个单元、每节课和每个教学环节，教学活动应实现的具体目标。

总体而言，四者之间的关系应该有如图5-2所示。

教育目标
- 教育目的（一级教育目标）：国家培养人的总目标或称终极教育目标
- 培养目标（二级教育目标）：各级、各类学校的教育目标
- 课程目标（三级教育目标）：各科类、各学科的教育目标
- 教学目标（四级教育目标）——教师教和学生学的教育目标
  - 纵向分为学段、学年、学期、单元、课时目标
  - 横向分为认知目标、情感目标、技能目标

图5-2　教育目标、教育目的、培养目标、课程目标和教学目标关系图

（资料来源：张德顺，《中学历史教学设计与案例分析》，苏州：苏州大学出版社，2017年，第4页。）

（二）制定历史教学目标的原则

历史教学设计是一套针对历史教学进行设计的程序与方法，其中教学目标设计就是整个教学设计的“方向盘”，指引着整个教学设计的方向。所以，历史学科的教学目标设计在整个教学设计中有着至关重要的作用。

历史教学目标的设计必须首先遵循历史学科的逻辑体系、规律与学科的认知程序。另外，当今是一个知识飞速发展，不断融合的时代，很多学科不仅局限于学科自身，往往与其他学科交叉、融合，教师在进行教学设计时不但要考虑到本学科的知识逻辑与发展趋势，也要注意到交叉学科的学科逻辑和发展趋势，将历史与现实进行充分的融合和发展。因此在进行历史教学目标设计时，我们应该遵循以下原则：

1.遵循历史的本质特征和学科内在逻辑

历史的本质特征有以下几个方面：第一，历史学是一门科学，是以马克思主义唯物史观理论为学科理论基础的学科。它的研究对象是人类历史发展的现象、事件等，以及它们所构成的历史运动事实和过程，是客观实在的东西，具有唯一性和客观性。历史学的任务在于揭示世界各民族、各国家历史发展的特殊规律和特点，是一种旨在探讨人类社会历史发展特殊规律的认识活动。第二，历史具有发展性的特征。历史是人类社会活动的记录，从人类产生的那天起，人类的历史就从未间断过。任何历史现象、事件或人物的活动都是在特定的时代背景下发生的，它们既是过去历史的发展结果，也受制于当时的时代，还会在未来的历史长河中留下足迹，产生影响。第三，历史具有综合性的特征。历者，经历也；史者，记录也。历史是人类社会各种活动的反映，因此它包含了各种学科的

人类活动,政治、经济、文化、军事、外交、教育、民族关系等都包含在内。这也使得历史的呈现方式丰富多彩、纵横交错、互为影响。第四,历史有过去性的特征。过去性即不可再现当时的社会环境,历史不能重复出现,不能通过任何途径如实验室的“观察”或“实验”使其再次出现。历史过去性的特征又决定了它具有间接性特征。我们所学习的古今中外的历史知识,已经成为历史的陈迹,人们只能间接认识,无法直接体验。即使历史研究也不可能复原历史全貌,只有尽最大努力去追求真实,接近历史真相。

基于历史的发展性特点,在进行教学目标设计时,我们应该注意以下问题:第一,在教学目标设计时注意运用唯物史观的基本原理和基本方法。唯物史观是揭示人类社会历史客观基础及发展规律的科学历史观和方法论,它认为人类对历史的认识是由表及里、逐渐深化的,要透过历史的纷杂表象认识历史的本质,只有使用正确的历史观和方法论才能使学生构建正确的知识体系,才能使其对历史有全面、客观的认识。第二,在教学目标设计时注意时空观念的架构。帮助学生梳理历史脉络,架构时空观念,使学生形成完整的历史时序感,并学会在特定的时间、空间中理解历史事件的因果关系及影响。第三,在教学目标设计中注意以历史学科为依托,不断强化历史学科知识与各学科知识之间的整合,强化历史与现实之间的联系。通过历史教学,使学生能多渠道获取信息和知识,有效地培养学生理论联系实际的素养和发展其创新能力,不断提高学生综合运用各学科的能力。第四,在教学目标设计中,需要注意培养学生的家国情怀。学生通过历史课程学习,拓宽历史视野,发展历史思维,能够从历史发展的角度理解并认同社会主义核心价值观和中华优秀传统文化,树立正确的世界观、人生观和价值观,为未来的学习、工作与生活打下基础。

2.遵循学生的认知实际,体现差异性与适度性原则

教学目标的行为主体是学生,是否达成目标的评价标准也是学生的认知能力,所以学生认知的实际情况是设立目标不可或缺的关键因素。早期的学习理论专家通过对动物和人类的研究,发现并总结了很多关于学习的规律,如行为主义学派的“刺激—反应—强化”论,认知主义学派加涅的学习条件和学习结果分类理论等。每个学生作为有差异的鲜活个体,面对同样的教学内容,自然也会产生不同的学习需要。因此,教学目标设计必须建立在对学生的学习需要、情感需要、兴趣、心理特征等方面进行分析的基础上。准确掌握他们在认知结构、心理、个性特征等方面的个体差异,体现差异性原则。

一个班的学生由于情感、兴趣等不同,其认知水平不可能处于同一层面上。在进行教学目标设计的过程中至少要在了解大部分学生的学习兴趣和要求的基础上,进行目标的设置,体现适度性原则。即要着眼于大多数学生认知的最近发展区,要为学生提供有一定难度的问题,调动其积极性,发挥其潜能和创造力,超越目前的认知发展区,进入下一个认知发展区。这要求教师基于学生发展中的共性与个性两个方面确定教学目标,了解他们的普遍认知水平,进而选择相应的教学方法和教学资源,安排不同的课堂教学结构,尽量创造符合学生内在发展需要的外部条件。

3.依据课程标准与教学内容,体现实践性原则

课程标准和教学内容是确定教学目标的主要载体,它们直接决定教学目标的水平层次,因此它们是影响教学目标设计的内在因素。教学目标的确定,既要实现课程标准规定的内容,又要考虑对教材内容及课外知识的选择及利用。教师在分析课程标准中的相关规定时,还需要考虑到教科书的呈现方式和特点。"《课程标准》只是对学习的要点规定了基本的内容及其要达到的结果,教师需要分析相关内容中包括了哪些知识点、需要学到什么程度,要知道这些知识的性质、范围及其所要达到的要求或标准。同时也要结合教科书进行分析,了解课程标准中的这些内容在教科书上是怎样表述的?怎样利用教科书内容可以更好地实现教学目标?要不要利用其他教科书以外的资源等等。"[①]只有进行全面的分析,把握了课程标准的具体要求和教材的主要内容,才能将教学目标设计得更精确、更详细和更具操作性。

4.依据当今时代的需要,体现时代性与延续性原则

学校的教学活动是为当代社会生活服务的,满足社会生活的需要。学校的教学活动是以培养学生应具备的、能够适应终身发展和社会发展需要的必备品格和关键能力为目的。因此,在教学设计中必须要将当代社会生活需要作为教学目标的重要内容,要了解和研究社会生活中的各种特征和发展趋势,从而了解当代社会生活的需要。而新的课程改革正是为了适应当代和未来社会发展对人才培养的需要而进行的,课程要求也充分体现了社会发展的需要和学生发展的需要。因此,教学目标的制定,也应着眼和满足于社会发展的需要和学生发展的需要。针对历史学科本身的特点,在教学目标设计时要注意教学内容与现实问题之间的联系,引导学生对教学内容"古为今用"的探究和分析,如古

① 赵克礼、徐赐成:《中学历史教材研究与教学设计》,西安:陕西师范大学出版总社有限公司,2011年,第149页。

代丝绸之路与当今的“一带一路”的联系等。只有满足了时代的需求，体现了古今历史发展的延续性，才能更有效地调动学生的学习兴趣，增强他们对历史的理解和对当今社会的思考。

（三）核心素养下的教学目标设计步骤

21世纪的第二个十年是世界发生深刻变化的十年，在这段时间内各国的教育界认识到教育是一个长期塑造人的过程，教育目的不仅是价值观的培养，更应该注重人的终身发展。在这一大背景下，各国将“核心素养”教育作为教育的终极目标。2017年，我国在经过了长期的研究和准备后发布了《普通高中历史课程标准（2017年版）》，将历史学科的核心素养界定为：唯物史观、时空观念、史料实证、历史解释与家国情怀。2022年，又出版了《义务教育历史课程标准（2022年版）》，将初中阶段的核心素养与高中阶段接轨。核心素养培养在历史教学过程中的体现与落实成为目前学术界的热门话题。在教学设计时教育目标必须与国家规定的课程标准相一致。下面分别介绍初高中核心素养历史教学目标该如何设计。

1.初中核心素养历史教学目标的设计

首先对内容要求进行解读①。历史课程标准承载着历史学的教育功能，要求学生通过课程学习，能认清历史发展的趋势和规律，形成具有历史学科特征的正确的价值观念、必备品格和关键能力，增强历史使命感。因此，研读课程标准“内容要求”部分，深刻领会和准确把握每一学段、模块、专题和课时的课程结构、内容要求，形成整体的教学目标是核心素养历史教学目标设计的第一步。

目前义务教育阶段的核心素养指标能够细化为36项，针对历史核心素养，包含对学生学习态度、能力培养、史观培养、情感培养等内容展开研究。教师在确定历史教学目标的过程中，需要将核心素养作为教学目标的指导，对教学目标进行不同层次的划分，要在充分理解历史的基础上，将核心素养应用在其中。下面以部编版《中国历史》七年级上册第3课《远古的传说》为例进行具体分析。

首先，查看“内容要求”的表述。《义务教育阶段历史课程标准（2022年版）》中对于该课的“内容要求”是“了解私有制、阶级和早期国家的产生；知道考古发现是了解原始

---

①《普通高中历史课程标准（2017年版）》中课程内容只包含了“内容要求”和“教学提示”两个部分；《义务教育历史课程标准（2022年版）》中课程内容包含了“内容要求”“学业要求”“教学提示”三个部分。该部分解读初中历史“内容要求”实际上只包含了“内容要求”和“学业要求”两个部分。

社会的重要依据；通过古代文献中记述的黄帝、炎帝等神话传说，了解其中蕴含的历史信息。”其中包含的内容信息有：①了解私有制的产生；②了解阶级的产生与发展；③了解黄帝、炎帝等的神话传说；④知道了解远古时期历史的方法是通过文献记载和考古发现。

其次，查看“学业要求”的表述，确定课程标准对学生学业的要求。课标中对“(一)中国古代史”的“学业要求”共有五点，其中能够体现对第3课学业要求的是：第一，“能够了解中国古代历史的基本线索和重要的事件、人物、现象，知道重大史事发生的时间和地点、原因和结果，初步养成历史时序意识和历史空间感。(唯物史观、时空观念)”。第二，“能够知道中国古代遗留至今的各类史料是了解和认识中国古代历史的证据，能结合语文、地理、艺术等课程的学习，初步理解古代史料的含义，尝试运用史料说明历史问题。(史料实证、历史解释)”。第三，“能够对中国历史上的重要事件、人物、现象等形成合理想象，进行初步分析，认识其意义和影响(唯物史观、历史解释、家国情怀)”。这里提出了对教学设计的总体要求：①基本历史线索；②重要历史人物；③重大历史事件；④史料解析；⑤语言表达说明；⑥客观评价。

二者综合，结合课文内容，可得出教学基本目标为：①通过生产力与生产关系的互动关系，了解私有制、阶级产生的原因(唯物史观)；②讲授三皇五帝生活的时代，并通过文献记载和考古发现进行印证，了解远古居民的生活(时空观念、史料实证)；③通过文献记载了解原始社会部落首领的继位方式，了解其内容和实质；④通过文献史料和文物发现，客观评价三皇五帝对中国古代历史发展的作用，体会作为炎黄子孙的自豪感(历史解释、家国情怀)。

最后，分析学生的具体情况，确定教学目标。初中历史教学目标的确定必须在学生实际情况的基础上进行。在确定过程中从以下两个方面展开研究：第一，确定学生在不同情境下，展现出来的核心素养，即在不同的教学条件和不同的成长环境下，以不同的方式培养学生的核心素养。第二，在相同情境下，利用加深维度以及拓展广度的方式，确定学生呈现出的核心素养，即在相同的教学条件和相同的成长环境下，针对不同学习起点的学生，能够以不同的方式提升其核心素养。[①]

① 张秀珍：《由学科核心素养看初中历史教学目标的确立》，《亚太教育》，2020年第5期。

表5-1　部编版《中国历史》七年级上册第3课教学目标设计

不同情境下展现出的核心素养	拥有丰富的学习资源	1.通过绘制原始社会时期生产力发展的思维导图，使学生了解私有制的产生过程，了解阶级产生的原因是生产力的发展（唯物史观）； 2.学生分小组收集整理三皇五帝时代的神话故事，认识他们生活的时代和发生的事情（时空观念、史料实证）； 3.学生分小组搜集整理远古时期的考古文物信息，探究神话故事与史实的区别与联系（史料实证，历史解释）； 4.通过文献史料，了解原始社会部落首领的继位方式，理解其含义和实质（史料实证、历史解释）； 5.通过三皇五帝的作为，认识他们对我国历史发展的作用，体验作为炎黄子孙的骄傲和自豪（历史解释、家国情怀）。
	学习资源较差	1.通过展示原始社会生产工具发展的示意图，使学生初步了解私有制的产生过程（唯物史观）； 2.通过介绍阪泉之战、涿鹿之战、大禹治水等故事，培养学生获取信息的能力（时空观念、史料实证）； 3.通过展示文献史料和考古文物，探究神话和史实之间的区别与联系（史料实证，历史解释）； 4.通过文献史料，了解原始社会部落首领的继位方式，理解其含义和实质（史料实证、历史解释）； 5.通过三皇五帝的作为，评价他们对中国古代历史发展的作用（历史解释、家国情怀）。
相同情境下展现出的核心素养	学习水平一般	1.通过展示原始社会生产工具发展的示意图，使学生初步了解私有制的产生过程（唯物史观）； 2.通过教师讲授阪泉之战、涿鹿之战、大禹治水等故事，培养学生获取信息的能力（时空观念、史料实证）； 3.通过展示文献史料和考古文物，说明神话和史实之间的区别与联系（史料实证，历史解释）； 4.通过文献史料，了解原始社会部落首领的继位方式，理解其含义和实质（史料实证、历史解释）； 5.通过三皇五帝的故事，了解他们的精神，培养学生作为炎黄子孙的骄傲和自豪（历史解释、家国情怀）。

续表

相同情境下展现出的核心素养	学习水平较高	1.通过绘制原始社会时期生产力发展的思维导图,使学生了解私有制的产生过程,了解阶级产生的原因是生产力的发展(唯物史观); 2.学生分小组收集整理三皇五帝时代的神话故事,通过讲故事说明神话中所蕴含的历史信息(时空观念、史料实证); 3.学生分小组收集整理远古时期的考古文物信息,探究神话故事与史实的区别与联系(史料实证,历史解释); 4.通过文献史料,了解原始社会部落首领的继位方式,理解其含义和实质(史料实证、历史解释); 5.从客观的角度认识三皇五帝对我国历史发展的作用,通过制作短视频、宣传画等方式展示作为炎黄子孙的骄傲和自豪(历史解释、家国情怀)。

2.高中核心素养历史教学目标的设计

进入21世纪后,我国启动的新课程改革的一个核心内容就是由过去的“双基”(基础知识、基本技能)目标教育转化为三维目标培养。在《普通高中历史课程标准(2017年版)》中将历史学科的核心素养界定为:唯物史观、时空观念、史料实证、历史解释与家国情怀。中国社科院吴伟教授在《历史学科能力与历史素养》一文中,对历史学科素养做过如下界定:“是通过日常教化和自我积累而获得的历史知识、能力、意识以及情感价值观的有机构成与综合反映。”他认为历史学科核心素养的培养,一是要通过历史教学过程进行,二是要通过日常生活中的历史信息获得,培养历史意识。历史意识、情感态度的形成是必须建立在拥有正确的史观和准确的史实来源基础上的,是以历史教学的过程还是培养学生历史学科核心素养的主要阵地。前文已述,教学设计是教学过程的一个预期目标和假定设想,是在教学过程之前由教师依据科学的分析和精准的定位完成的一个程序,因此,在教学设计中如何采用恰当的设计方法,设置合理的教学过程,成为我们目前要解决的问题。

在高中历史教学中学科素养培养该如何落实?许多一线教师纷纷提出了自己的看法,如孙斌、谢芳洁的《试论高中历史教学设计中核心素养的落实》、曹黎明的《核心素养在高中历史教学中的解读与落实》、张春利的《关注部编教材变化　落实历史核心素养》、李振宁的《核心素养视角下的高中历史教学论略》等文,这些教师的观点不外乎创设情境,设疑培养兴趣;增加一手史料,体会解释历史;合作探究问题,培养历史情怀。然而,这些观点都是从教学方法的角度出发进行探讨,所谓教学方法其实是教学的手段,是教学目标达成过程中的必要方法,可以增进学生的学习,增加目标的达成度,但不是目标本身。要落实核心素养还需要从核心素养本身出发进行探究。高中核心素养历史教学目标的设计步骤应在与初中相同的基础上进行加深和拓展,下面从三个方面阐述应该拓展的方面。

首先,寻找核心素养的“核心”,确立教学立意,实现价值引领。关于教学立意的概念,目前学术界还没有一个定论。有的教师认为教学立意就是课堂的核心概念、核心意图,有的教师认为是课堂的主题内容,还有的教师认为是教材编排的逻辑主线。无论认为教学立意是课堂的“灵魂”还是开启知识的“钥匙”,归根结底教学立意不外乎是:“针对某一具体教学内容的;具有统领性质,能贯穿整堂课的;从教师教的角度出发,试图回答为什么而教问题的。”[①]其实质就是通过教学内容,透过知识的摄入,汲取超越知识的智慧、经验、教训,探寻规律、本质、方法,树立社会主义核心价值观。一个好的教学立意可以点题凝神、深化主题,教师还可以围绕教学立意创设教学情境、选取史料、进行历史解释,培养学生的家国情怀,体现历史学科核心素养的培养。以部编版《中外历史纲要(上)》第18课《辛亥革命》为例,在《普通高中历史课程标准(2017年版)》里的相应要求是:“理解辛亥革命与中华民国建立对中国结束帝制、建立民国的意义及局限性;了解北洋军阀的统治及特点”。从课文内容分析,本课讲述的基本史实是辛亥革命的酝酿、爆发、高潮和结果,从单元结构来说突出的是“近代中国反侵略、求民主的潮流”这一主题,求民主正是辛亥革命的最终追求,是学习本文的核心价值,因此将“求民主的革命道路”作为本课的立意是非常合适的。在此立意下将本文分为四个部分:“革命的选择”“革命的尝试”“革命的结果”“革命的追求”。然后从核心素养的角度围绕立意进行设计:①通过材料、图片架构历史时空,使学生知道在清末民族危机空前的情况下中国各方做出的应对,理解孙中山等革命先辈为追求民主进行的革命努力。②通过史料了解武昌起义后民族资产阶级革命派、清政府、立宪派、旧官僚、帝国主义列强的态度与行为,探究当时的政治形势。③分析辛亥革命的历史意义,培养学生辩证地看待问题的能力。④了解辛亥革命先驱们的革命精神,知道革命先辈在追求民主道路上的曲折,培养学生勇于探索、不畏艰难的精神。

确立了历史教学的核心立意,就有了贯穿全课的主线,将教学目标、教学内容串联起来。明确了核心立意,教师才能在历史课堂中以核心素养为教学中心,也增加了历史课堂的厚度,提高了历史课堂的价值与效率,这样更能成就一堂有思想价值的历史课。

其次,运用多元史料,培养历史解释能力,改变简陋思维。所谓适合的历史解释就是当我们遇到一则史料时我们如何运用自己的知识、技能和态度去理解它,正如马克思所

---

① 程文翔:《例谈历史课堂中的教学立意》,《教育研究与评论》,2018年第5期。

言:“哲学家们只是用不同的方式解释世界,而问题在于改变世界。”一个历史现象的形成原因往往是多元的、复杂的,我们必须找到其发生的必然性原因与偶然性因素,理解其发生发展的过程,再对历史进行理性和客观的判断,通过对史料的收集、整理和判断,找到最佳的历史解释,从而接近真实的历史。

“简陋思维”是朱能在《改变学生“简陋思维”的历史解释教学》一文中对历史学习中解读历史现象简单而缺乏深度、偏狭而缺乏宽度、绝对而缺乏容度的思维现象。[①]简陋思维会使学生形成简单、偏狭的认识,而无法体会历史的复杂性和生动性,从而失去对历史学习的兴趣,削弱他们对美好生活的向往。

以秦的灭亡为例,传统的历史教科书认为秦灭亡的根本原因在于秦的暴政,并从严苛的律法、繁重的徭役与秦二世残暴的统治进行说明。但秦国能够从一个边陲小邦,经过商鞅变法逐渐强大,最后统一六国,说明其自有一套行之有效的收纳人才和治理国家的方法,为何会在统一之后速亡,这是很值得我们深思的问题。经过深入的思考和探讨可知,目前学术界认为秦统一后采用暴力手段强行进行文化统一是秦走向衰亡的关键原因。周荣指出,秦帝国建立后,政治生活的主题随之发生了根本变化,但秦统治者在国家文化认同问题上没有积极作为,最终导致秦王朝意识形态统摄功能缺失。[②]胡鸣焕也认为,秦统一后的各个文化之间的鸿沟日益加深,并演变为文化的冲突和对抗,最终成为国家推行政治的障碍,秦始皇没有考虑到平抚文化的裂痕需要一定的时间,而是一味地使用军事手段,只能适得其反。[③]下面两则材料是历史教学中常用到的史料,但将二者组合可以得出不同的历史解释:

材料一:秦始皇帝初兼天下,丞相李斯乃奏同之,罢其不与秦文合者。斯作《仓颉篇》,中车府令赵高作《爰历篇》,太史令胡毋敬作《博学篇》。皆取史籀大篆,或颇省改,所谓小篆者也。

——(汉)许慎《说文解字》

材料二:臣请史官非秦记皆烧之。非博士官所职,天下敢有藏《诗》《书》百家语者,悉诣守、尉杂烧之。有敢偶语《诗》《书》者弃市。以古非今者族。吏见知不举者与同罪。令下三十日不烧,黥为城旦。所不去者,医药、卜筮、种树之书。若欲有学法令,以吏为师。

——(汉)司马迁《史记·秦始皇本纪》

① 朱能:《改变学生“简陋思维”的历史解释教学》,《历史教学》,2016年第5期。

② 周荣:《秦朝兴亡的历史探究》,《西安日报》,2014年6月9日第4版。

③ 胡鸣焕:《秦亡新论》,《咸阳师范学院学报》,2002第3期。

从以上两则材料可知，秦始皇在统一六国后采纳了李斯的建议，统一了六国文字并“焚书坑儒”。通常在教学中我们对统一文字一般都从正面的意义进行歌颂，认为这是有利于大一统形成的。但如果两则材料一起解释，则可以理解为秦始皇在统一之后为了消弭六国原有的文化、文明，强行统一于秦文化，采取了极端的手段和措施，这也说明秦亡的原因其实是复杂的，暴政的表现不仅仅是严苛的刑罚，文化上的措施不当也是暴政的一种体现。

改变学生的简陋思维，教师首先要改变自己的简陋思维，采用多方面、多角度的史料进行实证，重构历史解释；或者从原有的史料出发，在架构时空的基础上重新整合史料，发现新的问题，阐发新的解释。学生简陋思维的改变有助于提升他们对历史的探究兴趣，从而形成历史思维，这是核心素养达成的一大关键所在。

最后，教学设计留白，引发学生思考，改变思维惰性。“留白”原是指在艺术创作中作者为了更充分地表达主题而故意留下的空白，在历史课堂中“留白”就是在教学设计中对教学难点或学生可能会遇到困惑的地方给学生留下发挥想象和寻找证据的空间。“留白”需要将课堂中的难点问题，或与实际相联系的问题留给学生，让学生在课后进行思考，这是培养学生核心素养的一种重要方式。

教学设计是教学的预先安排和构思，但高中生的思维活跃，一个班的学生历史素养往往良莠不齐，就算是预先在教学设计中采用探究式教学，学生分组讨论也会因为思考时间不足、材料来源不充分与思维水平高低不齐，而无法达成预期的效果。学生缺乏知识吸收、内化的过程，长久之后就会形成思维惰性，不愿意思考，坐等答案。

历史不仅是一门需要记忆的学科，历史核心素养目标还要求学生将历史事物置于具体的时空条件下进行观察、分析，利用可信的史料形成对历史正确的、客观的认识，从而培养学生解释历史的能力。课堂留白设计，提出具有疑惑性的问题，可以使学生在课后进行多方面材料的收集和整理，多角度地进行思考和论证，从而提高他们对历史学习的兴趣，深化历史核心素养的培养。

总之，从三维目标走向核心素养目标，是学科教育高度、深度和内涵的提升，是学科教育对人的真正的回归。历史核心素养是相互渗透的，历史事件需要在时空框架下建构，历史解释需要在理解基础上获得，家国情怀需要在历史理解和解释基础上进一步凝练，而史料论证则贯穿整个教学过程。历史学科核心素养的培养意味着学科教育模式和学习方式的根本变革，要将之落到实处必须在提升教师队伍整体素质的同时，改变教学模式，改变学生的简陋思维。

案例：部编版《中外历史纲要(下)》第6课《全球航路的开辟》

1. 学内容，寻找教学立意，关注学生发展，实现价值引领

《全球航路的开辟》是部编版《中外历史纲要(下)》第三单元《走向整体的世界》第6课的内容。与初中九年级和高中老教材内容不同的是，本课不但将新航路的开辟作为世界走向整体的重要事件，还补充了其余航路的开辟，这在内容上大大完善了《走向整体的世界》这一单元主线索。15—16世纪包括新航路开辟在内的世界航路的开辟是欧洲中世纪历史结束、欧洲巨变的标志，对欧洲和整个世界历史影响巨大，特别是对世界近代历史产生了巨大的影响，是世界古代历史到世界近代历史承前启后的重要历史事件。教材内容：从经济根源、舆论推动、精神原因、社会条件对新航路的开辟背景进行了分析，对新航路的开辟过程进行了描述；并将其余航路的开辟作为世界面貌改变的补充。教材特点：本课的第一块内容“新航路开辟的动因和条件”从西班牙、葡萄牙的地理环境、历史特征，西欧资本主义的萌芽，旧航路的阻碍和《马可·波罗行纪》的刺激，欧洲航海条件的发展等方面进行介绍。第二块内容“新航路的开辟”延续了初中历史课程的内容，介绍了从欧洲到非洲、亚洲、美洲新航路的开辟，并说明了这些航线的开辟包含部分的偶然因素。第三块内容“其他航路的开辟”是初中历史课程中没有的内容，介绍了新航路开辟后，英、法、荷等国为了摆脱西班牙、葡萄牙对航路的控制而开辟的其余航路，这些航路成为新航路的有效补充，使世界各地更加紧密地联系在了一起。

将纷繁的历史知识进行整合，凸显学生发展需要，提出问题：什么是完整的世界？西欧在资本主义萌芽发展的时期，需要什么样的世界？在此基础上确定以“改变世界的航路”为本课的教学立意。

2. 考虑五大核心素养，运用多元史料，确定教学目标设计

(1)绘制整理15—16世纪世界航海史重大事件时间轴，锁定这段时期是人类航海史上获得重大发现的重要时段；利用新航路开辟时期的13幅地图，说明这一时期人类对地球的认识发生了深刻的变化。(时空观念)

(2)通过多元史料，运用唯物史观分析西班牙、葡萄牙走在新航路开辟前列的原因，说明新航路开辟是各种因素共同作用的结果，也是历史必然；通过哥伦布、麦哲伦开辟新航路后的材料，辩证地看待他们在新航路开辟过程中的作用。(唯物史观、史料实证)

(3)利用地图与史料，对新航路开辟后，英、法、荷等国开辟其余航路的原因进行分析，进一步说明资本主义的发展才是推动新航路开辟的根本原因。(唯物史观、历史解释)

(4)通过讲解在新航路开辟过程中中国发明的重要性，说明中国古代发明对世界历史发展的推动作用，培养学生的民族自豪感。通过麦哲伦在环球航行中的故事，深化学生对航海家们坚忍不拔精神的理解。通过补充新航路开辟后西班牙、葡萄牙两国对世界航线的控制，英、法、荷等国与他们争夺航路的故事，培养学生的海权意识。(家国情怀)

3.课堂留白，改变简陋思维，升华教学设计

通过课后问题探究梁启超的观点，增加郑和下西洋时期航海队伍与麦哲伦航海队伍的数量、规模、技术等资料，对比新航路开辟与同一时期郑和下西洋的历史影响，分析明朝中后期中国落后于世界的原因，在激发学生为国奋斗的激情的同时，再次强化促进新航路开辟的根本原因。

三、教学重点、难点的设计

教学重难点是教学重点、教学难点的合称，是教学设计的必备要素之一。一节课的教学内容繁多，需要学生掌握的历史知识、能力、方法或情感态度价值观如果均匀地分布在课程之中，那样是无法在有限的时间和空间内完全达到目标的，因此在进行教学设计的时候需要确定教学重点、难点，对教材进行深入的专业分析，根据每节课的内容和学生的具体情况选择重点、难点问题。

(一)教学重点的设计

1.教学重点的概念及确定

所谓教学重点指的是教材内容中最基本、最重要的知识和技能，包括了一些重大事件、基本事实、基本概念等。在教学过程中教学重点是需要解决的主要矛盾，是要求学生必须掌握的知识。此外，教学重点具有理论性、基础性、典型性、深刻教育性的特点。

教师在教学设计中确定教学重点的意义在于提醒自己要把主要精力放在对重点的讲解和点拨上。对于学生而言，掌握教学重点有以下几个好处：首先，掌握了重点知识，

对一般知识会更加容易理解。用哲学的观点来说,重点知识与一般知识的关系属于事物的主要矛盾与次要矛盾的关系,抓住主要矛盾可以带动全局的学习。其次,抓住教学重点,可以触类旁通,举一反三,使历史知识的掌握发生迁移。最后,教学重点内容往往是知识体系构建的基础内容,抓住了教学重点,可以迅速地构建起一个有效的知识体系,比如掌握了鸦片战争的影响,可以在此基础上构建中国近代沦为半殖民地半封建社会的过程知识体系。

一般来说,对教学重点的选择可以从以下几个方面来考虑:

(1)某一史实在历史发展中的地位。

一节课的内容会涉及一段时期的历史或同一类型的几个历史事件,要确定这些史实中哪些属于重点,就要分析其在历史进程中的作用和影响,也就是在历史长河中的作用。如在部编版《中国历史》七年级上册第16课《三国鼎立》中,有官渡之战、赤壁之战、魏蜀吴三国的建立及发展等知识点,其中两次战役都是历史上以少胜多的著名战役,但从历史发展的全局来看,官渡之战后曹操统一了北方,而赤壁之战后逐渐形成了三国鼎立的局面,两者相较,赤壁之战对历史局势的发展决定性意义更大,因而确定为本课的重点内容。

(2)某一知识在整个教材中的地位。

确定教学重点,教师还必须考虑到该知识在教材中所处的地位,考虑到该知识与其他知识的联系。如部编版《中国历史》七年级下册第8课《百家争鸣》的知识点有春秋时期老子和孔子的主要思想,战国时期的儒家、道家、墨家、法家等学派的思想,但从在历史长河中对文化教育的影响而言,孔子开创的儒家思想是最重要的,并且掌握孔子及其思想,对于后面理解百家争鸣、"焚书坑儒"、汉武帝的独尊儒术、科举制度的创立及延续以及近代新文化运动的内容等都有很大帮助,因此本课将孔子及其思想作为教学重点。

2.教学重点的突破方法

教学重点是教材中重大的历史事件,在教学设计时尤其要注意如何引导学生的思路,使学生明晰该历史事件发生、发展的过程,以及对后来历史发展的影响。因此在教学设计时需要对重点问题切入、展示、讲述、巩固的全过程进行设计。常用的重点突破方法主要有以下五种。

(1)历史假设法。

历史的特点之一就是不可重复性,但从历史教学的角度来说,为了达到教学目的,引起学生思考的兴趣,可以进行假设性的提问。以此可以说明历史的发生是必然性与偶然性的结合,但历史的必然性才是历史发展的趋势。例如,当鸦片战争爆发时,如果林则徐不被罢免,中国的鸦片战争是否能取得胜利?通过这个假设问题,可以引导学生了解中英双方当时的力量对比,鸦片战争中中国方面表现出的兵弱民贫现象,林则徐的知识与观念以及他的应敌之策,使学生认识到一人之力是无法改变历史进程的,鸦片战争的爆发及中国的失败是历史的必然,对于当时的中国而言改革势在必行。

(2)史料分析法。

史料分析法是历史学习的必备条件。对事实真相的揭露和对问题的分析,都离不开史料的支撑。用分析史料来突破重点,可以培养学生史料结合、分析材料,甚至寻找史料来源的能力。如在讲解明清时期君主专制的加强内容时,对于明朝加强中央集权的措施——废除宰相制度,可以采用朱元璋所认为历朝宰相权力过大致使皇权不稳和胡惟庸专横等材料,使学生明了明朝罢黜宰相的根本原因是为了加强君主专制,直接原因则是宰相胡惟庸的专权乱政。

(3)图表分析法。

图表分析方法是历史教学重点突破中常用的方法,图、表可以直观地将数据、图示展示给学生,使他们从中获取历史信息,便于教师引导学生的思维。如在讲述中国近代民族工业的曲折发展时,为了使学生了解一战时民族工业的发展出现了短暂春天的原因,可以出示当时民族工业分布地图,民族工业工厂、工人数量、投入资本图,一战欧洲列强战争图片等,并对其进行分析,使学生掌握一战时资本主义列强暂时放松了对中国的侵略,是这一时期我国民族资本主义经济得到发展,民族资产阶级、工人阶级队伍壮大的主要原因。再如讲授美国1787年宪法中权力的平衡与制约时,可以采用三角形构件图分别表示美国的国会、总统和最高法院,再将三者的制约关系表达清楚。

(4)材料、图片对比法。

材料、图片对比法就是通过对比的方式进行重点讲授的方法。如讲授中国戊戌变法时,可与日本的明治维新做比较,将两次改革的背景、内部条件、施政措施、国际环境等内容列为图表进行比较,可以使学生明确为什么中国的戊戌变法失败了,但日本的明治维新获得了成功。

(5)直观展示法。

在讲授理论性较强或较抽象的内容时可以使用直观展示法。如讲授远古时期原始人类的生活,以及原始社会群居生活的必要性的时候,可以直接展示原始人类的生产生活遗迹，当时的生态环境图等。学生结合图片，理解原始人类群居生活的必要性就容易得多。

（二）教学难点的设计

1.教学难点的概念及确定

教学难点就是学生在学习过程中不容易理解的知识，或是学生不容易掌握的技能技巧。它是由于学生原有的认知结构与学习到的新知识之间不协调产生的。

教学重点是历史知识内在逻辑结构的需求，因而从客观角度来说对于每位学生来说都是一致的。但实际上教学难点还受学生的学习环境、原有认识结构、接受能力和思考角度，以及新知识的难度的影响，属于智力因素与非智力因素共同作用的结果。在实际教学设计的过程中，我们无法对每个学生的认识难点和接受能力都进行测试和进行针对性的设计，但我们可以通过对学生学情等的分析，然后对本班大部分学生的认知难点进行合理的推测，最后确定教学难点并设计相应的对策。

首先要对教学难点形成的原因进行分析，只有分析了形成原因，才能够更准确地确定教学难点。

第一种是对于学习的内容，学生缺乏相应的感性认识和知识储备，因而难以开展抽象思维活动，不能较快和较好地理解。例如：在初中，教师讲解春秋战国时期的社会变革知识时，对于铁质农具与牛耕的推广使用对社会生产力的促进作用的理解，来自农村的学生会从自身的生活经验出发理解该问题（生产效率的提高和人力使用的减少），但来自城市的学生则由于缺乏相应的生活经验与知识储备而出现理解上的困难，因此针对城市学生，该课的难点问题就是使学生理解铁质农具与牛耕的推广使用促进了社会生产力的发展，因此战国时期我国进入了封建社会阶段，进而理解生产力与生产关系的辩证关系。

第二种是在认知过程中学生对原理、概念缺乏必要的理解和学习基础，尤其是缺乏对一些历史学科专有名词的理解和认知，使学生陷入了认知困境。对原理的认知不清，不但会导致对该部分知识的认知不清，还会迁延到同类知识或对比知识。因此在教学设计中，许多历史专有原理、概念往往成为学生认知的困难点。如“半殖民地半封建社会”概念、“专制主义中央集权”概念，尤其是在初中，学生完全没有理解该概念的基础，如果学生对“半殖民地半封建社会”概念不清楚，则会影响其对近代中国社会的民族危机与中国人民维护国家主权的斗争的理解和掌握。如果学生对“专制主义中央集权”的概念不清楚，则会对中国古代的政治制度中最显著的两对矛盾——君权与相权、中央与地方的矛盾无法理解，还会影响其对后面西方民主政治的发展知识的理解。因此，在遇到诸如概念方面的难点时教师应该想出有效的办法来进行突破。

第三种是教材中一些综合性较强，时间跨越较大，变化较为复杂的内容，是学生一时难以接受和理解的，这些内容往往不是通过一节课学习能够完成，其是教学中的一大难点。目前高中历史教材的编排，采用的是专题、模块的方式，时间跨度较大，学生对纷繁复杂的历史线索掌握不清，弄不明白一课中知识的难点所在。如部编版《中外历史纲要（上）》第2课《诸侯纷争与变法运动》将整个春秋战国时期的政治、经济、文化、民族融合放在一课之中，教材编排者所设定的教学难点是为什么说春秋战国时期是我国历史上第一次社会大变革时期，只有把握这一难点才能更好地理解本课内容。部编版《中外历史纲要（下）》第1课《文明的产生与早期发展》将世界古代史中的四大文明加上古希腊文明放在一课中进行介绍，其中所蕴含的难点问题是这五大文明是在什么情况下产生的，五大文明在发展方式上有何不同。在教学设计时，教师要根据教材特点及学生情况做出预判，预判学生在接受新知识时产生的困难和问题，以便对症下药。

2. 教学难点突破的方法

（1）构建合理的知识体系法。

有些难点是因为学生原有的认知结构与学习的新知识之间不协调而产生的，那么教师在进行教学设计时就应该想办法让新知识顺利地成为学生认知体系中的一部分，以已有知识为引导材料，温故而知新，实现教学难点的突破。例如，明清时期君主专制制度是秦以来专制主义中央集权的继续，在突破君权与相权的矛盾这一难点问题时，可采用自汉唐至宋元时期君主加强专制的材料，整理归纳出君主加强皇权的办法是采用独任制到群任制，将相权不断进行拆分，再讲明朝罢黜宰相设立内阁和清朝设立军机处的目的和作用，学生就容易理解了。

（2）利用问题探究法。

问题探究法是指在教学过程中精心创造条件，激发学生提出问题，并以问题为主线，通过师生共同探讨研究，得出结论，从而使学生获得知识、发展能力的一种教学方法，这是比较常用的突破难点的方法。如《中国古代的商业经济》一课中，难点问题之一就是中国资本主义萌芽的表现及其发展缓慢的原因。关于这一问题，教师可以采用问题探究的方法，引导学生思考。第一步是利用史料搭建探究平台，采用乾隆皇帝接见英国大使马戛尔尼后，大使的访华感受："我们访华只有三句话，进去时是满怀喜悦的，停留时是忧心忡忡的，离开时是悲观失望的"，设置情境平台，请问为什么大使会产生如此复杂的心情，将学生带入当时的时空之中，探究问题。第二步是引导学生从为何喜悦——中国古代商品经济的进步,明清时期江南丝织业发达,已经出现资本主义萌芽;为何忧心——但是中国的资本主义发展存在缺乏资本、自由劳动力、先进技术与市场的问题;为何失望——中国的资本主义由于受到重农抑商政策的限制,发展十分缓慢,由于受到海禁政策的限制,不能与国际市场接轨。就此解决了中国资本主义在明清时期萌芽并缓慢发展的原因这一难点问题。

(3)层层架桥铺路法。

在历史教学中,有许多难点问题是由于历史背景过于宏大、学生的认知能力达不到要求导致的理解困难。教师在教学设计中可以将这类难点问题分解为一系列由浅及深的问题,通过解决浅层次问题,引出深层次问题,浅层次问题就成为通往深层次问题的桥梁,最后再解决根本性问题。例如在部编版《中外历史纲要(上)》第11课《马克思主义的诞生与传播》一课中如何帮助学生认识一百多年前巴黎公社的无产阶级政权性质,是教学中的一大难点。因为世界史中的国体与政体、议会和政府、国家政权的性质等问题在政治课中还未进行全面系统的学习,超出了学生本身的认知水平,教师可以将这一大问题分解成几个“台阶”:①3月18日革命是哪两个阶级面对面的生死搏斗?②巴黎公社组织机构的组成是怎样的?③巴黎公社采取了哪些措施?措施为哪个阶级服务?④为什么说巴黎公社是无产阶级性质的政权?这样学生沿着“台阶”步步深入,从而学得顺利,记得深刻。

(4)编顺口溜等形成记忆法。

记忆是知识积累的过程,只有把所学知识记忆并能清晰准确地回忆再现,才能联系知识分析解决问题,进而提升能力,这种方法多被运用于初中历史教学中难点问题突破。初中历史教学中的记忆难点,主要是一些过于集中而彼此联系松散的历史知识,为了减轻学生的记忆负担,强化记忆效果,教学中可采用编歌诀或顺口溜的办法。历史歌诀概括性强、韵律性强,朗朗上口,可让学生在短时间内轻松地记忆大量的历史知识。如涵盖主要朝代的口诀《朝代歌》;在讲授隋朝大运河的开凿时可以使用“一条大河,三个中心,分为四段,贯穿五水”的顺口溜来让学生记忆。

四、历史教法的选择

(一)历史常用的教法

教学方法是教师和学生在教学过程中为了完成共同的目标,而使用的所有教学手段、方式的总称,简称教法。

“教学有法、但无定法、贵在得法、智在用法”，在日常教学中掌握一些基本的教学方法，对于教学设计来说是很重要的。在历史课程中为了完成特定的目标通常采用不同的手段对教学内容进行安排、设计，这些手段既具有历史学科的特点，又能够将历史学科与政治、地理、语文等学科联系起来。历史学科常用的教学方法主要有：

1.讲授法

讲授法就是教师通过口头语言向学生描绘事例、论证事理、传授知识、培养能力、进行思想教育的方法。这种教学方法在历史学科中应用最广泛，且能与其他教学方法进行穿插、综合运用。

在课堂教学中，语言交流是学生获取知识的重要途径之一，因此讲授法显得尤为重要。它包括概述法、描述法和叙述法。对于结论性的知识、单元整合知识等可用概述法；对重要的人物、战争场面及特殊工艺品等可采用描述法；对教材中的重点可采用叙述法。

在使用讲授法时需要注意以下问题：①在讲授时需要注意历史事件的发展过程和人物主要活动的先后顺序；②在描述某些重大历史场合、重要历史现象和重要人物特征时，要细致、绘声绘色；③在对历史事件进行概述的时候，注意运用适当的、简洁的语言进行归纳，还需要保持历史知识的系统性、连贯性和完整性；④在讲解历史概念和历史规律的时候，需要用科学的、专业的语言对史实进行科学论证、分析。

2.谈话法

谈话法就是教师在课堂中运用师生对话的方式进行教学的一种方法。这种教法的特点是教师提问、学生回答，或学生提问、教师回答，或学生之间相互交换意见和看法，教学在师生交流、生生交流中完成。这种方法能够突出学生的主体地位，教师只是起到引导和点拨的作用，能让学生积极主动地参与课堂教学。

运用谈话法时，需要注意的是教师提问必须准确地表达知识内涵，与学生交流的过程中必须注意对知识的点拨和师生关系的平等，在生生的交流中，教师必须注意对交流主题的把握和引导，对教学目标的体现和总结。

3.讨论法

讨论法是指根据教学的需要，学生在教师指导下围绕某些问题各抒己见、展开讨论、辨明是非，以此弄清问题或提高认识的方法。其优点在于能更好地发挥学生的主动性、积极性，有利于培养学生独立思维的能力、口头表达的能力，促进学生灵活地运用知识。

讨论法的基本要求是：讨论的问题要有矛盾性、有吸引力，教师要善于启发和引导学生，在讨论结束时要进行小结。通过讨论可以促进学生思考，集思广益，学生的交际能力、语言表达能力在潜移默化中得到提升。

4.比较法

历史比较法是通过对不同时期、不同时空条件下的复杂历史现象进行比较、研究、分析，系统地发现历史本质，从而探索和发现历史规律的一种史学方法。通过比较，有助于学生认识诸多历史的共同点和差异点，从而更好地把握事物矛盾运动的普遍性和特殊性，更好地认识历史发展的规律和特点。

历史比较法有很多种，常见的有以下几种：①从时间坐标出发，就历史发展过程中的不同时期的历史现象进行比较，或就某一历史事件的各个发展层次做比较，也就是纵向比较。如《史记》与《汉书》、中国近代的所有不平等条约、戊戌变法和孙中山所领导的资产阶级民主革命、美国独立战争和美国内战、文艺复兴与启蒙运动、俄国二月革命与十月革命等。②从空间坐标出发，就不同民族、地域、国家的历史现象进行比较对照，也叫横向比较。如中西文化成就、戊戌变法与日本的明治维新、美英法德等主要资本主义国家的民主制度等。③综合纵向比较与横向比较，即经纬交织成一个立体的球型比较体系和结构，诸如在比较中西方差异时，可以从社会的阶级组成、政治状况、经济发展状况、文化差异、宗教信仰、民族关系等方面进行多方位综合比较。此外，还有现象与本质的比较、定量比较与定性比较、静态比较与动态比较等，通过比较可以帮助我们认识历史现象的特点和本质。

运用比较法，可以按照如下步骤进行：第一步，明确课题目标，选好比较对象，确定比较目的和内容。第二步，确定比较标准，如比较百家争鸣的思想内容可以选取代表人物、主要观点、主要著作等作为比较标准。第三步，对应比较，辨明比较对象在各方面的异同及总体上的异同。第四步，综合考查，从异性中揭示事物的规律性，从共性中总结出历史事物的普遍性，从差异性中总结出历史事物的特殊性。[①]

5.读书指导法

读书指导法是教师指导学生通过阅读教科书、参考书来获取知识或巩固知识的方法，包括指导学生预习、复习、阅读参考书、自学教材等。教师在教学设计中通常留出一定的时间，让学生先把课文通览一遍，通过明课标、圈疑问、画精要、补评注、记要点等让

① 李景旺：《中学历史教学论》，郑州：大象出版社，2012年，第287页。

学生在自主阅读的过程中完成学习任务。读书指导法对提高学生的阅读理解能力大有好处。

运用读书指导法时,需要注意指导学生进行有目的的读书,而不是泛读、乱读,教师在教学设计中将指导问题明确地提出,并依据逻辑进行分小点,便于学生按图索骥。如在讲授部编版《中国历史》七年级上册第13课《东汉的兴衰》时,首先提出问题:东汉是由谁在什么时候建立的?定都什么地方?为什么称为东汉?再让学生对该部分内容进行阅读,找出问题的答案。

6.直观教具演示法

直观教具演示法是指教师在课堂上展示实物、模型、图片、图表等,让学生通过观察获得感性认识的教学方法。因为历史具有过去性与不可重复性的特点,教师在教学设计中通常使用的直观教具多为图片、图表、地图等。使用这种教学方法可以增强教学的直观性,对于学生形象地认识和理解历史,有很大的辅助作用,它几乎是每节历史课都不可缺少的教学方法。

在运用这种教学方法时需要注意以下几个问题:①图片必须足够清晰,必须能直观地反映知识内容,一般需要在图片下方加上文字进行补充说明;②使用的图表必须有标题,否则不能表达图表的直观性;③使用的表格数据必须准确,数据反映的问题也要直观;④使用的地图要有图例。

7.参观法

参观法是丰富学生感性知识、扩大视野、增长见识,并使教学同实际生活相联系,使学生从中受到教育的一种方法。参观法在历史教学中涉及历史文物、名胜古迹等,这也是进行革命传统教育和爱国主义教育的一种形式,尤其是在乡土史教学中显得尤为重要。

8.探究教学法

探究教学法是指在教师指导下,学生主动参与学习,培养获取知识、应用知识、解决问题的能力,得到深层次的情感体验的一种教学方法。与传统的讲授法等教学方法相比,它的优势在于能够改善传统教学中学生与教师交流不足的情况,教学组织形式从个体学习向合作学习转变;能够使学生的学习由被动的、机械的反应过程转变为自主的、探究的生成过程;能够克服历史教学中非此即彼的价值判断或道德说教的缺陷,培养学生的探究学习能力，让他们在学习中对历史做出自己的解释。所以它是新课改以来突出以学生为主体的教学设计中常用的一种教学方法，备受广大教师推崇。

探究教学中的问题设计必须具有一定的深度和广度，不能单纯地以教材为依据，需要教师能够有广博的知识和丰富的生活经验，能够将各种知识进行综合考虑和调整。如“鸦片战争给我们带来了什么？”这一类问题。

9.情境模拟法

所谓情境模拟法就是充分利用形象，创设典型场景，激起学生的学习情绪，把认知活动和情感活动结合起来的一种教学模式。新课标对中学历史从五大核心素养方面提出了更高的教学要求。在此背景下，教师必须转变教学方式，更新教学观念。从教学手段、教学目标及教学理念等方面实现创新，进而提高学生的学习兴趣，丰富他们的创新意识。

在教学设计中运用此法可以通过以下几种方式：①借助图片或实物进行情境教学，例如部编版《中国历史》七年级下册第2课《从“贞观之治”到“开元盛世”》，带领学生到武则天无字碑前进行授课，部编版《中国历史》八年级上册第2课《第二次鸦片战争》采用图片展示皇家园林圆明园被烧毁前的复原图，带领学生想象圆明园被毁的惨案，激发学生的爱国情感；②角色扮演（动作）情境教学，借助学生活动创设历史教学情境，如角色扮演、微电影制作、小品编创、举行辩论赛等，例如部编版《中国历史》七年级上册第9课《秦统一中国》，编排情境小品《秦人买布》《盛唐气象》《文成公主入藏》；③语言情境创设，借助语言创设历史教学情境，由教师在教学过程中通过对历史人物命运、经历的讲述，描述历史场景，阐述历史事件的发展过程，例如部编版《世界历史》九年级上册第4课《希腊城邦和亚历山大帝国》中讲述情境故事《雅典人帕帕迪的政治生活》等。

除此之外，历史教学方法还有练习法、欣赏法、激励法、检查评价法等。总之历史教学方法设计需要依据教学目标、教学重难点、教学内容、学生情况、教师个人的授课风格、教学环境等灵活运用，一个优秀的历史教学设计往往是综合运用多种方法的结果。

（二）教法选择的原则

科学合理地选择教学方法，发挥教学方法的整体效应，使课堂教学效果能够达到最优化，是现代教育教学对教师技能提出的要求。要做到这一点，教师必须要在现代教学理论的指导下，熟练地把握各类教学方法的特征，能够综合考虑教学方法的各种要素，合理地选择适宜的教学方法，并进行优化组合。一般而言，教师对教学方法的选择主要有以下几个依据：

1.依据教学目标选择教法

教学目标是教学的根本方向,教师的教法是实现目标的手段,手段必须服务于目标。历史课堂教学中每节课的目标是不同的,按照三维目标的要求,可分为知识目标、能力目标、方法目标、体验目标、情感态度目标、价值观目标等几个方面,每个方面的教学层次要求也是不一样的。为了实现具体的目标,选择适当的方法。学科知识的传授可以选择讲授法、谈话法、读书指导法、直观展示法等方法,让学生直观地认识历史发展的线索。学生能力的培养,可以选择探究教学法,进行思维引导,引领学生发现历史规律,形成历史认知;也可以将范例式和谈话法搭配使用,培养学生的观察力、想象力、举一反三的能力和语言组织与表达的能力。情感态度目标和价值观目标则可采用情境模拟法,通过创设历史情境,激发学生的情感,引起学生心灵的共鸣,从而受到思想教育。

2.依据教学内容选择教法

教学内容是教法选择的第二个依据。历史课程的内容可分为政治、经济、文化、军事、人物等方面,也可以分为历史表象、历史概念、历史规律等。针对不同类别的教学内容,选择不同的教学方法,讲授历史事件、历史现象、历史过程等知识,一般可选用讲授法对历史场景、人物特征的揭示可采用描述法;对历史规律的总结、归纳,可考虑选用讨论法、谈话法与归纳概括法。

3.依据学情需要选择教法

教学方法的选择必须与学生的身心发展水平和基础知识水平相适应,教师的教是为了学生的学,对知识的掌握必须通过学生自己的思维、认知活动才能够实现,因此选择历史教学方法必须考虑学生的因素。

比如,初中学生的心智发展水平不是太高、知识储备不够,就不宜进行较长时间的讲解,否则学生容易感到疲劳,就会注意力分散,反而影响到教学效果。对于学习起点较低的初中学生,可以多采用直观教具演示法、参观法、读书指导法、情境模拟法等教法,同时辅以生动的语言描述和准确、精练的概括;如果学生的学习起点较高,独立思考的能力较强,可增加讨论法、材料分析法、探究教学法。对于高中学生而言,经过了初中的学习,他们已经吸收了一定的历史学习方法,并能够独立进行思考,所以高中历史教学设计中可以考虑多采用情境模拟法、讨论法、探究教学法和史料研读法,通过设置问题、进行讨论,激发他们思考和探索未知世界的欲望。对于学习起点较低的高中学生,则可在史料研读法中增加读书指导法,引导他们逐渐适应史料研读法,学会论从史出的方法。

当然，考虑学情，并不是要求教师去盲目地适应学生，而是应该选择最优的教学方法，使教学产生最好的效果，从而积极地影响学生，促使他们逐步向适应教学方法的方向发展。

4.依据教师的教学风格选择教法

复杂的历史教学需要教师熟练地掌握各种教学方法，但由于个人素质的差异，即使面对相同的教学内容、相同班级的学生，不同教师运用同种教学方法所取得的效果也是会有区别的。

从素质和技能来看，教师在语言表达能力、知识面、绘画制图能力、形象思维和抽象思维能力等方面存在差异。因此，教师要基于对自我教学风格的认识，选择容易发挥自己特长的教学方法，加以精心的设计与构思，尽可能取得更好的教学效果。

总之，教学有法，教无定法。教法的选择必须是灵活的、多变的，当然这种灵活、多变是应该在遵循教学规律和教学设计原理的基础上，以学生的成长和素养的提升为目的，依据教师自身的教学风格而选择的。只有做到准确把握教学规律，对学情了如指掌，对教法熟练运用，才能达到最好的教学效果。

简答题：

1.教学设计的概念是什么？教学设计的原则是什么？

2.教学设计有什么意义？

3.教学设计与传统备课有什么异同？

4.对部编版初中历史教材中任意一课进行一次系统的课前教学设计。

5.对部编版高中历史教材中任意一课进行一次系统的课前教学设计。

第六章　历史课堂教学的技艺

课堂教学是教学工作的中心环节,历史课堂教学是由一个个环节巧妙勾连起来的,其教学的艺术贯穿于课堂教学全过程。在课堂教学开始之前,教师必须依据教学原理对课堂教学过程中的各个环节进行设计,使一节历史课成为知识性、趣味性、探究性和情感性和谐共存的连贯课程。

在进行课堂教学设计的课中设计时,导入新课、知识过渡、课程结课、课堂提问、教学语言、板书六个内容的设计是最重要的设计环节。

第一节　导入新课的设计

导入新课是教师在上课开始时的一种教学行为,是引导学生进入学习状态的一种教学方法,俗称“开场白”,其作用在于激发、唤起学生时求知欲,吸引学生进入状态,从而帮助学生在接受新知识前做好心理和知识上的必要准备。在课堂教学设计中导入新课是放在第一位的,它具有重要的作用。

一、导入新课的作用

(一)定向集中作用

学生在学习活动开始之前处于课间休息,精神放松,注意力不集中,上课铃响后往往不能很快地进入学习状态。好的导入新课设计可以像磁石一样吸引学生,使他们的注意力和兴奋点迅速转移到教学上来。

（二）激励和诱导作用

课堂导入是一节课程的开始，好的开端才会有好的结尾。孔子云："知之者不如好之者，好之者不如乐之者。"运用巧妙的方式方法导入新课，激发学生的学习兴趣，点燃他们的学习热情，使他们能够以良好的状态投入新内容的学习中，增加他们的学习信心。

（三）知识衔接作用

建构主义学习理论认为学生的学习是一个在原有的知识基础上不断建构新知识的认知过程。在课堂教学内容开始之前，怎样在新知识与旧知识之间架起桥梁，使两个知识之间顺利实现过渡，就是导入新课的重要作用。因此，复习巩固旧知识，为新知识的到来做好准备就是导入新课的第三个作用。

（四）沟通师生之间的感情

任课教师登台亮相后，教师的一个眼神、一个动作、一抹笑容、一句话语，如果能够一下子博得学生好感，那便取得了通往学生心灵的通行证，为教学之间的信息交流、情绪反馈打开了通路、铺平了道路，使授课建立在学生的期待、信赖、尊重、理解的基础上。

高明的教师总是善于运用独特的开场白来活跃气氛，以达到师生心理相容的目的。这种良好的教学氛围，既有利于教师的教，也有利于学生的学。

（五）明确教学目的

目的性是人类实践活动的根本特性之一，教师有无明确的目的和学生是否明确目的是衡量教学成功与否的重要标准。有经验的教师总是在导课过程中让学生事先明确学习目的。当学生的积极性被调动起来、思维处于活跃状态时，教师就要适时地讲明学习的目的和意义，从而激发学生的学习动机，使学生保持持续的注意力，并自觉地控制和调节自己的学习活动。

二、历史课堂导入新课的设计

历史课堂导入新课的设计方法是多种多样的，每一种导入设计都有其特点，在教学设计中，教师需要根据学情、教学内容灵活地进行设计和运用。导入新课的方式主要有：

（一）复习式导入

所谓“复习旧课，导入新课”，就是从学生原有的知识入手，由已知转入未知的教学设计。这种导入新课的设计优点是，如果找准新旧知识的连接点，可以起到温故而知新的作用，是历史课堂导入新课设计中最简便的一种，在实际课堂教学中它所花时间较少。

但是在实际教学过程中，由于各级各类学校开设的课程门类众多，学生一个星期只有两到四节历史课，如果无法及时地回忆起旧知识，那么将影响复习式导入方法实际运用的效果。

复习式导入有两种方式：第一种是由教师对上一节课的要点进行复习，提出复习的问题，学生对问题进行回答，教师对回答进行总结，再引导到新课上来；第二种是由教师直接对上一节课的内容进行复习总结，并提出两节课之间的直接联系。运用这种导入设计，必须要好好对复习的问题进行设计，问题既要紧扣已学知识，又要与新的知识建立紧密的联系。

案例一：部编版《世界历史》九年级下册第16课《冷战》导入新课设计

教师：“同学们，前一节课我们学习了第二次世界大战，请同学们回忆一下，二战全面开始的标志是什么？”

学生：“1939年9月1日德军闪击波兰。”

教师：“二战全面爆发后，法西斯国家疯狂地进行对外扩张，他们的暴行引起了全世界人民的愤慨。最初美国并没有参与战争，但是随着战争局势的变化，1941年底日本偷袭了美国在太平洋珍珠港上的海军基地，太平洋战场战争爆发。次日，美、英对日宣战。1942年，美与英、苏、中等26国共同签署了《联合国家宣言》，成立了世界反法西斯同盟。为了战胜共同的敌人法西斯，各个国家相互配合作战。请大家思考一下，这时期美、苏两国之间的关系是怎样的？有什么表现？”

学生：“美、苏两国在战时是同盟关系，在德国投降以后，美、苏曾在敦促日本投降的问题上相互配合。”

教师：“对，在战时，美、苏两国是盟友关系。但是在战后世界形势发生了重大的变化，美、苏之间由于社会制度、意识形态的不同开始了长达半个世纪的冷战。两国之间为什么要进行长时期的冷战？冷战的表现有哪些？带着这些问题我们一起学习今天的新课——第16课《冷战》。”

案例二：部编版《中外历史纲要（下）》第五单元第11课《马克思主义的诞生与传播》导入新课设计

教师：“前一节课我们学习了两次工业革命的历史，工业革命使生产力出现了前所未有的大发展，工业化带来空前的经济繁荣，生产组织与管理方式发生了重大变革，建立起了资本主义大工厂制度，深刻地改变着社会面貌。但是随着资本主义大工厂制度的建立和发展，资本主义制度的各种弊病也逐渐显现出来，工人阶级与资产阶级的对立与斗争也逐渐尖锐起来。工人阶级反对资产阶级的斗争是怎样进行的？属于无产阶级的科学理论是怎样建立起来的？今天我们一起来学习第11课《马克思主义的诞生与传播》。”

（二）直接式导入

直接式导入是指教师在上课开始时用与课程有直接关联的、学生熟知的知识进行设问，直接导入要讲述的课程内容。直接式导入的特征是开门见山地提出新课程学习的目标和要求，利用学生的直观思维，迅速吸引学生的注意力，让学生在思想上做好学习的准备。

这种导入形式开门见山，直接强调本课的主题内容和学习意义，省时省力。在实际教学中要注意本课内容应该是学生所熟知的，如果是比较陌生的内容，会使学生对知识有疏离感，对新知识的学习产生恐惧心理。使用这种方式进行导入时，教师要在学生中有较高的威望，学生喜欢听这位教师的课程；还需要学生有较强的学习自觉性，做好课前预习工作。

案例一：部编版《中国历史》七年级上册第3课《远古的传说》导入新课设计

教师：“同学们，中华民族是一个重视历史的民族，我们经常自称‘炎黄子孙’，那么你们知道我们为什么自称‘炎黄子孙’‘华夏民族’吗？我们的祖先又是哪些人呢？带着这些问题，我们一起来学习今天的新课《远古的传说》。”

案例二：部编版《中外历史纲要（下）》第五单元第11课《马克思主义的诞生与传播》导入新课设计

图6-1　马克思与恩格斯

教师:“同学们,请问上图所画的是哪两位伟人?他们对人类社会的历史进程做出了什么样的伟大贡献?”

学生:“马克思和恩格斯。马克思发表了《共产党宣言》,标志着马克思主义的诞生。恩格斯与马克思一起领导了当时的国际工人运动。”

教师:“对,他们二人是共产主义的创立者,是国际工人运动最早的领导者,关于他们的思想来源与基本理论,是今天我们的新课《马克思主义的诞生与传播》所要学习的主要内容。”

(三)故事型导入

故事型导入是在上课开始时,教师用与课程内容相关的故事作为“开场白”,用以引出学习内容,激起学生的学习兴趣,使学生沉浸在历史的氛围中。这种导入方式比较符合初中生的认知水平,常用于初中的教学。生动的故事会使学生感到亲切,既拓展了他们的知识面,又提升了他们的学习兴趣。

在实际教学设计中教师需要注意,所讲的故事内容是要积极向上的,在讲述故事时不要用当前时兴的网络用语来进行描述;故事内容一定要与所学内容相关;故事讲述时间不宜过长,时长控制在3分钟左右即可。

案例一:部编版《中国历史》七年级下册第1课《隋朝的统一与灭亡》导入新课设计

教师:“相传,隋朝时隋炀帝做了一个梦,梦见一种非常漂亮的花,但是不知道这花叫什么名字,产在什么地方。醒来以后,他就命令人把梦中的花画成图形,张皇榜寻找认识者。正好,当时在扬州见过琼花的王世充恰好在京城,看到这张皇榜,便揭榜进宫,对隋炀帝说,图上所画之花叫作琼花,生在扬州。隋炀帝听后,很想见一见,便开运河、造龙舟,与皇后和妃嫔下扬州看琼花。待隋炀帝来到扬州,满树琼花皆落,隋炀帝始终没有看到琼花的芳姿。接着各地爆发了农民起义。还有人传说,隋炀帝下扬州看琼花,其妹恨其无道,化作琼花棒打昏君,隋炀帝盛怒之下砍倒琼花树,在隋炀帝死后琼花又重新开放。”

教师:“这是一个关于隋炀帝开凿大运河目的的传说,但是隋炀帝真的只是为了看琼花才开凿的大运河吗?隋炀帝是隋朝的第二位皇帝,隋朝又是什么时候在什么背景下建立的?今天我们学习的主要内容就是隋朝的建立与灭亡。”

案例二:部编版《中外历史纲要(上)》第一单元第2课《诸侯纷争与变法运动》导入新课设计

教师:“周平王东迁洛阳以后,周王室的权威下降,各诸侯纷纷坐大。周平王死后,他的孙子周桓王继位,当时郑庄公公报私仇,假借周天子的名义讨伐宋国。周桓王知道之后很生气,解除了他在周朝的一切职务,不再重用他。郑庄公一气之下连续五年不去朝觐周天子,这件事情更是让周天子的权威扫地,周桓王决定御驾亲征教训他。这场繻葛之战周军大败,郑庄公身边的祝聃更是一箭射中了周桓王的肩膀。事后,郑庄公派人带着贵重的礼物去‘看望’周天子,桓王却只能忍气吞声。‘礼乐征伐自天子出’的时代一去不复返了。”

(四)溯源式导入

溯源式导入与故事型导入所用的形式基本相同,都是以讲故事的形式进行导入,不同的是溯源式导入是讲述某种事情、现象、掌故、成语、习俗等的来源为主。所引用的故事,通常是与学生身边生活相关的,但他们不知道来源的故事。教师通过对来源的介绍,拓展学生的知识面,引导学生进入新课的学习之中。这种导入形式与初中生的认识水平相符,可以提升他们对历史学习的兴趣,所以在初中教学中广泛使用。

案例一:部编版《中国历史》七年级上册第1课《中国境内早期人类的代表——北京人》导入新课设计

教师:“同学们,请问你们知道哪些我国古代流传的有关人类起源的神话与传说?”

学生:“女娲造人、盘古开天地……”

教师:“这些都是大家耳熟能详的神话传说,但传说毕竟是传说,人类究竟是怎样产生的?我国境内最早的居民是什么人?他们是怎样生活的?今天我们一起来学习中国境内早期的人类。”

案例二:部编版《中国历史》七年级上册第19课《北魏政治和北方民族大交融》导入新课设计

教师:“我们班的同学中或者大家认识的人中有没有姓贺、姓陆、姓穆的?”

学生:“有……”

教师:“那么大家知道元、楼、穆、贺、陆等姓氏的来源吗?这些姓氏中有一部分原本不是中原的姓氏,在北魏时期孝文帝迁都后,为了加强民族融合,下令让鲜卑贵族们将鲜卑姓氏改成了汉姓，拓跋改为元姓、丘穆陵改为穆姓、步六孤改为陆姓、贺赖改为贺姓、贺楼改为楼姓。北魏孝文帝是个怎样的皇帝？他除了改姓以外，他还对历史发展做出了哪些贡献？今天我们将通过《北魏政治和北方民族大交融》这节课来认识一下北魏时期的历史。”

（五）歌曲、影像型的导入

也称为音乐型导入。它是指教师根据教材内容，选择合适并与教材内容相匹配的歌曲或影像资料导入新课的一种教学设计。

这种导入设计可以采用学生耳熟能详的歌曲或他们感兴趣的影像资料进行导入，使学生在欣赏音乐，其感知、联想、理解等与审美有关的心理活动被引发，让他们身临其境地去感受、体验，随着歌曲与影像的跌宕起伏而心情激动，引发学生情感上的共鸣，激起他们的求知欲。如部编版《中国历史》七年级下册第9课《宋代经济的发展》可以使用动画版《清明上河图》；部编版《中国历史》七年级下册第15课《明朝的对外关系》可以用郑和下西洋的介绍影像资料作为导入。

在设计歌曲、影像型导入的时候需要注意所使用的歌曲、影像资料以节奏适中的为宜，快节奏的歌曲容易使学生沉浸其中，正式上课时反而不能“书归正传”；节奏太慢的容易“催眠”学生；歌曲、影像资料一定要与课堂知识相关联；应该注意播放歌曲、影片的时长，时长控制在3—5分钟比较合适。

一般情况下，这种导入形式与学习起点较高的学生的认识水平相符，适于在这样的班级使用，在学习起点较低的学生所在班级，往往会过度激起学生情感上的共鸣，产生反作用。

案例：部编版《中国历史》七年级上册第12课《汉武帝巩固大一统王朝》导入新课设计

教师播放陈宝国等主演电视剧《汉武大帝》第1集的开篇影像，同时将其中的三句话播放在幻灯片上：

“他建立起了一个国家前所未有的尊严；

他给了一个族群挺立千秋的自信；

他的国号成了一个民族永远的名字。”

教师：“汉武帝的人生充满矛盾。他爱民如子，同时杀人如麻。他用剑犹如用情，用情犹如用兵。在中国历史上，不乏英雄、伟人、壮士、志士和圣者。但是，放置在任何人群中，他都会同样地引人注目。你不可能不钦佩他，也不可能不畏惧他，这就是刘彻。

他是一个怎样的皇帝？他在一生中究竟做过哪些事情，使得西汉在他在位期间达到了顶峰，使得汉的国号成为我们今天一个民族永远的名字？带着这些疑问，我们一起来学习今天的新课——《汉武帝巩固大一统王朝》。”

（六）图片式导入

这种设计方式就是在上课开始时，教师运用多媒体设备展示实物图片、图表、文物图片等，引导学生进行观察，进而提出与教学内容相关的问题，引导学生得出答案，再由教师解释并切入到教学内容。这种导入设计的特征是运用直观的材料进行导入，符合学生尤其是初中生的认知特点，容易引起学生的学习兴趣，因此这种导入设计常用于初中教学中。

案例一：部编版《中国历史》七年级上册第14课《沟通中外文明的“丝绸之路”》导入新课设计

教师：“同学们，请大家注意看下面的六幅图画，请同学们猜一猜，假如你是生活在汉朝，你家的餐桌上会出现哪些蔬菜、水果？”

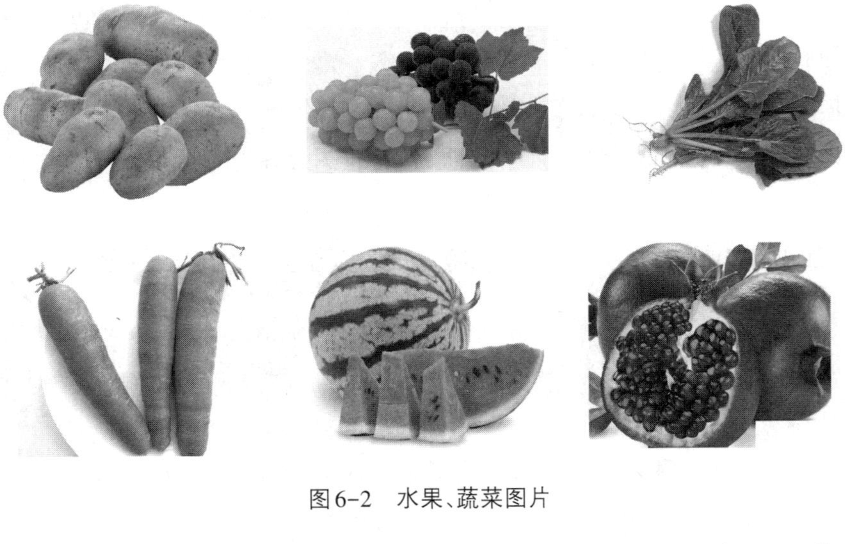

图6-2 水果、蔬菜图片

（教师依次在多媒体设备上展示葡萄、土豆、胡萝卜、西瓜、菠菜、石榴等果蔬）

学生：“……”

教师：“以上图片中葡萄、胡萝卜、西瓜、石榴这四种果蔬是在西汉时期传入中国，并成为大家餐桌上的美食的。西汉时期还有大蒜、芝麻等农产品由西域传入中原地区，与此同时，中原地区的凿井、制铁技术及大量丝绸、瓷器也传入了西域地区。这一时期之所以中原与西域有如此频繁的经济文化交往，都是和张骞出使西域后开辟了陆上丝绸之路分不开的，今天我们所要学习的主要内容就是张骞通西域与丝绸之路的开辟。”

案例二：部编版《中国历史》七年级上册第5课《青铜器与甲骨文》导入新课设计

教师：“下图所展示的是中国最古老的文字——甲骨文，请同学们猜一猜这十二个字符分别指的是什么字？”

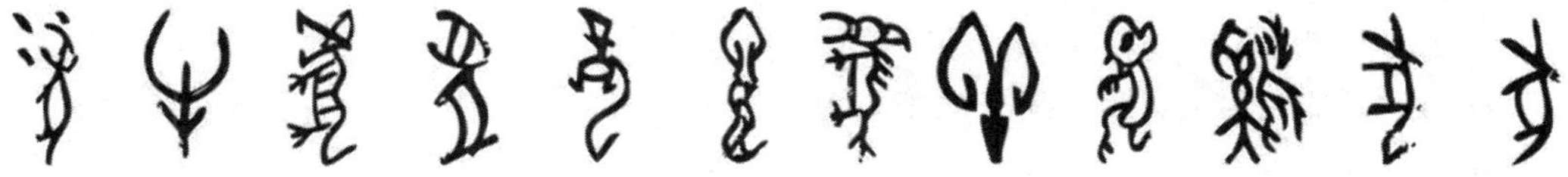

图6-3 甲骨文

学生：“……”

教师：“中国的汉字是一种非常古老的文字，目前已知最早的文字是形成于商朝时期的甲骨文。甲骨文的一大特点就是象形，我们的祖先基于自己认识的世界用形象的图案来表达文字含义，所以答案应该是‘鼠、牛、虎、兔、龙、蛇、马、羊、猴、鸡、犬（狗）、豕（猪）’十二生肖。一开始商朝人将这些文字刻在龟甲或兽骨上，后来又将它们刻在青铜器上。今天我们学习的内容就是精美的青铜器与甲骨文的形成和发展。”

（七）时政型导入

时政型导入就是运用现今社会上所发生的事情作为历史课程的导入。这种导入可以使学生加强古今联系，激起学生学习和参与课堂的热情，有利于他们从现实的热点问题中找到历史根源，了解历史发展的脉络和历史事件的影响。

运用时政型导入，需要教师经常留意广播、电视、网络等媒体信息，从中找到社会现实热点问题，作为导入的线索，引导学生去透视现实问题，从历史根源中寻找答案。由于高中生比初中生更关注时事和政治问题，他们透过现象看本质的能力也高于初中生，因此，在实际教学过程中，这种导入形式在高中阶段运用的效果要比在初中好。

案例一：部编版《世界历史》九年级下册第8课《第一次世界大战》导入新课设计

教师：“2018年11月11日，当许多中国人正在守着网络，准备‘剁手’，各大电商为了‘购物狂欢’再次冲破纪录而忙得不亦乐乎的时候，地球的另一边，英、法等国的领导人却正在冒雨参加活动。他们参加的是纪念第一次世界大战停战协议签署一百年的纪念日。1914年6月萨拉热窝事件点燃了第一次世界大战的战火，一场在当时规模空前的战争瞬间燃起。经过四年多的战争，1918年11月11日，德国投降，与协约国签署了停战协议，宣告了这次大战的结束。

一百年的时间只不过是历史长河中的沧海一粟，但是直到今日，欧洲各国领导人仍不敢忘记这一纪念日，他们为什么不敢忘记这段历史？今天我们就一起来追溯一下这段残酷的战争史。”

案例二：部编版《中外历史纲要（上）》第20课《五四运动与中国共产党的诞生》导入新课设计

教师：“同学们知道今天是什么日子吗？”

学生：“今天是2019年5月4日，五四青年节。”

教师：“对，今天是五四青年节，同时也是五四运动爆发一百周年纪念日。1919年当中国作为一战的战胜国参加巴黎和会，提出废除外国在中国的一切特权这一正义的要求时，英、美等国操控的巴黎和会却决定将德国在中国山东的权益转让给日本。消息传回国内，引起了五四运动。许多和大家一样的青年学生纷纷走上街头向北洋军阀政府抗议示威，之后中国的无产阶级也参加了这一运动，中国的革命进入新民主主义革命阶段。今年不仅是五四运动爆发一百周年的纪念年，更是中华人民共和国成立七十周年的纪念年，作为青年学生一定要了解我们国家的奋斗历程，了解我们党和各族人民争取民族独立、民主富强的过程。今天我们将一起学习《五四运动与中国共产党的诞生》一课，通过这节课的学习，同学们将对这段荣光岁月有更深刻的认识。”

（八）史料式导入

历史是已经发生过的事情，它无法复制、无法实验，人们认识历史，除了通过考古外，最主要的手段是通过大量的历史记录，即史料来了解。在历史课堂的教学设计中，教师经常通过引入史料，引导学生阅读史料，达到史论结合、论从史出的目的。在课程导入时也一样可以使用与课程内容相关的史料作为引出主题的引子，从而顺利地导入新课。

在实际教学设计中，史料式导入设计有两点需要注意的地方：一是使用的史料一定要与本课所授内容相关；二是注意使用史料的难度不能太高，因为这时的史料是用于导入、引出话题的，如果学生通过阅读史料无法从中提取有效的信息，则导入设计无法达到预期的效果。

（九）诗词型导入

诗词型导入是指利用学生比较熟悉或比较容易读懂的诗歌、词曲、对联等文学作品导入新课的一种方式。历史上许多能够反映当时历史事实的诗歌、词曲、对联等文学作品，语言精练、生动、优美，是学生喜欢朗读、背诵的经典之作。利用诗词等进行导入可以激发学生的学习兴趣，调动学生的想象力，激活学生的思维。特别是在中国史的教学中，教师恰当地引用学生熟知的古诗词进行导入，可以起到营造良好学习氛围、提高学生积极性的作用。

在实际教学设计中，利用诗词进行导入设计要注意所采用的诗词需要与教学内容有一定的关联，且应该选择有代表性的作品，诗词的篇幅不宜过长。

案例一：部编版《中国历史》七年级下册第12课《宋元时期的都市和文化》导入新课设计

望海潮

柳永

东南形胜，三吴都会，钱塘自古繁华。烟柳画桥，风帘翠幕，参差十万人家。云树绕堤沙，怒涛卷霜雪，天堑无涯。市列珠玑，户盈罗绮，竞豪奢。

重湖叠巘清嘉，有三秋桂子，十里荷花。羌管弄晴，菱歌泛夜，嬉嬉钓叟莲娃。千骑拥高牙，乘醉听箫鼓，吟赏烟霞。异日图将好景，归去凤池夸。

教师："这首词是北宋著名词人柳永的《望海潮》，其中'东南形胜，三吴都会，钱塘自古繁华……参差十万人家'几句写尽了北宋时期杭州的繁华。宋元时期的大都会繁多，如杭州、开封，后来的元大都等，都是景象繁华、文化生活十分丰富的地方。经济的繁荣，市民生活内容的丰富多彩，也造就了文学的繁荣，宋词和元曲在中国文学发展史上占有极其重要的地位。当时的城市生活具体是什么样子的？宋词元曲在创作上有什么特点？又有哪些杰出的代表人物？通过今天这一课的学习我们将了解到这些知识。"

案例二：部编版《中外历史纲要（上）》第3课《秦统一多民族封建国家的建立》导入新课设计

古风五十九首（其三）

李白

秦王扫六合，虎视何雄哉，

挥剑决浮云，诸侯尽西来。

明断自天启，大略驾群才，
收兵铸金人，函谷正东开。
铭功会稽岭，骋望琅琊台。
刑徒七十万，起土骊山隈。
尚采不死药，茫然使心哀。
连弩射海鱼，长鲸正崔嵬。
额鼻象五岳，扬波喷云雷。
鬐鬣蔽青天，何由睹蓬莱？
徐市载秦女，楼船几时回？
但见三泉下，金棺葬寒灰。

七律·读《封建论》呈郭老

毛泽东

劝君少骂秦始皇，焚坑事业要商量。
祖龙魂死业犹在，孔学名高实秕糠。
百代都行秦政法，十批不是好文章。
孰读唐人封建论，莫从子厚返文王。

教师："第一首诗是唐代著名诗人李白写的《古风》中节选的一首，采用了先扬后抑的写作手法，大意是用秦始皇对于中国历史的重要作用来嘲讽其为求长生不老而寻仙问道的行为。后一首诗是我国著名领导人毛泽东写的，创作于1973年8月。20世纪40年代我国现代著名文学家、历史学家郭沫若在重庆写了《十批判书》，称赞孔子'是顺应着当时的社会变革的潮流的'，在书中他对初期法家也是肯定的，而对韩非的'法术''君主本位'思想和秦始皇的'极权主义'则持否定态度，并进行了尖锐的贬斥。毛泽东不赞同这个观点，在诗中他表达了对秦始皇打破西周时期分封制，实行郡县制的肯定，对秦始皇历来遭受非议的'焚书坑儒'之事，毛泽东也多有辩护。在这两首诗中作者都肯定了秦始皇对中国历史的推动作用，但一首诗褒扬他，另一首贬低他，秦始皇对中国历史的发展到底起到了什么作用？我们该怎样评价秦始皇这个人物？"

学生："他建立了中国历史上第一个统一的专制主义中央集权的王朝，创立了皇帝制度，建立了专制主义中央集权制度，为后世所沿用。但是他的残酷暴政也激起了人民的抗争，是秦朝二世而亡的主要原因。"

教师："对，秦始皇最大的功绩在于他的开创性。今天我们一起通过本课的学习具体了解一下秦始皇开创的制度有哪些，对中国历史的发展起到了什么作用。"

（十）设置悬念式导入

设置悬念式导入法是较常见的导入形式，中国古代章回体小说经常用"欲知后事如何，请听下回分解"的方法来设置悬念，在历史教学导入设计中也可以用类似的方法进行。设置悬念式导入就是依据事实提出疑问或者悬念，使学生产生一种求知欲。学生只有在心生疑问的时候，才会对疑问涉及的内容感兴趣，才能想方设法去解决它。正是学生的这种好奇心理，为我们激发学生学习历史的兴趣提供了很好的契机。教师可以将导入新课设计成设置疑问，将教学过程设计成解决疑问的过程，将结课作为解答疑问的方式。学生在学习前带着疑问去进行，在学习中逐步解决困惑，学习后彻底恍然大悟，实现了学习的升华。

案例一：部编版《中国历史》八年级上册第1课《鸦片战争》导入新课设计

教师："在天安门广场上的人民英雄纪念碑的基座四周，镶嵌着八幅巨大的汉白玉历史浮雕和两块装饰性浮雕。其中，第一幅展示的是虎门销烟的壮观场面，虎门销烟是中国近代历史上一次伟大的壮举，同学们知道为什么林则徐要当众销毁鸦片吗？历史上为什么将英国第一次对华侵略战争称为鸦片战争？这场战争对近代中国产生了什么样的影响？带着这几个疑问，今天我们一起来学习一下《鸦片战争》一课。"

案例二：部编版《中外历史纲要（下）》第22课《世界多极化与经济全球化》导入新课设计

教师："在法国东北部贡比涅森林的雷通德车站，是一个令法德两国人民百感交集的地方。一战时，德国代表在这里的一节车厢里向法国总司令请求投降。二战时，同样的故事又在上演，只不过，双方的位置发生了变化……很长时间里德国与法国都处于仇恨交织的情绪之中，给欧洲乃至世界局势带来了严重的影响……然而，如今他们却成为亲密的合作伙伴。"

教师："是什么原因让曾经彼此仇视的德法两国能够放弃历史的恩怨，与其他一些西欧国家密切地走到一起？他们是怎样走到一起的？他们的联合对世界的局势产生了什么样的影响？他们未来能够走向统一吗？今天我们将带着这些疑问走进《世界多极化与经济全球化》一课，一起来体会一下世界多极化趋势的曲折发展过程。"

三、历史课堂导入新课教学设计的原则

历史课堂中导入新课的方法是多种多样的，教师需要针对学情及教学内容的需要做出相应的选择。在导入新课设计中，应该注意以下几个原则：

第一，导入目的的明确性。课堂导入的目的是有效地引导学生进入学习状态，引出教学的主题。因此，导入新课设计应该以为教学服务为目标，无论是比较传统的复习式导入，还是与现实比较相关的时政型导入，都必须以切题为第一原则，标新立异的导入最终也应该落实到教学内容中来。

第二，导入设计需要以学情为准则。导入新课的一个目的在于引起学生的兴趣，调动他们的学习积极性，在实际教学过程中，每一个班的每一个学生的年龄特征、认知水平、接受能力以及兴趣爱好都是不同的。因此，导入必须要符合学情，如在初中采用难度较大的史料式导入，导致学生无法理解其中内涵，或在高中采用耳熟能详的故事导入反而会降低学生的学习积极性。所以，教师需要针对学生学习的具体情况进行精心设计。

第三，导入设计必须与课程内容相符合。导入设计的方式虽然很多，但都是为教学过程服务的，所以，导入设计的内容必须与课程内容紧密相关，无论是采用的视频、故事、材料，还是提出的问题都必须与课程教学内容密切相关，否则就是无效导入。

第四，导入设计的时间控制原则。导入环节是一节课的开始，是开场白，它与课程教学内容紧密相连，但不能代替课程教学内容的讲授。一节课的时间是有限的，除导入新课外最重要的部分是新课知识的传授。因此，导入新课设计时必须注意时间的控制，不能过多地占用新课知识传授的时间，在实际教学设计过程中，导入新课的时间最好控制在3—5分钟，教师运用简洁的语言、生动的描述来提升学生的学习兴趣，使他们顺利地过渡到学习中来。

第二节　知识过渡的设计

课堂知识过渡是指在课堂教学过程中，教师巧妙地将所学内容的章与章、节与节、旧知识与新知识之间互相转化、顺利衔接的一种教学技能，在教学设计中必须体现出来。

历史教学过渡语设计是一种教学艺术，它融知识性、趣味性、思想性、艺术性于一体，一个成功的过渡语可以马上引起学生的注意力，激起他们的兴趣和求知欲望，活跃课堂气氛，有效提高学生的学习效率和教学效果，所以精心设计历史课过渡语是中学历史教学中不可忽视的一个重要环节，它将直接影响课堂教学的效果。

一、过渡的功能与作用

（一）有助于保持课堂知识的连贯性

每一节历史课都有着丰富的内容，教师在教学设计时会将这些内容分为若干个子目，或若干个问题。在课堂教学时，每个子目之间的知识内容是独立的，但又是有所关联的，因此在教学设计时必须设计一个将各知识之间上下贯通的过渡环节，使不同内容、不同性质之间的内容串联起来，从而保持整个教学设计的完整性和流畅性。

（二）有助于保持学生思维的连贯性

在教学过程中，调动学生学习的积极性，保持学生思维的畅通，使旧知识成为学习新知识的奠基石是很重要的。过渡不仅在教学各环节中起到串联的功能，还能使各部分之间的信息得以激活和释放，使知识之间上下贯通、浑然一体，让学生始终保持思维的畅通，形成整体性的历史知识体系，提高课堂的效益。

（三）有助于激发学生的思考

教师的教学是在学生原有的认知水平基础上建构其新认知的过程，利用过渡进行知识复习，可以温故而知新，加深学生对原有知识的认识，为接收新知识做好准备。在课堂中常常温故而知新，还可以形成学生良好的思考习惯，久而久之，学生会积极、主动地将所学知识进行整合，形成历史知识体系。

（四）拓展学生的课外知识，提升教学的趣味性

历史知识是丰富多彩的，但每一节课的时间是有限的，编写教材时选择的是那些影响历史发展主流线索的知识点。除此之外，还有许多的历史事件、历史人物、历史故事、历史

典故等，它们的发生和发展虽然不对历史主流线索造成巨大影响，但也是非常有意义的。在课堂教学设计中穿插课外知识既可以丰富学生的知识面，激发他们对学习历史的兴趣，又可以加强旧知识与新知识之间的联系。

二、历史课堂知识过渡的教学设计

知识之间的过渡有许多种方式，如自然式过渡、材料式过渡、前后呼应式过渡等，在进行教学设计时教师需要根据知识的不同情况选择过渡的方式。一节课所采用的过渡方式应该多种多样，这样才能丰富历史课堂，吸引学生的注意力，增加他们的学习兴趣。

（一）自然式过渡设计

它是指教师利用历史学科的知识结构和思维逻辑关系，实现教学内容的"转折"的一种过渡设计。这种设计利用的是历史知识结构之间的逻辑关系，可以顺利地实现新、旧知识的联系，有利于发展学生思维的连贯性，这是最基本、最常用的过渡设计方法。

案例一：部编版《世界历史》九年级下册第3课《美国内战》从"南北矛盾的加剧"向"内战爆发"的过渡设计

教师："南北双方不同的经济发展类型加剧了南北的矛盾。同时在对于美国新增加的西部领土问题上，双方又展开了新的争执。这种斗争从一开始就是不可调和的，双方的矛盾一触即发，那么使双方的矛盾演变成一场战争的是什么事件呢？"

学生："林肯当选美国总统。"

教师："1860年11月，共和党候选人林肯当选为美国第16任总统，由于他一直是支持限制奴隶制的发展的，这给予了南方奴隶主发动叛乱一个借口。他们宣布退出联邦，并主动挑起了内战。下面我们一起来认识一下内战的爆发及其过程和结果。"

案例二：部编版《中外历史纲要（上）》第3课《秦统一多民族封建国家的建立》从"秦的统一"向"秦朝的暴政"过渡

教师："秦朝在平定六国的基础上，对周边的地区实行政治控制，秦始皇北伐匈奴、南征南越、平定西南夷。他的作为不仅扩大了统一帝国的规模，而且推动了中华民族多元一体格局的形成。为了巩固统一，秦始皇政治上实行中央集权制度，思想上'焚书坑儒'，将全国牢牢地控制在自己手中。"

教师过渡:“俗话说打天下容易,治天下难。统一以后,秦始皇开始享受统一的成果,一边对人民采取高压政策,一边穷奢极欲,不断大兴土木,建造宫殿。秦的暴政成为秦灭亡的根本原因,请同学们阅读‘秦朝的暴政’一节,找出暴政的表现。”

(二)材料过渡设计

材料是历史课程中必不可少的一个部分,史料实证也是历史学科五大核心素养之一。将材料运用于过渡,可以通过学生对材料的理解,构建旧知识与新知识之间的联系,加深学生对知识之间逻辑结构的认识。

案例:部编版《中外历史纲要(上)》第3课《秦统一多民族封建国家的建立》由第一部分知识中的“秦统一六国”向“秦统一后的政治措施”过渡

教师:“公元前221年秦始皇经过努力统一了六国,促进了各民族的经济文化交流,推动了中华民族多元一体化格局的形成。然而面对北至长城、南濒南海、西到陇西、东临大海的巨大疆域,怎样管理却成了秦始皇面临的难题。下面我们一起来看看秦朝两位著名大臣关于国家管理的观点。想一想:如果你是秦始皇,你会采取哪一位的观点管理国家?”

材料一:丞相王绾等言:“诸侯初破,燕、齐、荆地远,不为置王,毋以镇之。请立诸子,唯上幸许。”

材料二:廷尉李斯议曰:“周文、武所封子弟同姓甚众,然后属疏远,相攻击如仇雠,诸侯更相诛伐,周天子弗能禁止。今海内赖陛下神灵一统,皆为郡县,诸子功臣以公赋税重赏赐之,甚足易制。天下无异意,则安宁之术也,置诸侯不便。”

教师:“丞相王绾等人认为应该恢复西周的分封制,而廷尉李斯却刚好相反,认为应该采用郡县制。那么秦始皇采用了谁的观点?为什么?”

学生:“采用李斯的,因为西周初期实行的分封制使诸侯势力逐渐变大,互相攻伐,导致了春秋战国长时期的战乱,是周亡的主要原因。”

教师:“秦始皇在总结了周亡的原因后下令采用了李斯的办法,也就是在天下实行郡县制。那么什么是郡县制?这一制度是怎样在全国推行的?又起到了什么样的作用?下面我们一起学习《海内为郡县》。”

（三）转折式过渡设计

转折式过渡是指教师采用转折性的语言来实现过渡的一种方法。在历史课堂中通常采用“然而”“但是”“却”“与此同时”“可是”“不过”等词语进行表述。或用“尽管……可是……”“虽然……但是……”“尽管……还……”“固然……但是……”等句型表示转折。

案例：部编版《世界历史》九年级下册第4课《日本明治维新》由明治维新的内容向明治维新的影响过渡

教师：“日本在明治维新后经济增长速度远远超过同一时期的英美等主要资本主义国家。通过这次改革，日本走上了发展资本主义的道路。1872年，日本有了第一条铁路。到1910年的时候，日本和英国的铁路里程差距从明治维新初期的1000多倍缩小到不到4倍。1873年日本从荷兰手中收回了长崎高岛煤矿，1875年英法从横滨撤走驻军。日本人从滑落的深渊中慢慢挣脱出来。但是日本是否走上了正常的发展道路，从此一片欣欣向荣？这次维新有没有未尽事宜，严重影响了世界历史的走向的？”

学生：“有，明治维新保留了大量的封建残余，为日本日后走上军国主义道路埋下了祸根。”

（四）设疑式过渡

教师根据已学知识点对学生提出问题，新的问题既与旧知识相关，又与新知识相关。利用学生的好奇心进行过渡。

案例：部编版《中国历史》七年级（上册）第16课《三国鼎立》从“官渡之战”向“赤壁之战”过渡

教师：“官渡之战是我国历史上著名的以少胜多的战役，这次战役以曹操战胜袁绍为结局。在此战之后曹操很快统一了北方，他不愧是中国历史上著名的战略家。然而八年后，同样是曹操主持的一场战役，他却大败而回，损失了近半兵力，并且这场战役直接打碎了曹操统一全国的梦想。这场战役是哪一场呢？为什么官渡之战中能够以少胜多的曹操，却被别人以少胜多了呢？接下来我们一起来学习三国时期另一场著名的战役赤壁之战，学习之后，请同学们分析曹操失败的原因。”

（五）对比式过渡设计

在历史教学过程中，当两个教学内容之间存在某种相似或者相异的地方时，可以采用对比式过渡，有比较才有鉴别，可以使学生将所学内容建立在一种知识比较的关联中。

案例：部编版《中外历史纲要（上）》第25课《人民解放战争》从"国民党政权的统治危机"向"新民主主义革命的胜利"过渡

教师："全面内战爆发以后，国统区财政经济逐渐陷入了崩溃的境地。为了维持内战庞大的开支，国民政府无限制地发行纸币。大家都知道，一个国家的纸币发行量必须与黄金储备量相适应，国民党无视黄金储备发行纸币，最终导致了恶性通货膨胀，物价飞涨。另一方面，为了补充兵源的不足，国民党大肆在国统区抓丁拉夫，在一些地区只要是成年男性就会被抓去参军。反观当时的解放区，中国共产党在解放区颁布了《中国土地法大纲》，实行普遍的土改，将抗日战争时期的减租减息政策改为没收地主土地，实行耕者有其田的政策。两边对比，你如果是当时的人民，你会支持哪一边？"

学生："支持中国共产党。"

教师："对，正是在人民的支持下，在中国共产党的带领下，我们取得了新民主主义革命的伟大胜利。下面我们一起来学习一下新民主主义革命的胜利一目。"

（六）激趣式过渡设计

激趣式过渡指教师以一些历史故事或历史材料来实现过渡的方式。这种方式有利于学生更加贴近历史，理解历史上发生的事情，能够激发学生的兴趣，引起学生的注意力。

案例：部编版《中国历史》八年级历史下册第2课《抗美援朝》从第一部分知识中的"朝鲜战争的爆发"向"出兵朝鲜"过渡

教师："二战后，美苏以北纬38度纬线附近为界分区占领了朝鲜半岛，在他们的分别支持下，朝鲜半岛北部成立了朝鲜民主主义人民共和国，南部成立了大韩民国。1950年6月25日，朝鲜南北双方爆发内战。以美军为主力的联合部队为了支持韩国，将战火烧到了中朝边境的鸭绿江边。请问，如果你是当时的中国领导人，你该怎么做？是出兵朝鲜，帮助朝鲜人民，还是置之不理？"（通过被美军飞机轰炸后的中国边境城市丹东的图片，激起学生的爱国热情）

学生:“……”

教师:“当时中国的政务院总理周恩来同志说了一句非常著名的话:‘中国人民决不能容忍外国的侵略,也不能听任帝国主义者对自己的邻人肆行侵略而置之不理。’于是中国领导人做出了抗美援朝的决定。”

三、历史课堂教学过渡设计的原则

过渡的教学设计是教师教学设计的基本技能之一,过渡的方法虽然很多,但是在选择过渡方法时不应该被理论所束缚,应该针对不同的教学内容和学生选择合适的过渡形式。下面对历史课堂教学过渡设计的原则进行总结。

(一)选择过渡方法的基本前提是对学生学情进行分析

如果学生学习起点较低,对于材料中的信息提取能力较弱,教师则不适宜采用材料式过渡,适宜采用自然式过渡。因为学生无法从材料中获取相应的信息,会影响教学设计的实际效果和学生对课程内容的理解。如果学生学习起点较高,则可考虑采用材料式过渡与设疑式过渡相结合的方法,引导学生独立从材料中寻找解答问题的信息,并锻炼他们的语言组织能力,使他们在解决旧问题的时候,产生新疑问,从而带着问题进行新知识的学习。

(二)知识的过渡设计要遵循联系性与逻辑性原则

知识的过渡设计是教学中知识之间的承接,这就注定了它的内容必须是与新知识和旧知识都相关的。因此,过渡的设计不能无的放矢,应该是精心挑选那些与旧知识相关并能联系到新知识的内容。这样才有助于学生搞清楚知识之间的前后联系,顺利地过渡到下一个环节的学习,为学生进一步学习做好铺垫,最后为学生构建起知识的逻辑框架。

(三)知识的过渡设计要遵循启发性和思维性原则

过渡是教师更好地连贯知识、理顺教学思路的一种方法,它的目的之一是提升学生的学习兴趣。因此,知识的过渡设计不能为了过渡而过渡,搞花样、搞噱头,必须是具有一定的启发性和思维性的,最好的过渡是能够引起学生进一步思考的兴趣和学习的欲望,使学生在进入下一阶段的学习前有一个心理上的准备。

(四)知识的过渡设计要注意巧妙性和简明性原则

过渡的方法有很多种,有的时候单一地使用一种过渡,有的时候则需要几种过渡方法搭配使用,如《社会主义建设在探索中曲折发展》由第一个知识点“社会主义制度的建立”向第二个知识点“社会主义建设的起步”过渡中就将材料式过渡、对比式过渡和转折式过渡综合进行运用。

需要注意的是,知识的过渡设计还需要简明扼要,不能拖泥带水。在设计时一定要注意语言的简洁明了,不能把很短的过渡弄得很长,影响到学生对新知识的学习。

第三节　课程结课的设计

结课是指在完成课堂教学活动时,为使学生所学的知识得到及时的转化、升华,教师对学过的知识进行归纳、总结的教学行为。它是教学设计系统中一个必不可缺的组成部分,需要我们在课堂教学活动开始前就做好相应的设计。

一、结课设计的作用

课堂教学不仅需要一个良好的开端,也需要一个完美的结局,不良的开端会给学生留下不好的印象,从而影响整堂课的教学,不好的结尾同样会破坏前面的所有努力,教学应慎始善终。从某种意义上来说,结课比导入更为重要,因为导入不够精彩,可以在教学过程中进行弥补,结课如果失败的话,则很难挽救和弥补了。常言道“编筐编篓,重在收口;描龙绘凤,贵在点睛”,古人也说写文章要“凤头,猪肚,豹尾”,结课既需要有点睛的作用,也需要有豹尾的力度。

(一)提纲挈领、总结教学内容

正如前文对学生学习起点的分析所言,一个班的学生由于学习基础的不同,往往呈现出不同的学习效果,一堂课的教学不可能使每个学生都掌握全部内容,也不可能让每个学生都构建出自己的知识体系。因而课程的结尾就是对本节课的内容进行再次回顾,尤其对于其中的教学重点、难点问题进行再次提点,以便学生构建出知识体系。

(二)回顾主要内容,巩固学生记忆

心理学研究表明,人的遗忘规律是先快后慢的,在刚学习了新知识时,遗忘率是最高的。结课出现在一节课程的最后一部分,可以利用结课的时间再次增强学生的记忆,还可以将本课的重点、难点问题再次进行简单的分析和重复,以便增强学生的记忆。

(三)构建知识体系,形成知识逻辑

结课时已经是所有新课知识讲授完毕的时候,利用结课的时间帮助学生从头梳理知识结构,厘清知识点之间的逻辑关系,有利于学生对新、旧知识之间联系的把握,形成知识体系,理解知识内涵。理解型的记忆往往比机械型的记忆更深刻。

(四)承上启下,开启新知识作用

结课是一节课的收尾,良好的结课不仅要让学生知道本课学习了哪些内容,还要给学生留下“欲知后事如何,请听下回分解”的悬念,提高学生对下一节课内容的兴趣,增强学生主动探究知识的欲望。

二、历史课程结课的教学设计

结课的设计有很多种方法,如归纳、总结式结课,填图、填表式结课,呼应式结课等,在进行教学设计时教师需要根据课程内容的不同选择不同的结课方法。但无论哪种结课方法,最后都需要以帮助学生梳理知识点、建构知识结构、巩固记忆、增强理解为原则。下面将详细对各种结课方式及其优缺点进行总结。

(一)归纳、总结式结课

即教师引导学生对本课内容进行总结、概括,突出重点、难点,厘清知识点的脉络。这种结课方式的优点是归纳简明、提纲挈领,可以给学生留下整体而清晰的印象,是初高中最常用的结课方式。但是结课是一节课程的最后一个环节,在教学的最后阶段运用,接近下课之时,学生的注意力往往已经开始分散,归纳、总结离不开时知识的重复,容易引起学生的逆反心理。

案例:部编版《中外历史纲要(上)》第1课《中华文明的起源与早期国家》结课设计

教师:"本课主要学习了石器时代我国古人类的分布及其生活状况,尧舜时代、夏商和西周时期的史实。石器时代的古人类和文化遗存主要有旧石器时代的元谋人、北京人,新石器时代的仰韶文化遗址、河姆渡文化遗址、大汶口文化遗址、龙山文化遗址、红山文化遗址、良渚文化遗址等。这些早期古人类的遗址,说明我国是人类起源地之一,也奠定了我国古文化多元一体的发展格局。尧舜时期是我国由原始社会向奴隶社会的过渡时期。夏朝是我国奴隶社会建立的时期,商朝是发展时期,西周是繁荣时期,东周是瓦解时期。这一时期的政治制度、经济制度、文化发展为我国的历史发展奠定了基础,初步形成中华民族的共同体意识,'中国'这一概念也已出现。"

(二)谈话法加填图式结课设计

谈话法加填图式结课设计就是采用填空题等方式,将本节课的主要内容一一呈现,在教师的引导下学生进行填空,这样可以梳理知识点,加强学生的逻辑思路及对知识的记忆。这种方法可以带领学生一起回顾所学知识,也避免了教师一人唱独角戏,增加了课堂的互动。

案例一:部编版《中国历史》七年级上册第8课《百家争鸣》结课设计

先由教师引导学生对春秋时期的两位思想家老子和孔子的思想及其成就进行总结,然后教师出示下图,采用学派与人物、思想对应的方法,让学生进行填空,对本课知识点进行记忆巩固。

百家争鸣
- 墨家 墨子
  - 墨家学派创始人
  - 主要思想:"兼爱""非攻"
- 儒家
  - 孟子
    - 提出"春秋无义战",反对战争
    - "仁政"治国,轻徭薄赋,爱护自然资源
  - 荀子
    - 提出"制天命而用之",人要认识自然规律,要按自然规律办事
- 道家 庄子:主张顺其自然,"无为而治"
- 法家 韩非:主张改革,提倡法治,建立君主专制的中央集权制
- 兵家 孙武:《孙子兵法》,"知己知彼,百战不殆"

图6-4 百家争鸣:各学派代表人物及其主要思想

案例二：部编版《中外历史纲要(下)》第9课《资产阶级革命与资本主义制度的确立》结课设计

在总结16—19世纪欧美资产阶级革命的同时，通过表格的形式将主要国家的资本主义制度确立方式和资本主义制度模式进行总结。

表6-1　16—19世纪主要资本主义国家资产阶级革命和资本主义制度确立方式对比

国家	资产阶级革命	政权组织形式
英国	1688年“光荣革命”	君主立宪制
美国	1775—1783年美国独立战争	共和制
法国	1789年法国大革命	共和制
俄国	1861年农奴制改革	沙皇统治，走上发展资本主义道路
意大利	1861年意大利王国建立	君主立宪制
德国	1864—1871年实现国家统一	君主立宪制
日本	1868年明治维新	天皇统治，走上发展资本主义道路

（三）呼应式结课设计

这种结课设计是指在课程开始，导入新课时教师就设计疑问，把讲授新课作为解决疑问的过程，把结课当作疑问的答案揭晓和总结的设计方法。采用这种方法进行结课设计可以起到前后呼应，制造悬念，引发学生学习兴趣的效果，使学生对历史发展的因果联系有一个清晰的认识。

案例：部编版《世界历史》九年级下册第13课《罗斯福新政》

在导入新课时使用大量的1929年世界性经济危机时期美国经济遭受危机的图片，构建学生对该段历史的总体印象，然后设置疑问：“面对这样空前规模的经济危机，美国应该怎样做，才能摆脱经济危机带来的困扰?”在讲授完罗斯福新政的内容后，采用呼应式结课。

教师：“通过今天的学习，我们知道了正是由于罗斯福采取的新政，美国在很短的时间内就摆脱了经济危机带来的严重后果，经济开始复苏，从而避免了走上法西斯军国主义的道路。美国的新政开启了国家干预经济的模式，成为资本主义世界其余国家争相模仿的对象，从此资本主义告别了‘放任自由’政策统治阶段，迎来了以国家干预经济为特征的国家垄断资本主义时期。”

(四)悬念式结课设计

这种结课设计就是利用本课所学习的知识,为后面一节课留下悬念,暗示学生“欲知后事如何,请听下回分解”的结课方式。这种结课有利于学生构建完整的知识体系,利用旧知识,开启新知识。

案例:部编版《世界历史》九年级下册第13课《罗斯福新政》结课设计

教师:“通过本节课的学习,我们了解了20世纪二三十年代经济大危机的爆发以及美国为了应对这场经济危机实行的罗斯福新政,由于罗斯福的力挽狂澜,美国逐渐摆脱了危机。那么,同样深受这场危机影响的其他资本主义国家,如德国、日本又是如何应对的呢?他们的所作所为对世界产生了怎样严重的影响呢?我们下节课再重点学习这部分内容。”

三、历史结课教学技能的原则

(一)突出教学目标,紧扣重点内容

课堂结课是一节课的最后一个环节,同时也和其他环节一样,都是为完成历史教学目标服务,都是落实教学目标的重要策略和手段。这就需要教师在进行教学设计时把握教学内容的结构,有的放矢地进行设计,将结课作为最后突出教学目标的机会。既不要临时草率地处理结课,一句话进行结尾,又不能将其做成课堂教学过程一样详细,造成“拖堂”。同时,课堂总结需要进一步夯实教学重点内容,巩固重点、复习难点,升华学生对课堂知识的理解。

(二)简明扼要,梳理知识内容

课堂教学的时间是有限的,结课所占用的时间更是有限,在实际教学过程中结课所需时间一般需要控制在3—5分钟。这就需要教师在进行教学设计时对丰富的教学内容进行概括性总结,既要照顾到知识内容的结构性,又要语言精练,不拖泥带水。

（三）调动学生，突出主体性和参与性

新课改强调了以学生为主体的原则，这种原则体现在教学的各个环节之中。因此，在进行教学设计时，就应该将学生的参与性作为考虑的因素之一，结课的设计也不例外。教师的总结也需要立足于引导学生进行完成，才能够真正体现学生的主体性，增强学生对学习知识的记忆，巩固他们的理解。

（四）画龙点睛，实现知识的升华

历史学科的特点之一就是不可重复性，历史事实就是过去发生过，不可能再重复发生的事情。然而历史学科同时也有借鉴的作用，我们常用“以史为鉴”来形容历史对现实的借鉴作用。课程改革特别强调“加强课程内容与学生生活以及现代社会科技发展的联系，关注学生的学习兴趣和经验”。历史课程也不能单纯只关注已经发生的事情，而是需要将历史借鉴到现实，实现历史学习价值的升华。在一节历史课程中，只有在完整地了解了整个历史事件的前因后果后才能进行升华。所谓历史知识的升华，就是适当地对历史现象进行必要的联系和联想，进而延伸到学生的日常生活之中，进行知识的拓展和情感态度与价值观的再教育。

第四节　课堂提问的设计

常言道：“学起于思，思起于疑，疑解于问。”课堂提问是一种在课堂上普遍存在的行为，是课堂教学的重要环节，也是教师使用最多的一种师生互动手段。建构主义理论也认为，课堂教学的过程更多的是一个对话的过程，学生应该在师生之间的对话中建构自己的知识。所谓课堂的对话，指的就是教师与学生在课堂上的交流方式，即教师的提问与教师引导学生作答的方法。优秀的提问能够激发学生的积极思维，提高其学习兴趣，从而反馈教学质量，强化教学效果。掌握好提问的艺术，可以使学生的学习情绪处于最佳的状态，促使他们掌握知识，发展智力，培养能力。优秀的课堂提问不是在课堂上随意发出的，必须是课前依据课程目标、教学内容进行设计的。

一、课堂提问设计的作用

（一）启发作用

启发思维是课堂教学的主旋律，英国教育学家爱德华·德·波诺认为："教育就是教人思维。"所以启发学生的思维就是教师教学艺术的主旋律和核心所在。俗话说："授人以鱼，不如授人以渔"，教师在课堂教学中要教会学生思维，即把该学科思维方式授予学生。学生一旦掌握了学科的思维方法，便会大大加强其思维的科学性，使他们更有效地把握、理解、巩固和运用所学的知识，提高其自主学习的能力。

历史教师在课堂教学中对启发性思维的运用，除了建构时空观念、运用史料进行实证之外，就是在恰当的时机，进行有效的提问。实践证明，教师准确地把握好时机，有利于在思维的最佳突破口点拨学生的思维，吸引他们进行深入学习。

（二）督促指导、调控课堂作用

心理学家通过实验发现，中学生听课的注意力随时间变化。讲课开始时，学生注意力逐渐增强，中间有一段平稳状态，随后学生注意力开始分散。在实际的教学过程中，学生注意力不集中的情况常有发生。提问能够将学生分散的注意力和兴趣集中到教学中，产生自觉学习的意向，调动他们的积极性。

（三）反馈教学信息作用

从信息建构理论来看，教学过程是信息传递与信息反馈的过程。教师在教学过程中不但需要向学生传递信息，同时也需要及时地接收信息，而课堂提问是互相了解的最佳途径。教师通过提问可以了解学生掌握知识的程度，诊断学生学习中的错误，了解学生学习上的困难，从而及时地对教学方法进行调整。学生通过答问可以从教师那里获得关于自己的评价反馈信息，从而在学习中不断审视自己，改进自己的学习方法和态度，使学习更富有成效。

（四）交流沟通作用

新课程改革后要求教学活动必须突出学生的主体地位和教师的主导地位，这就要求将以往教师在教学中占据主体地位的教学变为教师与学生的双边活动，要求教师为学生创造和谐的教学气氛,并实现知识信息和情感意向的双向交流。课堂提问不仅是实现这种交流的重要途径,而且能够对这种交流进行有效的调控,使交流能够顺利地进行。

(五)锻炼学生表达能力作用

课堂提问一般是采用口头表达的形式,要求学生面对教师和全班同学,迅速组织语言,并准确、流利地回答问题,阐述自己的观点。因此,通过课堂提问和对学生问答的严格训练,可以培养学生的语言表达能力和自我表现能力。

二、课堂提问的设计

有效的课堂提问能引发、拓展学生的思维,要紧扣主题,以点带面,突出重难点,还要有一定的思考价值,使学生理解历史丰富而深刻的含义及其作用。因此课堂提问不能是课堂教学中的“临场发挥”“现蒸现卖”,它应该服务于整个课堂教学过程,是教学设计中的一个重要环节,是需要教师课前精心设计的。

在教学设计过程中,课堂提问可以分为以下几种类型:

(一)知识型提问设计

知识型提问就是在学生已有的知识基础上进行设问,要求学生通过回忆旧知识进行回答。通过问题的回答回忆、检验已有知识,督促学生进行知识的巩固。如“商鞅变法的主要内容有哪些?”“中国封建社会历史上的第一个盛世是什么?”“抗日民族统一战线的初步建立标志是什么?”

这一类提问一般用于学生回忆历史事实、历史人物、历史现象、历史发展线索等,是最低层次的提问。设计的目的是让学生回忆已学知识,促进学生的记忆、巩固知识,但这不利于启发学生的思维。所以,一般可用于一系列提问的最初环节,作为以旧知识引出新知识的引子。

(二)理解型提问设计

理解型提问设计的目的是促进学生对所学历史现象进行深入的思考和阐释,即考查学生对历史事件发生的条件与原因、原因与结果、结果与影响之间的关系进行综合分析的一类问题。

这种类型的提问设计多用“为什么”“有什么”进行提问，是运用范围最广的一种提问方式，无论是导入新课、知识过渡，还是结课设计都可以运用。比如《北宋的政治》一课的导入新课提问设计：“著名史学家汤因比曾言‘如果让我选择，我愿意生活在中国的宋朝’，为什么他会这样说？”从而引出北宋的建立与北宋重文轻武的政策。又如《五四运动》一课的知识过渡提问设计：“那么五四运动与新文化运动之间有什么关系呢？”

（三）运用型提问设计

运用型提问是指引导学生将已知的知识、观点及方法，运用到特定的场景中，对新知识进行认知、判断，最终解决问题的一种提问设计。这种提问设计首先需要由教师创设一个历史场景，再设计与之有紧密关系的问题，引导学生进行回答，学生思考回答的过程就是对学生思维的启发过程。如对《北魏政治和北方民族大交融》一课的“孝文帝迁都”知识点进行运用型提问设计：

教师设置场景：“从这样看来，北魏迁都洛阳，既可摆脱北方少数民族的威胁，还能加强对中原地区的统治，从而为实现南北统一提供可能。虽然历朝历代的帝王说一不二，迁都真的会有这么容易吗？会不会有一定的阻力呢？换言之，如果你是一个鲜卑贵族，世代生活在平城这个地方，突然有一天让你迁到远在中原地区的洛阳，然后一切重新开始，还会面临各种困难，你会轻易离开吗？”

学生：“不会，古人说故土难离，鲜卑贵族们肯定不愿意离开世代居住的地方。”

教师：“那么孝文帝会采取什么样的措施来使他们迁都？迁都之后北魏的政治局势发生了什么样的变化？”

（四）分析型提问设计

分析型提问设计就是通过引导学生深入地分析研究教材、史料，从分析中得到新观点、新认知。这种类型的提问设计通常由一系列的问题组成，从浅层问题开始，逐渐向深层问题深入，层层发问，步步解决，通过师生之间的问答厘清了问题的来龙去脉，也就弄清了历史事件发生、发展的原因及结果。分析型提问设计经常用于解决教材中的难点问题。如讲解“明清君主专制的加强”，可以设置一系列的问题解决“明朝内阁的建立加强了君主专制”这一难点问题。

教师：“中国古代是在什么时候开始没有设置宰相的？”

学生：“明朝，明太祖朱元璋罢相。”

教师:“他为什么要罢相?”

学生:“因为宰相胡惟庸专权乱政。”

教师:“在罢相之后,皇权产生了什么变化?”

学生:“皇帝加强了君权,但是所有事务都压在了皇帝身上。”

教师:“那么朱元璋及明朝后来的皇帝是怎么解决这一问题的?”

学生:“朱元璋设置殿阁大学士,以备顾问。明成祖时期正式设立了内阁。”

教师:“内阁的权力与宰相相同吗? 为什么?”

学生:“不同,宰相是中央重要的行政官员,会对皇帝的权力产生制约,内阁首辅只拥有票拟的权力,实际的决策权掌握在皇帝手中,因此内阁不能够制约皇权。”

教师:“因此,明朝内阁的建立实际上是中国古代君主专制加强的一个重要表现。”

(五)探究型提问设计

探究型提问设计即针对历史课本中所学的相关历史知识,联系到实际问题,设置无标准答案的提问。这种提问可以与学生的实际生活相联系,既能够理论联系实际,将所学历史知识与现实生活相联系,又可以拓宽学生的眼界,调动他们的积极性,增加他们的学习兴趣。如在《中外历史纲要(下)》第22课《世界多极化与经济全球化》一课的最后可以设计探究型问题:“今天我们在课上学习了欧盟是世界多极化发展的一个重要表现,但是在2020年时英国脱离了欧盟。目前欧盟各国在能源等问题上也出现了不小的分歧,请同学们查阅相关资料,进一步探究欧盟的建立对世界多极化发展的作用。”

第五节　教学语言的组织

奥斯汀的言语行为理论认为,人们往往不是为了说话而说话,而是通过说话这种行为实现某种意图或达到某种目的。也就是说,人们说话本身就是在实施某种行为,他将这种需要通过言语表达而完成的行为称为“言语行为”。教师的工作方式主要有两个,一是“言传”,另一个是“身教”。所谓“身教”指的是教师通过本身的身体行为做出示范,以行动感染学生,这主要表现在道德品质方面。所谓“言传”指的就是教师的教学语言行为。可以说,除了通过实际操作的动作示范(如实验)来实施外,教学更多是通过教师的语言组织来实施的。历史课程由于其不可重复性的特点,它较其他教学实验学科更注重教师的语言行为。中学历史课中教学目标、教学内容及教学的组织,在很大程度上都是由教师运用教学语言完成的。

因此,从这个角度来说,教师的语言本身就是教学教育行为,一个历史教师的语言能力,综合反映了他的教学教育能力。

所谓历史教师的语言,顾名思义,就是历史教师在教学过程中向学生传授历史知识从而影响学生的语言,是历史教师用于阐释概念、描述事件、引导思维、总结规律时的专业用语。

一、历史教师语言的特征

历史教师语言的最大特征就是需要将历史学、语言学与教育心理学三者进行有机的结合。

首先,历史教师的语言要符合历史学专业的要求。历史学要求在记述历史事件时要能够具体地呈现历史事件,包括事件的原委、与事件相关的人物和现象。因此,教师在讲授历史课程时也应该将历史事件的发生时间、地点、相关人物、事件主题、结果等进行全面的讲授。历史学要求在理解历史事实的基础上,对历史人物、历史事件做出实事求是的评价,教师在进行教育语言组织的时候也应该力求将正确的看法、观念、态度融入语言之中表达出来。

其次,历史教学语言需要满足教育心理学的要求。历史教师的语言听众是学生,语言的效用归根到底是需要通过学生所受到的影响体现出来的。从教育心理学的角度来说,每个年龄段的学生都有自己不同的心理特征,如初中生在具象思维方面的能力会比较突出,而高中生则在逻辑思维及形成历史规律方面的能力比较突出。历史教师的语言应该要能满足两个基本要求:一是学生能听懂,二是学生喜欢听。要让学生能听懂,首先就应该从教育心理学的角度分析学生的年龄特点及他们的学习起点,用适合他们的语言进行历史叙述、史料解析和观点阐释,用生动、有趣、形象的语言唤起他们的历史想象力,用准确到位、一针见血的语言形成他们对历史规律性的认识。

最后,历史教学语言需要满足语言学的要求。在新课改下,教学是教师与学生之间通过语言为媒介进行的交流,教师既不能完全地说,学生也不能完全地听,而应是相互表达正确思想的过程。因此，历史教师在教学时的语言组织应该力图达到规范化和精准化。规范化指的是教师需要积累一定的词汇，掌握遣词造句的语言法则，还需要懂得一定的修辞手段，将历史内容表达准确，避免出现词不达意、用词不准确、含糊不清、前言不搭后语、上下不连贯、平淡无味、缺乏趣味的情形。

二、历史教师语言运用的要求

历史教师语言运用的要求是从历史教师语言的特征中派生出来的。历史教师语言运用的具体要求就是做到历史学、教育心理学和语言学三者的有机结合，要将三者统一、融为一体。

（一）历史教师语言要具有历史特色

历史课堂上教师所运用的语言，主要是讲授历史知识，传达对历史的认知，使学生对历史有所了解、有所思考。所以教师的语言应该让学生感受到历史的真实性，应该运用具有时代特征的语言，营造历史的氛围，顺畅地传达历史信息。在对历史事实进行描述时，应该使用直率而质朴的语言，避免出现用过度的文学修辞手段加以虚构，造成华而不实的现象，从而失去历史本真的面目。

要达到好的语言效果，历史教师要提高教学语言的历史特色，用词一定要精准，在表达历史概念，归纳不同时期政治、经济、文化发展的规律时，一定要运用符合历史事物本质特征的专业概念和术语，不要将历史上的一些基本概念和解释和现在的概念等同起来，或是简单地用现代术语来表达，如将“赋税”说成“交公粮”，将“鸦片战争”说成是“第一次鸦片战争”，将元代的“行省”与现在的“省”等同起来，更不能将“龟兹”“大月氏”“朱提”“贞观”“商贾”等历史名词读错。

在教学语言的组织中还可以适当引用史书上记载的历史人物的原话，以及历史上大家的诗词歌赋等，加强历史的真实感。如在讲述司马迁的《史记》时可引用鲁迅对它的评价“史家之绝唱，无韵之离骚”，加深学生对它的重要价值的理解；在讲授三国时期的官渡之战时可以引用曹操的诗词“老骥伏枥，志在千里”，来凸显他想要一统天下的雄心壮志；在讲授启蒙运动思想家伏尔泰的思想时，可以引用他的著名格言“我不同意你的观点，但我誓死捍卫你说话的权利”。

（二）历史教师的语言要准确而规范

语言的准确规范，是历史教师体现学科特性的表现。如果语言不准确、不规范，将会影响到学生对知识的接受和理解。可以说准确、规范的语言是教学的生命力所在。

历史书籍对于历史事件的记载方式受到作者当时所处年代、所用语言的影响。而我们现在的历史教师在教学组织时就需要用今天的语言讲述过去的历史，怎样处理好今天的语言与过去的语言的关系，使学生既感受到历史的氛围，又不会出现语言理解上的困难是一个很大的难题。如果历史教师的语言素质较低，对于古文、材料的理解不到位，或在语言表达时词不达意，就会使学生的理解出现困难，从而影响学生学习知识。有的教师在讲授材料时不注意材料中的含义的表达，糊里糊涂、一笔带过，导致学生的思维混乱，如某位教师在讲授“战时共产主义”政策执行的消极评价时采用了1920年苏俄农民所说的话：“土地属于我们，面包却属于你们；水属于我们，鱼却属于你们；森林属于我们，木材却属于你们。”并进行解释：“当时的农民们认为土地、水、森林虽然都属于他们，但是又不属于他们，所以这引起了他们的强烈不满。”这位教师对农民的话解释得模棱两可，说明了农民的不满，但又没有明确指出农民到底在对什么不满，引起学生思维的混乱。准确的说法应该是：农民认为土地、水等所有权属于他们，但是收获都交给了政府，他们无法自由支配自己的劳动成果，因此引起了他们对“战时共产主义”政策的强烈不满。

（三）历史教师的语言既要生动形象，又要通俗易懂

历史教师的教学语言要生动形象，首先要表现在用词的精准和叙述的具体上，运用精准的词汇，才能描述出历史事物的状态和发展，叙述具体，才能有情节和细节。具体而言就是要“讲事件如置身其中，讲人物如睹其人，讲现象如身临其境，讲器物如见其形”[①]。另外，中学历史教师所面对的教学对象是十多岁的中学生，他们的历史知识和语言词汇的积累尚有不足。为了减少和避免艰涩的词语给学生造成理解上的困扰，教师在组织语言时可以适当地引入现实生活中的语言，以更贴近他们的日常生活。如在讲述文成公主入藏的故事时可以做如下的讲授：

“文成公主并非当朝皇帝李世民的女儿，据推测是江夏王李道宗的女儿，李世民是她的堂兄。论说，她是不应该享受公主名号的。或许是她的家庭出身与皇家太近的缘故，或许是她太知书达理、惹人喜爱的缘故，自始至终人们都对她以公主相称。

① 于友西：《中学历史教学法》，3版，北京：高等教育出版社，2009年，第215页。

文成公主16岁那年,皇兄李世民发布通告,为她征婚。开出的征婚条件是,对方必须高大英俊,而且必须贵为王子。吐蕃国王得知这一消息后,立即派特使禄东赞率领求婚使团,前往当时最大的国际都市长安为松赞干布应婚。

当时,前来应婚的不止吐蕃一家,还有波斯、大食等国的使者。最初的时候,无论是文成公主本人,还是父亲江夏王,抑或皇兄李世民,都不太看得上松赞干布。但无论文成公主选择哪一家,对其他国家来说,都显得不太公平。

为了公平合理,李世民想出了一个“七试婚使”的好办法,让婚使们比赛智慧,谁胜利了,公主便嫁给谁。为此,一向聪明智慧的大唐考官专门出了六个非常深奥的题目,貌似专门为难几乎与外界隔绝的吐蕃使者。

在这场空前激烈的竞争中,使者不负国王的重托,出人预料地成功胜出。面对这一结果,皇帝和江夏王虽然不太情愿,但也没有其他办法。最终,识大体、顾大局的文成公主决定按事先的约定,前去当时最为贫穷的吐蕃,嫁给了松赞干布,而且一直在那里生活了近40年。

文成公主去世后,吐蕃专门修建了文成公主庙,纪念她为藏汉民族团结做出的贡献,是民族团结的杰出代表。”

通过上述对文成公主入藏前具体细节及公主本人心理的描述,可以让这个人物形象鲜活起来,而不再是历史教科书上短短两行文字的记载,可以加深学生对文成公主入藏所带来的民族团结、民族进步的理解。

三、历史教师语言的练习方法

(一)重视史料的积累,词汇的整理和运用

史料的运用是历史学科的一大专业特色,也是五大核心素养的要求之一。因此,史料是构成历史教师教学语言的基本要素,历史教师语言中如果没有史料的运用就如同“巧妇难为无米之炊”一样。历史教师与史学家一样需要重视史料的积累,尽可能多地搜集一些与教学内容相关的史料。唐代史学家刘知几认为人们治史的方法应该是“盖珍裘以众腋成温,广厦以群材合构”。也就是说历史是讲求史料的积累,要求历史教师和史学家一样在日常生活中注意史料的搜集和整理。

在史料的积累过程中，历史教师与史学研究者是不同的。史学家偏重编好史书，他们可以尽可能多地运用史料来说明问题，但历史教师不但需要尽可能多地积累，还要注意对史料进行选择。一节历史课的时间是有限的，历史教师需要将那些自己需要的，能够在课堂教学中运用，最具有典型性，能说明历史真实性的一两则史料从众多史料中挑选出来。要做到这一点，教师必须首先扎扎实实地做好课前准备工作，对课标要求及课文内容进行深入的理解，才能从中挑选出最具有典型性的史料。

如在对高中课程中分封制下的“礼乐制度”的讲解，可采用《左传·僖公二十三年》中的史料：“秦伯纳女五人，怀嬴与焉。奉匜沃盥，既而挥之。怒曰：‘秦晋，匹也，何以卑我？’公子惧，降服而囚。”这句话的意思是，秦国给公子重耳送了五个女人作为妻妾，怀嬴也在其中。某次，怀嬴捧着匜浇水为公子洗手，洗完后公子甩掉了手上的水。怀嬴愤怒说：“秦晋平等，为什么鄙视我？”公子自觉失礼，害怕起来，脱掉上衣向怀嬴拘囚谢罪。古代时，捧上匜为客人盥洗后，递上毛巾等客人把手擦干，才算是一套完整的礼仪。然而，公子重耳没有等怀嬴递上毛巾，便自行将手上的水甩掉，这样的行为是极其失礼的，对怀嬴的不屑就是对秦国的不敬。这段材料运用于教学中，既可以体现教师对史料搜集、整理的能力，又能够体现教师的语言表达能力和对课文中“礼乐”是用来表示身份的一种理解。

对于历史教师而言，史料的日常积累一是靠不断钻研课程标准，理解课程内容，二是靠阅读优秀的史学著作，扩充自己的知识面。

（二）通过学习演讲技术锻炼口才和控制声音的技巧

历史教师最常用的教学语言是口头语言，在使用讲授法教学时既有滔滔不绝、侃侃而谈的时候，又有绘声绘色、入情入理讲授的时候。这就需要教师锻炼语言能力，学会控制自己的情绪和语言，通俗来说就是口才能力。

口才是对一个人综合能力的体现，包括表达方式、应变能力等，它并不是与生俱来的，是靠后天训练而来的。对于历史教师来说口才的训练可以采用以下方法：①朗读朗诵。自己读书，大声地读出来，每天坚持朗读一些文章，既练习发音，又积累一些知识，更重要的是清喉扩胸，增大肺活量。②对着镜子训练。每天在朗读的过程中，对着镜子训练，训练自己的眼神和肢体语言，学会控制自己的站姿和表情。③自我录音摄像。可以将自己朗读的过程拍摄下来，反复观摩，反复研究眼神、声音、手势。④躺下来朗读。腹式呼吸法是最好的练声练气方法，通过腹式呼吸法的锻炼可以使呼吸流畅，声音洪亮，音质动听，声音更有穿透力和磁性。

第六节　中学历史板书的设计

板书是指教师根据教学内容的需要，在黑板上用文字、图形、符号、线条等要素书写教学提纲、教学要点等重要教学信息的一种活动。它是历史课堂的教学艺术之一，它以直观的形式展现历史教材的基本内容。板书的设计和运用是历史教师的基本功之一，是历史教师展现自己的教学艺术的一种方式。

一、板书在历史课堂教学中的作用

（一）直观性作用，有助于教师阐述和讲解教学内容

人的认识过程一般是由感性认识上升到理性认识的过程。感性认识作为人的浅层次认识是学生接受新知识的开始，是他们的认知由具体到抽象，由形象思维发展到逻辑思维的起点。历史教学就其学科特点而言，讲述的都是过去发生的事情，它既不能像物理、化学那样通过实验使其重现，也不能像文学那样可以进行夸张和渲染。历史教师在讲授时既要求以真实的史实为讲授内容，又要能将观点、情感、态度、价值观融入并贯穿其中，语言既不能夸夸其谈，又不能偏离中心，这时辅以及时的板书，有助于教师对阐述思路的整理和语言的组织。

（二）示范性和引导性作用，有助于形成教学内容的逻辑主线

板书的主要内容应该是通过简洁的设计对历史教材内容进行概括和浓缩的纲要。一节历史课程的内容往往非常丰富，设计得当的板书就是对课程内容进行梳理、浓缩，做到层次清晰、主次分明，使学生能够从中把握本课内容的逻辑主线，并知道本课的重点、难点问题。学生通过对板书的记录，提纲挈领地掌握教学内容，有助于他们理解课程内容，并形成复习思路，从这一角度而言，板书具有示范性和引导性作用。

（三）补充知识作用，有利于学生思维的培养和启发

好的板书能与教材有机的结合，体现历史事件的因果联系、发展线索，并能反映教材

的整体性。由于一节历史课的内容比较丰富,许多零散的知识点无法在正板书之中得到完全的展示,可以利用副板书进行展示,补充学生的知识,有利于对他们思维的培养和启发。

(四)展现自我,创造意境,有助于学生审美能力的培养

中国古人常言:“字如其人。”历史课堂教学的内容有许多是中国优秀传统文化,历史教师是优秀传统文化的传播者,自身也应该具有优秀的一面。优秀的板书所呈现出的汉字严谨的结构、美观的布局,无一不透露着教师的智慧、学识和审美艺术。板书本身就是使学生受到文化熏陶的一个重要内容。身教重于言教,教师一手漂亮的粉笔字对学生的影响是深远的。而且板书中,教师所展示出的规范书写过程,认真的书写态度,丰富的人文素养等,都是丰富的教学资源,对学生所起的良好教育和引领作用是不可忽视的。

二、板书的分类

历史课堂教学的板书从整体分类可以分为正板书和副板书两类。正板书也称为“主板书”,是对教学目标和课文逻辑线索的基本板书,是能够体现教学主要内容的板书。正板书是整个课堂板书的骨架,一般保留于课堂教学的全过程,在书写时从黑板的最左侧开始往右罗列,通常占整个黑板的三分之二位置。副板书也称为“辅助板书”,是对课堂中词语、语义、零散知识的板书,它是对正板书的补充或辅助说明。副板书通常出现在黑板的最右侧,可根据课堂教学中的需要和学生的反馈临时进行调整,随机出现,也可以依据课堂需要随时写、随时擦,不必要保留。

正板书是一节课板书设计的主体部分,可根据教学内容的要求和教学设计的不同分为纲目式板书、表格式板书、图示式板书、线索式板书四个大类。无论使用哪--种板书,都应该将课程标题(包括课程节数)完整地写在整个黑板的正中,如“第1课 鸦片战争”。

(一)纲目式板书

纲目式板书是最常见的板书形式,主要是依据教材内容的结构、层次、要点,以提纲的形式列出各级标题,按顺序分层次排列。提纲式板书的优点在于知识逻辑层次清晰,整体结构完整,要点明确,是课程内容的精华浓缩,便于学生记录和记忆。

纲目式板书一般包含三个方面的内容:一是本课的标题;二是本课的知识结构纲目层次;三是本课重要知识或零散知识的提要(如时间、地点、人物、主要事件、概念等)。

在历史课程中,纲目式的板书,教师一般将教材中的知识点用标题的形式标明,通常采用以下标注方式表示纲目体系的逻辑:

一级标题采用中文:一、二、三

二级标题采用阿拉伯数字:1、2、3

三级标题采用带括号的阿拉伯数字:(1)、(2)、(3)

四级标题采用英文:a,b,c

案例一:部编版《中外历史纲要(下)》第1课《文明的产生与早期发展》板书设计

第1课 文明的产生与早期发展

一、人类文明的产生

1.原始农业的出现与发展

2.原始手工业的出现与发展

3.生产力发展导致的阶级分化

二、古代文明的多元特点

1.两河流域文明

(1)古巴比伦王国

(2)《汉谟拉比法典》

(3)楔形文字与《吉尔伽美什》

2.古埃及文明

(1)公元前3500年左右

(2)埃及的神话与金字塔

(3)太阳历与尼罗河

3.古印度文明

(1)种姓制度

(2)佛教的诞生

(3)孔雀王朝的统治

4.古希腊文明

(1)民主政治

(2)古希腊神话和“历史”一词首创

三、古代文明的多元化特征

案例二:部编版《中国历史》八年级上册第5课《甲午中日战争与列强瓜分中国狂潮》中“甲午中日战争”部分板书

- 甲午中日战争
  - 原　　因
    - 根本原因:制定了侵华的“大陆政策”
    - 直接原因:朝鲜农民起义,为日本提供了契机
  - ↓
  - 爆　　发:1894年
  - ↓
  - 重要战役:黄海海战
  - ↓
  - 结　　果:清政府战败
  - ↓
  - 《马关条约》(1895年4月)
    - 主要内容
      - 割三地
      - 赔二亿
      - 允设厂
      - 开四口
    - 影　　响
      - 侵略进入新时期
      - 半殖民地化、民族危机加深

图6-5　“甲午中日战争”知识板书

使用纲目式板书必须注意以下问题:首先,内容要紧扣教材,将教材中的基本线索与编排顺序进行归纳和表现。其次,内容简明而具体,纲目式的板书不是将教材内容全部搬到板书上,而是需要将教材中具有概括意图的标题、重点内容用简洁的文字表现出来。最后,层次分明,纲目式板书需要把历史知识的逻辑关系层次分明地表达出来,使各部分知识的关系清晰明确。

(二)表格式板书

表格式板书是运用图表的形式将有关的教学内容及教学要点呈现出来。表格式的板书通常用于课程内容较多,内容之间没有明显的联系,但是同属于一种类型的课程。

表格式板书具有很强的综合、比较、归纳作用,尤其适用于政治措施、思想文化、法律条文、科技文化等方面的课程。用列表的形式呈现在黑板上,可以使学生一目了然,便于学生对知识进行比较、分类和记忆。

案例一：部编版《中国历史》七年级上册第8课《百家争鸣》

表6-2　春秋战国时期的主要思想

流派	时期	代表人物	主要思想
儒家	春秋	孔子	相互爱护，反对苛政
	战国	孟子	民贵君轻、仁政
墨家	战国	墨子	反对不义战争、提倡节俭
道家	春秋	老子	蕴含了朴素的辩证思想
	战国	庄子	认为人不能战胜自然 嘲笑“窃钩者诛，窃国者为诸侯”的现象
法家	战国	韩非	以法治国
兵家	战国	孙膑	战前一定要做好准备

案例二：部编版《中外历史纲要（下）》第9课《资产阶级革命与资本主义制度的确立》“英、法、美、德四国政治制度比较”部分板书

表6-3　英、美、法、德四国政治制度比较表

	英国	美国	法国	德国
时间	1689年	1787年	1875年	1871年
建立标志	《权利法案》	《1787宪法》	《法兰西第三共和国宪法》	《德意志帝国宪法》
政体	君主立宪制	总统制共和制	总统制共和制	君主立宪制
特点	责任内阁 三权分立	三权分立	共和政体	专制、军国主义
国家元首	国王	总统	总统	德意志皇帝
元首任期	终身制	任期制（4年）	任期制（7年）	终身制
元首权力	国家象征“统而不治”	行使行政权	掌握国家实权（行政权）	掌握国家的实权
元首产生方式	大选中获胜的多数党中选出	民选	由国民议会依绝对多数票选出	由皇帝任命
实权掌握者	首相	总统	总统	首相
国家权力中心	议会	议会	议会	皇帝和首相
政府首脑与议会关系	政府（内阁）对议会负责	政府(内阁)对总统负责，总统与内阁不对议会负责	政府对议会负责	首相不对议会负责

在使用表格式板书时要注意以下事项：第一，表格内的文字不宜过多，要求简单、精练；第二，绘制表格时要注意版面的整洁性；第三，表格制作完毕后，尽量没有空格；第四，每个表格都应该有与内容相对应的标题。

（三）图示式板书

图示式、板书就是用不同颜色的文字、线条，勾画出简明的图形或示意图，将历史知识的要点直观地呈现出来。图示式板书一般用于知识点之间相互关系比较密切，内容比较复杂和抽象，用文字不好表达的课程内容。

案例一：部编版《中国历史》七年级上册第9课《秦统一中国》“确立中央集权制度”部分板书

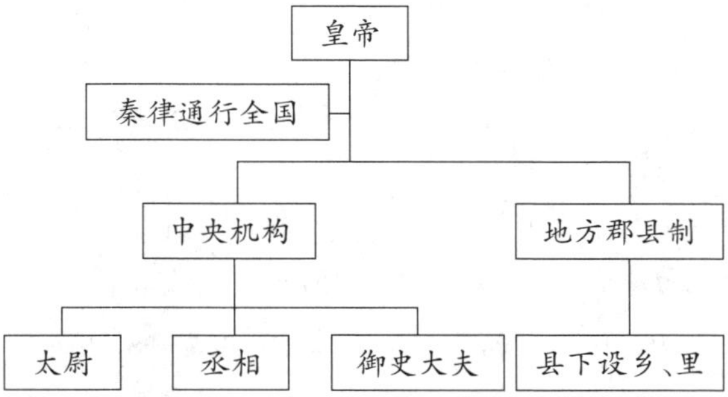

图6-6　秦始皇建立中央集权制度示意图

案例二：部编版高中历史必修《中外历史纲要（下）》第9课《资产阶级革命与资本主义制度的确立》“英、法、美、德四国政治制度比较”部分板书

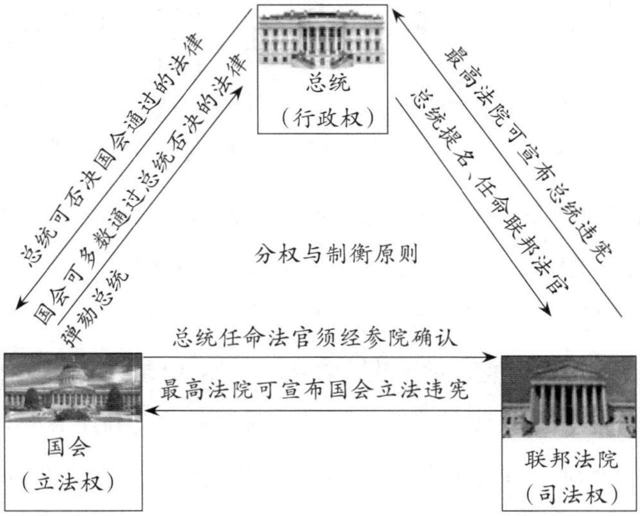

图6-7　美国三权分立示意图

图示式板书直观易懂、简明扼要、图文并茂，可以激发学生学习历史的兴趣，便于学生对知识的理解和记忆。在进行图示式板书设计时需要注意以下两点：第一，文字简明扼要；第二，图例要清晰明了，突出主题线索。

（四）线索式板书

线索式板书是指教师以教材提供的线索为主，突出教学内容的脉络，以历史事件发生的时空顺序为依据，把教材内容概括呈现给学生的板书形式。这种板书形式有利于线索的层层推进，指导性强，便于学生记忆和建构时空观念。

案例：部编版《中国历史》七年级上册总复习，中国古代朝代发展线索图

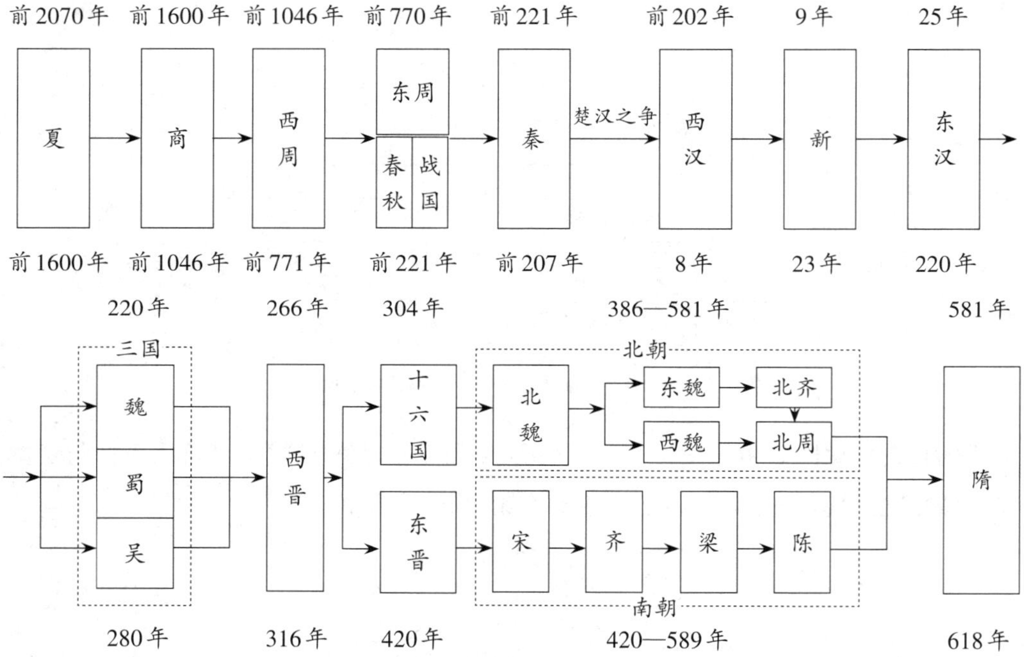

图6-8　中国古代朝代发展线索图

无论采用哪种板书形式，都需要教师在课前针对教学内容进行分析和精心设计，要做到提纲挈领、条例分明、详略得当，既要突出重点、难点问题，又要条理清晰，方便学生在笔记本上做记录，以便日后复习。

在课堂教学过程中，教师要自觉地将讲授内容与板书结合起来。讲、写同步进行，讲到哪一部分内容，就板书哪一部分内容。在写板书时要学会利用好时机，通常在布置学生进行自主学习、探究讨论时写板书，也可采用先写后讲的办法。教师在书写板书时要注意书写规范，不写错别字，不倒下笔顺，不大一个字一个小字，同一行的内容写在一条横线上，行列间距一致。

简答题：

1. 以初中历史教材任意一课为例，写一份完整的教学设计。
2. 以高中历史教材任意一课为例，写一份完整的教学设计。

第七章　历史教学的评价

“教学评价是教育评价的重要内容，也是教师教学活动设计和实施的重要组成部分。”[①]教学评价是教师用以了解学生学习的有效性，判断教学的效果，调整教学过程，促进教学质量提升的一个重要依据。

教学评价是对教与学活动有效性的判断，这种判断不应该是盲目的，应该是以一定的标准和参照构建理论的、体系化的评价，在评价过程中需要借助一定的技术和方法。历史课程的教学评价也一样，本章将专门介绍历史教学评价的意义、目标及其方法。

第一节　中学历史教学评价的概念及功能

一、中学历史教学评价的概念

有教育就会有评价，教学评价是教育过程中的重要环节。在人类教育史上最早的教学评价是教师在与学生进行教学交流活动中对学生学习水平的口头测试和评价。随着教育的不断发展和受教育学生人数的不断增加，评价的方式也由口头测试开始向笔试转化。相较于口头测试，笔试的考核更为标准，可以通过分级别的方式对学生进行系统的量化考核。我国古代较为正规的笔试可以追溯到隋朝开创的“科举制”。

然而，这里所列举的教学评价仅仅是以教师为主体，对学生的学习情况进行的考核和评价，评价对象只是学生。众所周知，教学是一个教师与学生互动的过程，既然有对学生学习情况的评价和考核，就应该有对教师教授情况的反思和评价。

① 李慧燕：《教学评价》，北京：北京师范大学出版社，2013年，第1页。

因此，教学评价应该是针对课堂教学实施过程中教与学两方面活动的评价，包含对“教师为了提高教学质量和学生发展所采取的手段和方法”[①]的评价和对学生为了提高个人素养和获得个性发展而进行的学习评价，通俗而言就是包含对学生学习效率的评价和对教师教学质量的评价。

二、中学历史教学评价的依据和原则

(一)中学历史教学评价的依据

教学评价的判断与决策不是漫无目的的，是依据一定的教学达成目标而进行评价的。在我国的教育教学中，教学需要达成的目标在教育部颁布的课程教学标准中有严格的规定。因此，中学历史教学评价的依据具体而言就是依据教育部所颁行的初、高中课程标准，“运用科学、可行和多样的评价方式，对学生的历史学习过程和效果进行价值判断”[②]。进入21世纪，我国开始全面建设小康社会，为了培养具有社会主义核心价值观的青年一代学生，国家提出了教学的最终目标，即培养学生核心素养。在历史学科中，唯物史观、时空观念、史料实证、历史解释与家国情怀五大核心素养构成了教学的最终目标。因此，在进行教学评价时我们也应该采取科学的、可行的、多样化的手段对被评价者(包括教师与学生)进行定量或定性的价值判断，旨在提高历史教学的质量，促进教师的专业成长和学生核心素养的培育。而评判者应该包括同行教师、学生、教师本人及社会各方面。

(二)历史教学评价的原则

教学评价的原则是人们进行教学评价活动的准则，在进行教学评价时，评价者必须遵守以下原则：

1.方向性原则

教学评价必须与国家的教育方针相一致。加快建设高质量教育体系，办好人民满意的教育，培养德智体美劳全面发展的社会主义建设者和接班人，为全面推进中华民族伟大复兴做出新的更大贡献。历史教育的教学评价也应该以培养学生德智体美劳全面

---

① 于友西、赵亚夫：《中学历史教学法》，4版，北京：高等教育出版社，2017年，第320页。

② 中华人民共和国教育部：《义务教育历史课程标准(2011年版)》，北京：北京师范大学出版社，2012年，第38页。

发展为评价方向。教学评价要全面,要体现出教学的“立德树人”原则和要求;对教学目标的评价,要既能够体现教学的目标和要求,又能正确地评价教师在课堂教学中的表现和学生智力发展和情感态度价值观的情况。

2.科学性原则

教学评价要取得师生的认可,必须有可信度,必须建立在科学设计的基础上,运用科学的方法进行分析。所谓科学的设计就是指历史教学评价必须遵循历史课堂教学的规律、方法、原则,符合学科内容的特点,以相应的教学理论为依据,还要考虑到评价指标本身的实用性和可操作性。所谓运用科学的方法进行分析,就是要从教学过程的实施者,师和生两个方面、两个角度进行评价;从教学过程的各个环节,即教学设计、教学过程、单元测试、课后作业、素养提升等角度进行分析。另外,在获取教学中的学习过程信息和学习效果信息时需要运用科学的技术方法,做到公正、准确、全面。

3.客观性原则

教学评价必须公正而客观,本着实事求是的态度客观地反映被评价对象的真实效用,不能进行主观臆断或掺杂个人感情。在制定评价项目时,一定要全面地了解被评价对象的教学全过程,包括课前过程、课中过程和课后过程,获取更全面的信息,尽可能准确地反映教学的实际情况。在评价过程中,评价者需要熟悉评价的指标项目和界定,并严格按照标准进行评价。

4.整体性原则

教学评价是对教与学双边活动的评价,这种活动不但体现在课中,还包括了教师的课前教学设计、课中的教学活动和课后的练习及信息反馈等,教师、教材、设备、学生等因素都在其中发挥着作用并互相关联和影响,形成一个完整的教学过程。因此,在进行教学评价时要注意评价的整体性,要抓住教学活动中各个影响因素之间的联系,依据它们在教学过程中的作用及其效应,确定评价指标的权重。从教师、学生、教学过程、教材、设备之间的互相作用来整体评价一个教学过程是否达到了最优化。

5.可行性原则

教学评价是对教学过程中师生组成的教学活动的评价,师生之间的关系、师生的水平对教学评价的影响很大。进行教学评价时应该从本校教学的实际情况出发,制定的评价内容、标准要符合教学过程的实际水平,各评价项目、指标要具有可操作性,不能脱离实际。同时,教学评价除了评价功能,还有指导的功能,所以评价的结论应该能够从一定的理论高度对教学进行启发和指导。评价难度过高,容易使师生失去对教学改进的信心;评价难度过低,则没有指导的作用,会失去评价的意义和价值。因此,教学评价应该具有强烈的可行性。

三、中学历史教学评价的功能

中学历史教学评价有利于促进教师的专业发展和学生学科素养的培养,有助于充分发挥教学的最大功能。因此,要运用科学、可行和多样的评价方式,对学生的历史学习过程和效果进行价值判断。通过教学评价,建立对教师教和学生学的,具有全面性、整体性、发展性的评价体系。

(一)管理和导向功能

首先,教学评价可以促进学校的管理。通过历史教学,对学生进行与历史相关的家国情怀教育,树立学生的爱国主义、人文追求,增强学生的民族自尊心、自信心和对传统文化、美德的认识和追求,让他们学会历史唯物主义与辩证法的观点,以此教育他们成为拥有社会主义核心价值观的学生,从而促进学校“立德树人”教学目标的实现和各项常规工作的顺利进行。

其次,教学评价对教师的教学内容、方法具有积极导向作用。课堂教学是一种有目的、有计划的活动,那么教学目标的实现也应该被测评。教学评价就是对教学目标达成度的价值判断,判断教师的教学内容、方法是否达成了既定的教学目标。如果通过教学评价发现教学内容和方法没有完成既定的教学目标,那么这将成为教师改进教学的方向。因此,教学评价对教师的教学内容、方法具有积极的导向作用。

最后,教学评价对学生学习历史具有积极导向作用。在以往的教学评价中,社会更加认可的是“唯分数论”的评价方式。这种单一的评价方式,完全以分数作为判断学生优秀与否的准则,势必造成教学目标的不健全发展。“多一把衡量的尺子,就会多出一批好学生”,增加评价方式,通过不同的评判标准,发挥评价的导向功能,更能促进学生的全面发展。让学生参与教学评价可以激发学生的学习兴趣,提升学生的学习自信心,培养他们合作学习、与他人交往的能力,并在教学评价中及时发现自己的不足并调整学习策略。

（二）反馈和调控功能

适时的反馈、调控历史教学，是历史教学评价的一个重要功能。通过教学评价能够获得教师对目标设计、内容安排、语言组织、设备使用和探究活动等各方面的反馈信息。通过这些信息教师能够判断历史教学设计与历史教学目标的契合程度和可行性，从而了解自己、认识自己，知道哪些是自己的强项，哪些内容在处理时应该进一步加强，以便进行自我调节，加强专业修养。在教学评价过程中，不但需要自我评价，还需要同行评价和学生评价并行，这样可以在教学评价中进行交流探讨。在平等互助的基础上，通过讨论等沟通方式进行评价，可以极大地促进教师，尤其是青年教师的专业素养提升。

学校也可以根据对教师某一阶段的教学反馈信息做出判断，判断教师是否达到了教学水平，是否能够胜任历史教学任务。反馈信息中还能反映出教师的个人能力，学校据此做出适时的任课调节，以实现教学教师配置的最优化。

（三）激励促进功能

教师的教学是一门艺术，教师的教学评价同样是一门艺术。通过观摩课、公开课、示范课及各种教学竞赛、知识竞赛等，教师可以充分展示自己的教学风格和教学技能，形成良性竞争，从而不断提高自己的教学艺术，获得更大的发展。

（四）反思研究功能

“评价最重要的意图不是为了证明，而是为了改进。”[①]教师积极参加教研活动，进行教学评价，通过“以评促建”的方式总结与反思自己的教学行为，不断地改进和完善历史教学设计。这种评价本身就具有一种激发斗志、反思改进、积极向上的功能。

教师在课前教学设计的基础上，进行教学实践，然后反思，又在反思中通过积极参加教研活动，深入研究课程标准和教材，研究历史相关知识与内容，来提高自己的理论水平和总结能力，并在下一次的讲课中融入反思的成果，提升自己的设计能力和实践能力，这样形成“设计—实践—讨论—反思—研究—重新设计—再次实践”的往复过程，这对于改进教学是非常有利的。

① 黄光扬：《教育测量与评价》，上海：华东师范大学出版社，2002年，第6页。

（五）咨询决策功能

现代社会十分强调一个机构的管理质量，学校教学工作也不例外。教学评价可以为教育部门和学校教学管理部门提供改进工作的信息，也是教学工作实施目标管理、质量管理的重要环节。

在学校教学管理中，教学工作目标的实现与教学质量水平的衡量都必须借助教学评价来进行价值判断。它有助于学校管理者检查教学目标、课程标准实现的情况，以及教师的教学态度、教学能力、改革与创新思维等。所以，建立在科学的教学评价之上的信息，可以为学校的管理、改革、创新、建设提供必要的信息，并可以为学校、教育部门选拔出优秀的教学人才提供参考。

总之，教学评价的上述功能就是通过建立科学的、全面的、整体的、有效的教学评价机制，促进教师的专业发展，激发学生的学习热情，促进学校的专业管理，使广大师生形成终身学习、不断发展的新模式。

四、历史教学评价的类型

（一）发展性教学评价

进入21世纪以后，随着国际教育形式的变化，我国开始了新课改，新课改提出教育的根本目的是更好地促进学生、教师、学校、课程的发展。在此基础上，教学评价的依据也发生了很大变化，这主要表现在判断依据由过去的侧重甄别和选拔转向侧重发展。传统的教学评价比较强调甄别和选拔少数优异者，热衷于排名或比较分数高低，在这一过程中只有少数优异者能够感受快乐，获得鼓励。新课改的评价理念强调发挥评价的激励促进功能，认为教育评价不只是为了检查课程、学校、教师、学生之间的发展差异，更多的是通过各种评价来判断个体在群体中所处的位置和未来的发展倾向。“发展性课程评价以‘育人为本’、高扬‘知识、能力、情感态度与价值观并重’的旋律，对过程的关注胜过对结论的关注。”[①]概而言之，发展性教学评价就是基于评价对象在历史课程教学中获得的发展而进行的价值判断。

发展性教学评价的特征是立足现在，回顾过去，面向未来。它重视评价的结果，更重视评价过程，认为评价是对评价对象和评价者双方活动进行价值判断，因此评价的项目

---

① 束鹏芳：《中学历史教学评价》，长春：东北师范大学出版社，2005年，第108页。

和标准应该由双方进行协商制定，并在宽松的环境内进行评价。在制定评价标准时，发展性教学评价观主张根据过去的学习基础、教学过程中的表现，确定评价对象发展的可能性目标。

这种教学评价着力于对人的内在情感、态度的激发，以人的全面发展为出发点，在评价过程中还强调主体之间的双向选择、沟通和协商，较以往的单一性评价更加全面。

（二）表现性评价

表现性评价是20世纪90年代早期在美国兴起的一种新的教育评价方法。它是在对传统的学业成就测验进行批判的基础上形成的，体现了重视过程评价、重视质性评价、重视非学业成就评价等最新的评价理念。[①]它认为学生个体是独一无二的，评价的尺度当然也应该是多元的，教学应该给学生的不同体验和见解留有一定空间，并且把学生看成知识的接受者、探索者和发现者，认为教学活动是个体发展的过程，评价应该对个体在活动中的表现做出判断。根据以上理论，表现性评价在历史课程中就是力求在真实的历史教学活动情境中，观察师生的行为表现，测量、分析学生对技能的掌握，情感的投入和态度、价值观的形成，并以学生的表现来测量教师在教学活动中的表现。

历史课堂活动中的表现性任务很多，诸如模拟情境中的编写历史小故事、编写历史小剧本、角色扮演；历史项目活动中的调查报告、历史小论文、历史地图与模型制作；口头表达项目中的课堂演讲、历史辩论、合作探究等。在进行表现性活动评价时，要注意表现性任务是比较复杂的，既包含一定的知识成分，也包含技能成分，所以在设定具体的任务之前，要具体分析表现性任务中所包含的知识和技能分别是哪些，占多少的比重。

（三）诊断型评价

诊断型评价，指的是针对教学行为中的某一行为、方面、局部或特征进行评价的过程，因此，也可称为专项评价。它的特征是深入剖析某一行为、方面、局部或特征，以期得到更为精确的评价建议。

诊断型评价的项目一般只包括与所需诊断的行为、方面、局部或特征直接相关的因素。例如对于课堂教学语言的评价，对课堂教学提问的评价等。这种评价方式可以采用横向对比或纵向对比两种方式进行。

---

① 李慧燕：《教学评价》，北京：北京师范大学出版社，2013年，第37页。

（四）形成性评价

形成性评价又称过程性评价、及时评价，是指在教学过程中为了了解学生的学习情况，及时发现教学中的问题所进行评价。它的主要目的是教师能够随时了解学生的学习情况，并针对性地实施教学，对教学设计进行调整、改进和完善，保证教学目标的顺利实现。以高中历史形成性评价要求为例，在教学设计和实施过程中要求教师做到以下要求①：

1.教学设计：

（1）能够恰当地确定并准确、具体地表述教学目标。

（2）能够根据学生已有的知识水平和学习经验，分析学生的学习需求。

（3）能够准确地确定教学的重点和难点，并采取有效的教学策略以突出重点和解决难点。

（4）能够对历史教材的内容进行梳理和分析，合理地组织教学内容；能够设计出合理的教学过程及完整的教学环节。

（5）能够选择适当的教学方法和手段，开展教与学的活动。

（6）能够合理选用多种历史教学资源。

2.教学实施：

（1）能够运用合理的组织形式开展高中历史教学，恰当地运用教学策略和教学方法，完成教学任务。

（2）能够创设合理的历史情境，促进学生对历史的感悟和体验，引导学生积极思考。

（3）能够准确、清晰地表述历史教学内容，对历史概念进行正确的阐释，客观分析历史事物的性质、特点、作用及意义，合理地对历史进行评析。

（4）能够有效地组织学生的学习活动，注重培养学生学习历史的兴趣，提高学生的历史学习能力，引导学生进行探究学习，对学生进行学法指导。

（5）能够坚持正确的思想导向，培养学生树立正确的历史观、人生观和价值观。

（6）能够合理整合多种教学资源，运用现代教育技术进行历史教学。

（五）总结性评价

总结性评价又称终结性评价、事后评价，主要是针对教学活动完成后的评价，侧重对总体的分析。总结性评价所关心的是对整体教学效果的陈述，是对教学全过程的综合性测量。

① 《历史学科知识与教学能力（高级中学）》中的“考试内容模块与要求”部分。

总结性评价一般是一个阶段的教学活动完成之后，为了整体地把握活动成果而进行的评价。比如学期末或学年末的历史课程测试，目的就是检测学生是否达到了历史教学目标。

总结性评价也是一种比较评价，它注重教与学的结果，借此对教师的教和学生的学所取得的成绩做出全面的判断。在这种评价方式中，会采取分等级的方式，直观地反映阶段性教学成果。比如我国的高考制度，就是一种具有明显选拔意图的总结性评价。

第二节　中学历史课堂教学评价设计

一、中学历史教学过程评价的方法

中学历史教学过程评价方法是指评价者针对被评价者（历史教师）的教学活动质量而采取的评价方法和手段。其主要目的是判断和测量历史教师的教学活动是否达到一定的教学目的和是否完成教学任务。

对教学过程的评价一般采取他评法和自评法两种，他评法指的是他人（同行、专家、学生）评价的方法，可以通过观察法、调查法进行。自评法就是教师进行自我评价。

（一）观察法

观察法是指评价者根据历史教学评价指标的要求，有计划、有目的地直接对教师的历史教学进行观察，从而获取相关信息的评价方法。[①]通常而言，就是根据教学目标设定评价项目，通过现场听课或观看评价对象的教学过程录像，从教学设计的角度对评价对象进行观察和评分。

（二）调查法

调查法是向与被评价对象教学活动相关的其他人，针对被评价对象的教学活动进行相关调查的方法。学生评价是历史教学评价的主要途径。学生是学习的主体，是教学活

① 于友西、赵亚夫：《中学历史教学法》，4版，北京：高等教育出版社，2017年，第225页。

动的参与者，通过学生评价，可以反映出教师的教态、教学目标、教学内容、教学方法、教学进度等是否符合学生的认知发展水平。

（三）自评法

自评法，就是教师进行自我评价，是指教师本人对自己的历史教学过程进行评价。教师通过对自己教学过程中教学目标的达成、教学语言的运用、提问的设计、师生的互动等方面的回忆，认真对照教学目标进行自我评价。这种方法虽然带有一定的主观性，但对于教师“反省己身”，促进自我发展有良好的效果。

二、历史课堂教学评价的设计与实施

（一）历史课堂教学评价的设计

1.确定教学评价的目标

目标是人的行为和动作的指向标，人不会盲目的进行行为或动作。历史课堂教学评价与其他活动一样，有着明确的目标，追求某种结果。评价目标作为整个评价互动的方向指南，是评价活动组织的第一步。因此，确定评价目标是非常重要的。评价人员需要根据每次评价的具体对象和内容来确定评价目标。如2019年中国高等教育学会教师教育分会举办的大学生实践能力大赛暨第七届全国高校历史学专业本科生教学技能比赛的目的就是激励历史教育专业大学生重视基本教学技能的学习与掌握，提高未来历史教师的专业教学素养，引领他们成为优秀的中学历史教师。

2.确定评价人员

前文已有分析历史课堂教学的评价人员可以由学校领导、历史教学研究院、教学同行、学生等组成。每一次历史课堂教学评价应该根据评价目标和实际情况来邀请评价人员。对校内教师进行历史课堂教学评价可以由学校领导、行政人员、年级组长、教师同行组成；在专业技能比赛对某一专业教师进行评价，可以由高校教学研究教师、教育教研机构教研员、同行高级教师等组成；对日常课堂教学进行一般评价，可以由同行教师、教师本人与学生组成。总之，针对不同的教学评价活动需要由不同的人员组成评价团体，并在评教开始前让他们熟悉评价的原则、评分的标准和计分的方法。

3.确定评价标准和指标体系

确定评价标准和指标体系是教学评价中最为重要的一个环节，关系到整个教学评价的有效性、可信性和评价结果。确定历史课堂教学评价标准和指标体系，必须以评价的内容、目标为依据，明确哪些要素需要评，哪些要素可以不评，哪些要素应重点评等。[①]

对历史课堂教学评价标准和指标体系的制定必须科学、全面，下面以观察法的指标及标准为例。

表7-1　历史课堂观察指标及标准

一级指标	二级指标	标准
教学目标	目标的制定	适宜性、全面性
	目标的实施	操作性
教学内容	内容的理解与表述	科学性、基础性
		思想性、逻辑性
	内容的组织与安排	突出重点、突破难点
		深度、广度适宜
教学方法、手段	使用目标	目的性
	使用种类	多样性
	使用效果	适用性
教学过程、环节	组织与展开	层次性、节奏性
	转换	有序性、流畅性
	搭配	合理性
	调控	有效性、灵活性
教学效果	教学目标的达成	整体性
		生成性
		突破性
	教学特色的表现	表现性
		灵活性
		独特性

（资料来源：于友西，《中学历史教学法》，2版，北京：高等教育出版社，2003年，第271页。）

① 陈辉：《中学历史教学论新探》，北京：高等教育出版社，2014年，第269页。

4.选择评价的方法

教学评价的方法，前文已述，主要有观察法、调查法和自评法三种，对评价方法的选择则是依据教学评价的目的和内容进行。在选择时要注意科学性、灵活性和实践性。科学性是指选择的评价方法要恰当、准确，具有客观依据；灵活性是指评价方法要灵活多样，观察、问卷、访谈、心得体会等观察、调查方法可以和考试、评分等定量评价方法相结合；实践性是指评价方法要从课堂教学实际出发，注重评价结果的实效。

5.设计评价方案

评价方案的设计必须明确符合评价目标，并选择恰当的评价方法，选择合适的评价人员，确定详细的评价标准和指标体系。因此，评价方案的内容主要包括：评价对象和目的要求、组织人员和评价人员、评价标准和指标体系、时间安排、注意事项、具体项目等。下面分别介绍教学技能大赛中教学评价、课堂教学评价、历史教师招聘教学评价、历史教师自我评价的方案设计。

表7-2　黔南民族师范学院历史与民族学院16级历史学专业微格教学技能大赛(决赛)评分标准

指标	内涵要求	满分
说课内容	思路清晰，教学设计合理，重点突出，说出课堂教学的整体思路和环节	22
教学方法	教学模式体现学科特点，独特新颖，教学策略使用得当	12
教学内容	对概念原理等讲解清楚，能够解决教学重点、难点，无学术性错误	12
课件及板书	教学多媒体课件、板书设计和运用恰到好处	10
教学仪态	穿着大方、姿态得体、仪表端庄	10
教学语言	通俗易懂、普通话准确、吐字清晰、语言流畅	12
教学效果	完成目标、信息量大、学有收获	10
教学创新	教学方法或教学设计有独到之处且效果好	12

（资料来源：2019年度黔南民族师范学院历史学专业学生教学技能大赛方案，比赛以5分钟说课、10分钟讲课为标准。）

表7-3　历史课堂观察评价量表

教师姓名：________________　授课内容：________________

评价内容	评价指标	分值	得分(满分100分)
教学内容 (20分)	1.准确把握课程标准与教材，能够灵活合理地整合教学内容	6分	
	2.教学内容具有科学性、思想性和逻辑性，史观引导正确，无知识性、逻辑性错误	8分	
	3.教学重点突出，难度、深度把握适当，注意与学生已有知识经验相衔接	6分	
教学过程 (25分)	1.善于设疑及学习方法指导，围绕重点问题和难点问题引导学生积极探究	5分	
	2.教学方法、手段运用得当，能使学生有效参与；以学科核心素养为中心，教学中注重情境创设和学生能力培养	6分	
	3.讲解逻辑严密、思路清晰、知识准确，教学具有启发性、形象性和生动性	6分	
	4.施教步骤清晰，教学过程节奏控制张弛有度	4分	
	5.能根据反馈信息及时对教学进程、教学难度做出适当调整	4分	
教学技能 (25分)	1.板书、板图设计与书写规范、精炼、美观、熟练	6分	
	2.课件设计与运用合理、科学	6分	
	3.提问(设问)逻辑严密、难度适中并富有启发性，提问方式得当、尊重学生，对问题分析准确、全面	8分	
	4.使用普通话，语言生动清晰，表达准确、简洁易懂，语速适宜	5分	

续表

评价内容	评价指标	分值	得分(满分100分)
教学创新 (10分)	1.内容创新:立意新颖,情境创设独特,教学内容设计巧妙	4分	
	2.手段创新:教具、多媒体课件设计有创意	4分	
	3.形式创新:讲授与学生活动均有特色,互动性强,学法指导恰当	2分	
教学效果 (10分)	1.完成教学任务,落实教学目标,促进学生有效学习	5分	
	2.教学环节完整,课堂气氛活跃,学生学习积极性高	5分	
综合表现 (10分)	1.着装整洁得体,教态自然大方,充满自信,有亲和力	2分	
	2.历史功底扎实,知识面广,教学体现出历史学科特色	3分	
	3.思维敏捷、反应灵活,语言逻辑清晰,具有批判精神和独创性	3分	
	4.以学生的发展为本,关注其健全人格的培养	2分	
总分			

(资料来源:于友西、赵亚夫,《中学历史教学法》,4版,北京:高等教育出版社,2017年,第228页。)

表7-4　上岗教师课堂教学评价表

姓名:________　性别:________　年龄:________

学校:________　课程内容:________　执教班级:________

教师说课与自评:____________________

评价项目	评价等级						
	A	B	C	D	E	F	G
1.语言语调:语言规范,语调得当							
2.形象教态:衣冠端正,举止大方							
3.板书设计:重点突出,清晰明了							
4.教具设施:贵在利用,鼓励革新							
5.知识的科学性:知识无误,观点正确							
6.结构的逻辑性:中心突出,层次分明							
7.目标的明确性:知能德美,把握适度							
8.时间的合理性:紧而不赶,松而不散							
9.情感的饱满性:真实亲切,和谐融洽							
10.传授的艺术性:有的放矢,深入浅出							
评语: 评价人: 年　月　日							

(资料来源:聂幼犁,《历史课程与教学论》,杭州:浙江教育出版社,2003年,第347-348页。)

历史教师自我评价内容

自评教师:________　任教年级:________

任教课程:________　自评时间:________

自评地点:________　填表时间:________

1.在你的历史教学工作中,你最满意哪几个方面?

____

____

____

2. 在你的历史教学工作中，你最不满意哪几个方面？

____

____

____

3. 你在历史教学实施中，受到哪些条件的限制？遇到何种困难？

____

____

____

4. 在过去的一两年中，你采取了何种措施提高自己的历史教学专业水准，并获得历史教学工作经验？

____

____

____

5. 在未来的一年中，或者从长远来看，你希望采取哪些方法来提高自己的历史教学专业水准，并丰富你的历史教学工作经验？

____

____

____

6. 在评价面谈时，你还希望讨论历史教学中的哪些问题？

____

____

____

（资料来源：于友西、赵亚夫，《中学历史教学论》，4版，北京：高等教育出版社，2017年，第229页。）

（二）历史课堂教学评价的实施

历史课堂教学评价的实施是评价的第二个阶段，这个环节是将评价标准转化为实践的过程，它的结果直接关系到评价是否成功，是否真实有效。在这一环节，应该做好以下工作：

1. 现场评价

评价人员在教师授课时认真听课、仔细看课、详细分析，做出自己实事求是的判断。侧重观察授课教师的语言、语调是否符合课程情感态度要求，形象教态是否大方得体，板书设计是否突出重点，知识的讲授是否无误，观点是否正确，逻辑是否分明，教学目标是否把握准确，教学节奏是否进退得宜。另外，还需要观察教师在组织学生方面是否能够达到组织学生思维，与学生交换思路，影响学生情绪态度的生成的效果。在实施阶段，评价人员应根据评价标准中的各项评价内容给出一个等级或相应的分数。

2. 收集评价材料

收集评价材料就是在评价人员完成评价后进行信息材料收集和整理，收集评价材料必须注意时机和场合，还要保证资料的真实性、及时性和有效性。

3. 处理材料信息

对收集到的评价材料，必须进行分类、分析和统计处理，以便做出相应的判断。一般采取分类整理、归纳分析的方法，采用绘制数据统计表、线形图、柱状图的方式对最终结果进行呈现。

4. 总结评价

评价总结的形成方式很多，大致上可以分为定量或定性两种表达方式。无论哪种表达方式，都需要严肃认真地处理，力求准确、客观、可信。评价应该包含以下内容：本次评价是否达到设计目的；各项目的分值与分析；被评价教师的突出优点、缺点；根据评价的内容和权重，算出成绩；写出概括性评语。

第三节　中学历史学业评价的方法及设计

对学生的历史学习进行评价，是历史课程实施的重要环节，由多种要素组成，并要遵守一定的规则。对学生的历史学习进行评价是教师的一项重要任务，下面我们就来了解学业评价的相关的要素、标准和需要遵循的原则。

一、中学历史学业评价的概念

中学历史学业评价是指以国家的教育教学目标为依据，运用恰当的、有效的工具和途径，系统地收集学生在历史学科教学和自学的影响下认知行为上的变化信息和证据，并对学生的知识和能力水平进行价值判断的过程。这一过程，不仅是要证明学生的学习结果，更为重要的是为学生的进一步学习提供反馈，从而促进学生的学习。[①]学业评价一方面要强调评价对教师教学的激励作用、诊断作用和促进作用；另一方面，还要注意评价结果要有利于激发学生的内在学习动机，帮助学生明确自己的不足和努力方向，促进学生进一步的发展。

学业评价是学生学习的结果，同时也是教师教学成果的客观反映。教师也需要根据评价的反馈结果，反思教学过程，改进教学方法，提高教学能力，使评价与教学相互促进。

二、中学历史学业评价的依据和原则

（一）中学历史学业评价的依据

历史学业评价的过程就是判断学生学习是否达到教学目标的过程。如果达成目标，学生就可以进行下一个内容的学习，如果没有达到则要采取相应的补救措施。新课标要求教师在对学生进行学业评价时不但要关注学生的学习过程，更要关注学生在学习过程中的发展和变化，以及他们历史学科核心素养的养成，以学业评价来促进、激励、诊断、引导学生的学习。下面将详细分析初中、高中阶段历史学科的学业评价依据。

1.义务教育阶段历史学业评价依据

《义务教育历史课程标准（2022年版）》中规定："学业质量是学生在完成课程阶段性学习后的学业成就表现，反映核心素养要求。学业质量标准是以核心素养为主要维度，结合课程内容，对学生学业成就具体表现特征的总体刻画。"在对学业质量进行描述的过程中，必须依据学习内容的不同层次进行综合评价，评价内容是在完成相应的学习任务过程中所表现出的解决问题的正确价值观、必备品格和关键能力。

① 崔允漷：《有效教学》，上海：华东师范大学出版社，2009年，第247页。

表7-5 《义务教育历史课程标准(2022年版)》中义务教育学业质量标准

学段	学业质量描述
7~9年级	1.掌握历史发展过程中的重要史事 能够运用记录历史年代的基本方式,掌握识读历史地图的基本方法,将重要历史事件、人物、现象置于正确的时间和空间之中。(时空观念) 能够准确理解教材和教学活动中所提供的可信史料,如不同历史时期的实物材料、文献材料、图像材料和口述材料等,辨识其中的含义;能够尝试运用这些史料对重要史事进行简要说明,有理有据地表达自己的看法,表现出正确的价值判断和人文情怀。(史料实证、历史解释、家国情怀) 能够初步从物质生产活动是人类生存和人类社会发展的基础、生产力与生产关系、人民群众是历史的创造者等方面,理解重要史事的意义,如对中国历史上的江南开发、西欧封建社会的兴衰、活字印刷术的发明等,运用唯物史观作出合理的解释与简要评价。(唯物史观、历史解释、家国情怀) 2.了解历史发展过程中的各种联系 能够了解并初步认识四种重要的历史联系:(1)历史发展的古今联系。如以中国的疆域为例,能够从古今联系与变化的角度,对其进行简要论述。(2)不同史事的因果联系。如以工业革命为例,能够从生产力发展的角度,初步分析生产力对政治、经济、文化等方面发展的推动作用;通过历史上治乱兴衰的史事,如以秦统一中国、秦末农民大起义、西汉建立、"文景之治"为例,简要说明在阶级社会中阶级斗争是历史发展的动力。(3)不同领域的横向联系。如以唐太宗和"贞观之治"为例,能够对一定时空条件下的政治、经济、文化等之间的相互关系与相互影响作出合理的解释。(4)中国与世界的联系。如以近代中国为例,能够分析中国成为半殖民地半封建社会的外部原因和内部原因,理解民族独立和人民解放是近代中国的历史任务,认识捍卫国家主权和民族尊严是中华民族的优良传统;能够感悟五四精神、伟大建党精神、抗战精神等。(唯物史观、时空观念、史料实证、历史解释、家国情怀) 3.认识历史发展的基本规律和大趋势 能够在了解历史发展的重要史事和各种联系的基础上,简要说明不同历史时期的时代特征,进一步了解人类社会从低级到高级、从分散到整体的发展历程,初步把握中外历史发展的基本线索和规律,并在自己的叙述中加以体现。例如:能够通过了解中国古代历史发展的具体史实,了解统一多民族国家巩固和发展的重要历史意义;能够通过中国近代史上争取民族独立、人民解放的斗争历史,知道民族民主革命的艰巨性,认识没有中国共产党就没有新中国的道理,能够体认仁人志士为救国救民而英勇斗争的精神;能够通过我国改革开放以来各个领域取得的成就、家乡的巨大变化和综合国力的不断提高,增进爱祖国、爱家乡的情感,铸牢中华民族共同体意识,认同社会主义核心价值观,坚定中国特色社会主义道路自信、理论自信、制度自信和文化自信。(唯物史观、时空观念、史料实证、历史解释) 能够通过学习世界历史,了解世界文明的多元性、差异性及其发展的不平衡性,知道资本主义、社会主义和殖民地半殖民地民族解放运动的发展,了解世界历史的形成过程,初步具有国际视野和全球意识,初步理解和平与发展的时代主题,形成构建人类命运共同体的意识。(时空观念、史料实证、唯物史观、历史解释、家国情怀)

上述目标从知识、技能、历史线索、情感态度价值观方面都对历史学习提出了要求，也成为初中历史学习学业评价的主要依据。

2.高中历史学业评价依据

《普通高中历史课程标准(2017年版2020年修订)》中规定："高中历史学习的评价应以课程目标为依据，以学生历史学科核心素养的整体发展为着眼点，将评价贯穿于历史学习的整个过程。评价主要针对学生将所学历史知识与技能运用于解决具体问题时体现出的学科核心素养水平。要运用恰当有效的评价方法，系统搜集和科学分析处理学生的有关信息，综合发挥检测、诊断、激励、引导、调解、反馈等多方面的功能，准确判断学生学科核心素养的达成度。在评价过程中，随时发现学习目标、学习内容、学习方法以及创设问题情境、解决问题等方面出现的不足，及时加以改进，保障以发展学生学科核心素养为纲的历史课程有效实施。"

表7–6　《普通高中历史课程标准(2017年版2020年修订)》中学业质量水平

水平	质量描述
1	1–1能够知道人类物质生活资料的生产是社会生活的基础，知道生产力是历史发展的决定因素，知道经济基础与上层建筑之间的辩证关系，了解人类社会形态从低级到高级发展的规律；能够理解唯物史观是科学的历史观。 1–2能够了解所学内容的历史分期方式，理解历史时期是按时序划分的；能够知道认识史事要考虑到历史地理的状况；能够识别历史地图中的相关信息，知道古今地名的区别。 1–3能够知道史料分为文献史料、图像史料、实物史料、口述史料等多种类型；能够在解答某一历史问题时，尝试从多种渠道获取与其有关的材料；能够从所获得的史料中提取有关的信息。 1–4能够有条理地讲述历史上的事情，概述历史发展的基本进程；能够说出重要历史事件的经过及结果、重要历史人物的事略、重要历史现象的基本状况。 1–5能够发现历史上认同家乡、民族、国家的事例，知道中外优秀文化遗产的主要内容，认识社会主义核心价值观的历史依据，具有对祖国和人民的深情大爱。

续表

水平	质量描述
2	2-1 能够知道人类物质生活资料的生产是社会生活的基础，知道生产力是历史发展的决定因素，知道经济基础与上层建筑之间的辩证关系，了解人类社会形态从低级到高级发展的规律；能够理解唯物史观是科学的历史观。 2-2 能够将某一史事定位在特定的时间和空间框架下；能够运用各种时间术语描述过去；能够利用历史年表、历史地图等方式对相关史事加以描述；能够认识事物发生的来龙去脉，理解空间和环境因素对认识历史与现实的重要性。 2-3 能够认识不同类型的史料所具有的不同价值；能够掌握获取史料的基本方法；能够在对史事与现实问题进行论述的过程中，尝试运用史料作为证据论证自己的观点。 2-4 能够分析有关的历史结论；能够区分历史叙述中的史实与解释；能够在叙述历史时把握历史发展的各种联系，如古今联系、中外联系等，并将历史知识与其他相关学科如地理、语文、艺术等知识加以联系；能够选择、组织和运用相关材料并使用相关历史术语，对具体史事作出解释；能够尝试从历史的角度解释现实问题。 2-5 能够发现历史上认同家乡、民族、国家的事例，知道中外优秀文化遗产的主要内容，认识社会主义核心价值观的历史依据，具有对祖国和人民的深情大爱。
3	3-1 能够从生产力与生产关系、经济基础与上层建筑的辩证关系来理解历史上的发展变化和社会形态的演变过程，理解阶级斗争是推动阶级社会发展的直接动力；理解人民群众在历史发展中的重要作用；能够史论结合、实事求是地论述历史与现实问题。 3-2 能够把握相关史事的时间、空间联系，运用特定的时间和空间术语对较长时段（如古代、近现代）、较大范围（如跨国家、跨地区）的史事加以概括和说明。 3-3 能够在探究特定历史问题时，自主地搜集有关的史料；能够对史料进行整理和辨析，并判断其价值；能够利用不同类型史料的长处，对所探究的问题进行互证。 3-4 能够分辨不同的历史解释，尝试从来源、性质和目的等多方面，说明导致这些不同解释的原因并加以评析；能够选择、组织和运用相关材料并使用相关历史术语，在正确的历史观和方法论的指导下，对系列史事作出解释。 3-5 能够把握中华民族多元一体的发展趋势，以及世界历史发展的进步历程，形成正确的世界观、人生观、价值观和历史观；能够表现出对历史的反思，从历史中汲取经验教训，更全面、客观地认识历史和现实社会问题；能够将历史学习所得与家乡、民族和国家的发展繁荣结合起来，立志为新时代中国特色社会主义建设、中华民族伟大复兴作出自己的贡献。

续表

水平	质量描述
4	4-1 能够从生产力与生产关系、经济基础与上层建筑的辩证关系来理解历史上的发展变化和社会形态的演变过程，理解阶级斗争是推动阶级社会发展的直接动力；理解人民群众在历史发展中的重要作用；能够史论结合、实事求是地论述历史与现实问题。 4-2 在对历史和现实问题进行独立探究的过程中，能够将其置于具体的时空框架下；能够选择恰当的时空尺度对其进行分析、综合、比较，在此基础上作出合理的论述；能够根据需要并运用相关材料和正确方法，独立绘制相关图表，并加以说明。 4-3 能够比较、分析不同来源、不同观点的史料；能够在辨别史料作者意图的基础上利用史料；在评述历史时，能够对材料进行适当的取舍；在对历史和现实问题进行探究的过程中，能够恰当地运用史料对所探究问题进行论述；能够符合规范地引用史料。 4-4 能够在独立探究历史问题时，在尽可能占有史料的基础上，尝试验证以往的说法或提出新的解释；能够在正确的历史观和方法论的指导下，全面、客观地论述历史和现实问题。 4-5 能够把握中华民族多元一体的发展趋势，以及世界历史发展的进步历程，形成正确的世界观、人生观、价值观和历史观；能够表现出对历史的反思，从历史中汲取经验教训，更全面、客观地认识历史和现实社会问题；能够将历史学习所得与家乡、民族和国家的发展繁荣结合起来，立志为新时代中国特色社会主义建设、中华民族伟大复兴作出自己的贡献。

（二）学生学业评价的原则

新课改提出对学生进行评价应以多种方式、多种尺度进行，应该全面地对学生的知识、能力、态度、价值观进行评价，一改以往简单地以分数作为学生学业评价的标准。但是无论怎样评价，都需要坚持以下原则：

1.发展性原则

传统的学生学业评价注重对学生的甄别，即通过学习结果（主要是分数）来确定其在学习群体中的位置，给学生排名次、比高低。这样做实际上只是简单地注意到了学生的知识目标诊断，让少数优秀者体会到成功的快乐。所谓“一试定终生”，就是以固定的、不变的目光看待学生，以成绩的高低来衡量学生。

新课改以来，人们逐渐认识到学习成绩仅是学生学业的一个方面，更为重要的是通过评价促进学生的发展。突出学业评价的发展性功能，要求评价的参照标准和策略方面做出相应的调整。

发展性原则提倡对学生的学业进行评价时不以全体学生为衡量标准，而是以个人的发展作为参照，将当前的表现与学习之初的表现比较，解释其学习的状态和进步的程度。[①]使学业评价成为学生自我认识、自我激励、自我调整的参考。

2.全面性原则

学生的历史学习是一个过程与结果相结合的活动，每一个学生的发展过程都应该看作一个整体，学生的历史学业评价也应该是全面的评价。传统的学业评价的内容比较单一，主要是从知识与技能的角度去评价。新课标强调评价的全面性和综合性，主要是从学科素养的角度出发，综合、全面地评价学生学科素养的养成和发展。

学业评价的全面性原则要求在形成评价信息时既要注意结果评价，也要重视学习过程的评价；既要对学生知识、技能学习进行详细评价，也要对学生通过历史学习获得的社会经验，以及人生观、价值观的形成进行评价。

3.多元性原则

传统的学业评价主要是以笔试考试成绩呈现评价的结果，新课标要求评价观要着眼于多领域、多角度地评价学生学业。新课改要求教师要以“多把尺子”衡量学生，从不同的目标和内容评价学生。

新课标要求教师在对学生进行评价时除了以知识与技能的掌握为评价目标外，还要注意对学生实践能力的评价。在评价过程中，既要关注学生在课堂学习活动中的表现，也要关注学生在复杂情境下开展相关实践活动的能力。

新课标要求教师在对学生评价时要注重形成性评价和终结性评价的有机结合。学生核心素养的达成是一个动态过程。在评价中，既要关注学生在学习过程中的表现，也要关注学生在阶段学习完成后所达到的核心素养水平。

新课标要求教师在对学生评价时注重量化评价和质性评价的有机结合。在评价过程中，既要发挥量化评价易操作、客观性强的优势，又要运用质性评价，对学生核心素养的发展程度特别是价值观的形成做出判断。

在评价中需要综合运用课堂提问、测试、实践活动、自我反思、同伴互评、教师评语、家长评价等方式，多方面呈现学生的历史学科核心素养发展水平。

---

① 于友西、赵亚夫：《中学历史教学法》，4版，北京：高等教育出版社，2017年，第237页。

三、中学历史学业评价的类型和标准

中学历史学业评价的方式是多种多样的，按照不同的标准可以划分为许多类型，以下选取常见的三种评价方式进行介绍。

（一）诊断性评价

诊断性评价是为了了解教学中相关知识与能力是否为学生所接受，接受程度如何的一种评价方式。它所强调的是针对学生的学习信息进行诊断和评价，要求具有针对性和准确性，是为进一步完善历史教学做准备。诊断性评价按照测量的方法可以分为口头评价和笔试评价，按照进行的时机可以分为当堂性评价和课后评价。

口头评价即通过教师与学生之间的问答来判断学生的学习情况，如“中国近代史的开端是鸦片战争的爆发”，“汉高祖刘邦建立了汉朝，史称西汉，定都长安”等。这种诊断可以当堂使用，通常用于对知识的一般性识记的诊断，教师可以根据诊断的结果及时调整下一步的教学过程。但需要分析、综合、探析的问题采用这种方式得到的结论往往不够准确。

笔试评价是中学历史学业评价中最常用的一种评价方式。笔试评价可以当堂进行，但更多的是在课后进行，比如一节课结束后进行课后练习，一个单元过后可以进行单元测试，一个学期期中、期末进行考试，以诊断学生在某一个阶段对知识、能力等的学习。再通过对诊断结果的分析，把握学生对教学目标的达成程度。

（二）形成性评价

形成性评价也叫过程性评价，是在教学过程中有目的地、系统地收集学生各种形式的信息，对学生学习情况进行检查和分析，及时发现问题并纠正错误的一种评价方式。

这种评价方式最常用的形式是档案袋评价。档案袋评价又被称为卷宗评价、成长记录袋等。每个学生都有一个属于自己的资料夹，教师将学生一段时间内的作业、作品、学习成果进行收集，然后放入这个资料夹中。这种方式可以反映学生历史学习发展的轨迹，有助于学生对学习过程进行回顾，也有助于教师对学习过程进行稳定的、综合的评价。

在形成性评价中历史作业、历史论文、历史测验、实物制作、历史地图绘制、心得体会交流等都可以成为评价学生的依据。

表7-7　档案袋评价表

姓名:______________　　小组:______________　　日期:______________

档案袋内容		学生反思	课堂练习	单元考试	探究感受	观摩感受	论文写作	交流心得	评价总结	自愿上交作品
量化评价	自评									
	同学评									
	师评									
质性评语	自评									
	学生评									
教师评定										综合等级

注:评价等级可采用A、B、C、D、E五级制,A为优秀,B为良好,C为中等,D为合格,E为较差。

(资料来源:陈辉,《中学历史教学论新探》,北京:高等教育出版社,2014年,第276页。)

(三)总结性评价

总结性评价指的是对学生学习活动效果进行评价,并将之反馈给学生的一种评价方式,它侧重对知识、技能学习的评价。人们习惯上将单元测试、期中考试、期末考试等作为总结性评价。因此,总结性评价也可以称为“考试性评价”。

总结性评价主要考查学生对课程知识、技能的掌握和运用情况,以及分析问题的水平,并以此来反映课程目标的达成度。它的评价方式主要是笔试,评价的内容具有具体化、可测量的特点,结果一般以量化的形式体现。评价结果,对教师重新确定学生的学习起点,制定新的学业目标很有帮助。同时,总结性评价的标准比较客观,便于对大量的群体进行测试,具有公平、公正、公开和易操作的特点。但是这种评价方式忽视学生的学习过程,对于历史学科而言,经常会出现“临时抱佛脚取得好成绩”的现象。

总之,对于中学历史学业评价而言,需要发展地、全面地、多元地对学生进行评价。最好的评价方式是将诊断性评价、形成性评价和总结性评价三者相结合。定期进行诊断性评价,及时地将学习中存在的问题反馈给学生,以便他们制定下一步的学习目标和调整学习方法;在学生一个阶段的学习结束后对其进行总结性评价,通过总结反馈长时期学习的目标达成度,检测学习效果,再通过对学生学习过程进行分析和整理,找出长时期学习中的优缺点,有针对性地对学习进行改进。

四、中学历史学业评价的设计

(一)历史课堂学科考试评价的设计

学期结束之后，多数学科需要以笔试的方式评价学生的学习情况。其中，试卷的设计，试题的编制以及成绩的评定和报告，是学期考试评价设计的基本内容。

历史试卷的编制可分为标准化测量和教师自编测量。标准化测量一般由学科专家和考试专家共同编制，具有较高的信度和有效性；教师自编测量是教师根据自己的教学安排需要，自行编制的测验，这种测量不能适用于大范围评价，信度和有效性没有标准化测量高，但具有针对性和实效性。

1.试卷设计的原则

无论是标准化测量还是教师自编测量，都需要遵守以下原则：

首先，试卷的设计要符合测量的目的。测量目的不同，试卷的编制应有所不同。如一个单元的测试，其主要的测试目的是对学生本单元学习情况的评价，应以考查学生的基础知识掌握和历史思维能力的养成为目的；会考作为高中阶段对学生掌握基础知识和基本技能的测量，应该具有广泛性和代表性。

其次，试题编制具有代表性。古今中外的历史纷繁复杂，不同的史家、不同的材料所反映的问题是不一样的。然而，试卷的篇幅、范围有限，不能将所有知识全部覆盖。因此，在编制试题时必须选取观点具有代表性，结论指向性明确的题目，不能盲目地命制。

再次，试题的难度适度性。历史试题的难度在很大程度上取决于测验的目的，题目难度过大容易挫伤学生的学习积极性，难度过低，达不到测验的目的，学生也容易产生骄傲自满的情绪。可以采用试卷命题双向细目表的方式控制难度。

2.试卷设计的过程

试卷的命题工作是一项需要反复修改、打磨的工作，一般程序是首先做好准备工作，然后开始命制试卷。

(1)在命题前教师必须做好以下工作：

熟悉课程标准内容、了解学情、制定命题双向细目表、收集权威的历史专业书籍及教学期刊。这里就制定命题双向细目表进行详细的说明。

命题双向细目表是一种建立考查目标(能力)与考查内容之间关联的表，是一种通过细化表格表达试卷立意的方式。它的制作应该与课程标准的规定具有一致性，如目前的中学历史课程标准中都将知识行为大致分为三个层次“识记”“理解”和“应用”。在表中应该反映出三个层次的权重，权重系数应与内容标准中各类认知技能的教学时数及相应数量成正比。

试题一般分为主观题和客观题。客观题内容覆盖面广，评分有确定标准，学校通常采用机器阅卷；主观题覆盖的知识面没有客观题广，但可用于测量高层次的考试目标，比如论证、探究问题的能力，或语言组织和表达的能力，主观题的评分标准不是确定的，需依据课程标准划定一定的答题范围。

表7-8　2011年某市初中毕业升学考试历史科命题双向细目表

题型	题号	分值	考点	课标对考点的要求	预估难度	知识范围
单项选择	1	1分	尧舜禹的传说	识记	易	华夏始祖
	2	1分	张骞通西域	识记	易	汉通西域和丝绸之路
	3	1分	成吉思汗统一蒙古	了解、认识	中	蒙古兴起和元朝建立
	4	1分	清代的国家统一	了解、认识	中	统一多民族国家的巩固
	5	1分	近代中国的不平等条约	简述、认识	难	侵略与反抗
	6	1分	中国的近代化	列举、评价	难	近代化的探索
	7	1分	抗战胜利	认识、探究	中	中华民族抗日战争
	8	1分	国共第一次合作	识记	易	北伐战争
	9	1分	党史	识记	中	党史
	10	1分	对外开放	探讨、认识	易	改革开放
	11	1分	三大改造	知道	易	三大改造
	12	1分	抗美援朝	讲述、体会	易	“最可爱的人”
	13	1分	新中国的国际关系	简述、认识	难	独立自主的和平外交
	14	1分	《权利法案》	简述、了解	中	英国资产阶级革命
	15	1分	巴黎公社	讲述、感受	易	国际工人运动与马克思主义诞生
	16	1分	两次世界大战	了解、认识	中	两次世界大战
	17	1分	华盛顿会议	了解	中	凡尔赛-华盛顿体系
	18	1分	斯大林模式	概述、认识	中	苏联对社会主义道路的探索
	19	1分	北约的成立	了解、认识	中	冷战中的对峙
	20	1分	近代的音乐	了解	中	现代音乐和电影

续表

题型	题号	分值		考点	课标对考点的要求	预估难度	知识范围
材料分析	21	①	1分	“贞观之治”	识记	易	“贞观之治”
		②	4分	文艺复兴	知道、认识	中	资本主义时代的曙光
		③	1分	启蒙运动	初步、认识	难	科学和思想的力量
		④	2分	民生问题	了解、探讨	中	拓展知识
		⑤	1分	以人为本	简述、探讨	中	拓展知识
	22	①	2分	君主专制的中央集权制	知道	易	统一国家的建立
		②	2分	辛亥革命	知道	易	辛亥革命
		③	3分	近代资产阶级改革	评价	中	俄国、日本的历史转折
		④	1分	社会主义宪法	了解、简述	易	工业化的起步
		⑤	3分	苏联的社会义主改革	识记	中	苏联的改革与解体
问答	23	①	2分	罗斯福新政	简述、探讨	中	经济大危机
		②	3分	新中国初期的建设	知道	中	社会主义道路的探索
		③	1分	中国的改革开放	了解、知道	难	改革开放
	24	①	1分	唐与吐蕃的关系	了解	易	“和同为一家”
		②	1分	元朝的民族关系	了解、认识	易	元朝的建立
		③	4分	近现代中国民族政策与统一	了解	中	民族团结
		④	1分	近代中国两岸关系	了解、认识	难	海峡两岸的往来
		⑤	1分	当代中国两岸关系	了解、认识	中	海峡两岸的交往
	25	①	1分	唐代对外交往	了解、认识	易	对外友好往来
		②	2分	新航路的开辟	初步、认识	易	资本主义时代的曙光
		③	2分	两次工业革命的成就	了解、认识	中	工业革命
		④	1分	经济全球化	概述、理解	难	世界经济的全球化

(2)命制试卷的过程：

制卷也就是出题目，历史试卷的题目一般分为单项选择、多项选择、填空题和材料题几个类型。

首先，选择题的命制。选择题的题目分为题干、设问和备选项三个部分。题干就是题目的主要意思，是为做试卷的人提供可提取信息的部分。历史试卷的题干一般都是由材料组成的，包含了题目的情境、答题的方法和意向。在进行题干部分的编制时需要注意以下几点要求：第一，选材必须服从考点要求，需要将准备好的材料根据考点要求进行剪裁，选择有关的知识内容，尽量避免无用信息；第二，根据学生的理解能力进行选材，不能超出学生的理解范围，否则会降低考试的效度；第三，选材要真实、可信，材料不能凭空臆断或从不可信史中选择。设问是试题的呈现形式，关系着题目的实现程度。设问应围绕题干的情境，表达答题的意向。历史试卷的设问应该新颖、巧妙、灵活、流畅，同时语言要准确、简明、通俗。选择题的备选项通常有四个，分为正确选项和干扰项。历史的选择题通常是单选题，即只有一个正确选项的题目。在制定正确选项时须注意使用的语言必须通顺、流畅、无歧义，还需要与题干有直接的关系；设置干扰项时除语言使用与前者一致外，选项不能直接反映题干或经过分析不能反映题干。

下面以某省《2019年初中毕业生（升学）第一次模拟考试文综试卷》历史部分为例。

组合型选择题

我国是农业大国，农耕作为最基本的经济形式，支撑着中国古代的社会生产和生活。下列作物中，我国最早开始培植的有（　　）。

①棉花　　②粟　　③水稻　　④玉米

A.①②③④　　B.②③④　　C.③④　　D.②③

判断正误型选择题

夏商周三代是中华文明的第一个高峰时期，为后代文明的发展奠定了基础。下列对这一时期文明成就的表述，正确的是（　　）。

A.夏朝是中国历史上第一个封建王朝

B.西周的地方管理制度是郡县制

C.青铜器主要包括用于祭祀的礼器和农具

D.商朝出现了体系较为完整的甲骨文

填空型选择题

每年的6月26日是国际禁毒日，在中国近代史上，有位民族英雄毅然下令在虎门海滩当众销毁鸦片，他是（　　）。

A.琦善　　B.李鸿章　　C.林则徐　　D.关天培

最佳答案型选择题

从1957年开始，中华人民共和国政府先后向苏联、朝鲜、美国、英国、法国等九个国家赠予大熊猫，被称为“熊猫外交”。该材料反映了(　　)。

A.体现了我国独立自主的和平外交政策

B.有利于中国重塑外交策略

C.说明发达国家是中国外交的重点

D.体现了新时期不结盟原则

图片或表格型选择题

佛教、基督教和伊斯兰教并称为世界三大宗教。下列图片与三大宗教有关的是(　　)。

①希腊帕特农神庙

②麦加大清真寺

③洛阳白马寺

④巴黎圣母院

A.①②③　　B.②③④　　C.①②④　　D.①③④

因果推断型选择题

“在世界历史上，还没有任何一个国家如此全面而细致地规划过自己的发展进程，这是苏联人的一个创造。在那个时代，所有生产、运输、销售都由国家计划安排。”这一描述反映了苏联实行的是(　　)。

A.战时共产主义政策　　　　　　　　B.新经济政策

C.市场经济体制　　　　　　　　　　D.斯大林模式

1930年某日，美国一百姓在家中吃早餐时打开了当天的报纸，报纸上出现的新闻最有可能的是(　　)。

A.政府无限量免费供应牛奶面包　　　B.美国社会像死水一样平静

C.找工作比买彩票中奖还要难　　　　D.为共渡难关各国变得像亲兄弟一样

其次，填空题的命制。填空题的一般形式是留下一个不完整的陈述句子，要求考生将空缺的字、词、句填补进去。它的突出特点是学生必须通过补充答案来获得分数，这就避免了他们通过猜测获得正确答案的可能性。它的缺陷在于不适合测量复杂的学习结果，主要功能是测量学生的记忆能力。命制时一定要注意，填空题的答案是唯一的，可以采用教材中的陈述和表达。

20世纪初，社会主义由理想变为现实，突破了资本主义国家对世界的统治，为殖民地半殖民地国家的民族解放运动送来了曙光。请根据提示完成下列填空。

(1)1848年，科学社会主义诞生的标志________________。

(2)世界上第一次无产阶级政权的尝试________________。

(3)人类历史上第一次胜利的社会主义革命________________。

(4)中国新民主主义革命的开端________________。

(5)中国革命的面目焕然一新________________。

(6)中国共产党从幼稚走向成熟的标志________________。

(7)中华民族取得了近代以来反对帝国主义侵略的第一次完全胜利依靠的战线________________。

(8)中国成为社会主义性质的国家________________。

(9)标志着新中国成立以来的伟大历史转折________________。

(10)1992年中共十四大提出的目标________________。

最后，材料题的命制。材料题也称为材料解析题，这种题目的特征：一是由材料创设一个情境；二是需要学生在理解题目含义后自己得出答案。材料的命制首先需要考虑考点，其次是围绕考点选择材料，最后是根据考试内容要求及试题立意设置问题。命制材料题首先需要确定考试需要考的是什么问题，这种题目的考点一般选择课程标准中“课程内容”所规定的“应用”层次，用“概述”“探究”“分析”等词语表达，在双向细目表中表现为“难”层次。史料是材料分析题的关键，高质量的史料必须基于原始的、典型的、具有学术含量的史料，还要对所用史料进行考证。最后设置问题，以考点立意为依据，设置问题，要求将本知识点与所学知识结合起来作答。在设置问题时需要注意以下两点：一是问题须与题干紧密相关，用词、语气等要与材料一致；二是注意问题设置的难度，要依据测试的水平确定问题难度。

阅读材料后作答：

坚持把解决好"三农"问题作为全党工作重中之重，坚持农业农村优先发展，按照产业兴旺、生态宜居、乡风文明、治理有效、生活富裕的总要求，建立健全城乡融合发展体制机制和政策体系，统筹规划农村经济建设、政治建设、文化建设、社会建设、生态文明建设和党的建设，加快推进农业农村现代化，走中国特色社会主义乡村振兴道路，让农业成为有奔头的产业，让农民成为有吸引力的职业，让农村成为安居乐业的美丽家园。

请回答：

(1)结合所学知识，在古代中国长期占据主导地位的经济形式是什么？存在了两千多年的封建土地制度终结于哪一历史事件？有何意义？

(2)我国开始全面建设社会主义以来，在农业方面的建设有成功也有失误，请你各举一个事例。结合所学和材料，你认为在建设"三农"问题时，应注意些什么？

在编制完试卷后还需要对试卷进行磨题。磨题，是对命制试题的进一步检测。[①]命题者需要立足宏观视野，再次将试题与双向细目表进行核对，防止出现超纲题；另外还需要对每一题的分数分配、备选答案、参考答案的标准程度进行再次分析；最后再次对题目所使用的语言进行完善。

3.试卷的分析

历史试卷是对教与学两项同时进行的活动的成效进行检验。因为答题过程中所留下的文字信息，是学生思考轨迹的见证，是学生关于学习成长过程的反映，也是历史教师教学策略、教学设计、教学艺术效果的真实反映。《基础教育课程改革纲要(试行)》中指出："评价不仅要关注学生的学业成绩，而且要发现和发展学生多方面的潜能，了解学生发展中的需求，帮助学生认识自我，建立自信。"因此，了解试卷的具体内容，掌握试卷中所反映出的教学反馈信息，是历史教师必须具备的基本技能。

---

① 陈辉：《中学历史教学论新探》，北京：高等教育出版社，2014年，第278页。

从教育测量与评价而言，试卷的分析内容涵盖面较广，从试卷难度、学生、教师、教学、定量、定性都可以进行评价。这些评价通常由专门的数学公式计算得出，由专业的教学研究员进行负责。鉴于本专业同学的学业需求及将来的职业要求，不需要对试卷进行专业的分析和研究，只需能够知道专业试卷评价分析项目含义与分值高低含义即可，下面只介绍几种常见的评价方式的含义和通常控制数值。

（1）考试效度分析。

效度就是测试结果与考试目的的吻合度。它包含两层意思：一是考试所测得的结果是否符合考试的目的，二是测量对它所希望测量的东西达到了什么样的程度。就学校举行的各类考试来讲，考试效度分析最关心的是采用考试这样的抽样调查方式在多大程度上代表历史课程在这个学期的教学内容和要求。效度的系数一般用0—1表示，“一般要求试题的预测效度系数达到0.4以上，课堂测试的预测效度应在0.4—0.7，规模较大的测试其预测效度应在0.7以上”[①]。在实际考试中影响效度的因素很多，试题指令不清楚或试题用词太难（设问不清楚或材料使用难度超过学生的理解水平）、试题难度不合适、试题测试目的与教学目的不相符都会影响考试的效度。

（2）考试信度分析。

考试信度指的是考试结果的可信度。信度是评价考试结果稳定性的一个指标，信度越高说明考试的结果越可信，成绩越能代表学生个人的真实水平，反之则越说明考试不能代表学生的真实水平，分数误差越大。信度系数一般用0—1表示，结果系数越接近1则可靠性与稳定性越高，反之越趋近0，可靠性和稳定性越低。

（3）考试难度分析。

试题的难度是历史试题对学生知识与能力水平适合度的指标，反映出试题的难易程度，一般以能够正确回答试题的人数与参加考试的总人数之比作为难度指标。在计算中难度系数值一般用“P”表示，不同题型的难度计算方式也不同。难度系数值最大值为1，最小值为0，难度值越大，说明学生的得分越高，试题越容易，越小则说明试题越难。难度过大或过小都不易区分学生的学习水平。“一般情况下，难度在0.6以上为容易，0.3—0.6为中等，0.3以下为难题。在一次考试中，三者之间的比例一般为2∶6∶2或者3∶5∶2。”[②]

（4）考试区分度分析。

考试区分度是指考试试题对于不同水平的学生加以区分的量度。区分度高的试卷，学习能力高的学生得分高，学习能力低的学生得分低；区分度低的试卷，则两者之间分数

① 李景旺：《中学历史教学论》，郑州：大象出版社，2012年，第268页。

② 李景旺：《中学历史教学论》，郑州：大象出版社，2012年，第266页。

相差不大，甚至出现相反的情况。历史试卷客观题与主观题的区分度计算方式不一样，但其判断数值是一样的。“试题区分度一般在-1—1之间，值越大区分度越好。试题的区分度在0.4以上表明此题的区分度很好；0.3—0.39表明此题的区分度较好；0.2—0.29表明此题的区分度不太好，需要修改；0.19以下表明此题的区分度很差，应淘汰。”[①]

（二）历史课堂学习评价的设计

历史课堂学习评价是指围绕学校日常历史教学活动展开的对历史学习情况的评价，包括课堂作业、课后练习、课堂测验、课堂讨论等评价的总和。对于学生历史课堂学习的评价设计，首先要清楚课堂教学的目标，其次是设计出针对目标进行的相关活动所达到的效度的具体评价方式，最后是收集学生反馈的评价，并以此作为改进教学的依据。

对学生历史课堂学习的评价首先需要对历史教学目标进行分析，然后对教学目标的达成情况进行分级设计。下面以部编版《中外历史纲要（上）》第2课《诸侯纷争与变法运动》为例介绍学习评价设计的过程。

1.明确《内容标准》的要求

通过了解春秋战国时期的经济发展和政治变动，理解战国时期变法运动的必然性；了解老子、孔子学说；通过孟子、荀子、庄子等了解百家争鸣的局面及其意义。

2.将内容标准进行扩展和分析，制定出相应的教学目标

纵向分析，本课所指向的春秋战国上承中华文明的起源与早期国家的形成时期，上受夏商周文化的影响，下接专制主义中央集权的秦汉大一统封建国家的建立，为其奠定政治、经济、思想等方面的基础。横向分析，东西方并存着几个文明古国，这一历史阶段正是它们形成发展起独具特色的民族文化的时期，而春秋战国则是华夏民族与中华文化形成发展的重要时期。

3.对内容标准进行分析

本课的内容都围绕着一个“变”字进行，分别是经济上的变动——铁器、牛耕的推广使用以及大型水利工程的修筑促使生产力大发展，推动者生产关系出现了巨大的变革；经济上的变动使政治上也出现了大变动，自西周形成的分封制瓦解崩溃，各诸侯纷纷坐大，礼崩乐坏，兼并战争频繁；为了适应政治上的大变动，各诸侯开始寻求富国强兵之道，出现了以商鞅变法为代表的一大批变法运动；经济的繁荣、政治的变动推动了思想上的大繁荣出现，各学派形成了百家争鸣的思想繁荣景象；政治上的分裂

① 李景旺：《中学历史教学论》，郑州：大象出版社，2012年，第267页。

动荡、经济上的迅速发展、思想文化上的繁荣为华夏族创造了一个变革和转型的机会，使民族观念得到趋同，形成价值共识、文化自觉以及民族认同。这五个方面的变化共同构成了中国古代历史上第一个社会大转型时期。据此，本主题的教学目标可做出如下设计：

唯物史观：学生了解春秋战国时期变法的原因、措施及影响，理解战国时期变法的必然性，以及生产力与生产关系的辩证统一。

时空观念：学生通过对春秋战国形势图的解读，了解春秋战国时期各国疆域的变化，理解这一时期社会变革的历史背景。

史料实证：学生通过对春秋战国相关史料的阅读和理解，对春秋战国时期政治、经济、文化的整体历史面貌进行了解，形成整体的历史观。

历史解释：通过图片、史料等对东周时期王室衰微、诸侯变动做出合理的解释，对变法运动和百家争鸣的出现原因做出合理的解释，能正确评价商鞅变法和百家争鸣。

家国情怀：总结春秋战国时期的社会特征，了解“百家争鸣”是中华民族思想文化的源头，中华文化源远流长，树立文化自信，并培养以服务于国家统一、民族融合和人类社会进步为使命的家国情怀。

（三）将教学目标进行细化、转化，成为学习评价目标

教学目标是学习评价的标准，在明确了教学目标之后，需要将教学目标转化为评价目标。在设计评价目标时既要利用教学目标，将学生的学情分析融入其中，又要注意评价目标的可操作性，可以从以下两个方面入手。

一是细化评价内容，将教学内容转化为核心素养评价目标。如“了解春秋战国时期的变法原因”，可以细化为“了解春秋战国时期的历次变法运动，了解生产力的发展是导致政治变革的根本原因，了解历次变法的目的是富国强兵，实行君主专制”。

二是明确学习评价目标的程度。内容标准中将学习程度分为三个层次，分别是“了解”“知道”；“理解”“认识”；“应用”“探究”。同理，学习评价目标也可以分为三个层次。如“了解春秋战国时期的变法原因”中可将评价内容明确为：第一层次，知道诸侯变法的原因是为了富国强兵；第二层次，从春秋战国时期经济发展带动政治变革的角度理解诸侯变法的原因；第三层次，能联系春秋战国时期的经济变动、王室的衰微以及从春秋争霸战争到战国兼并战争的变化探究诸侯变法的原因是需要建立君主专制的政治制度，实现奴隶制社会向封建社会的转型。

（四）设计并制定具体的学习评价水平表

评价目标细化后，所有的核心素养都具体成为以层次划分学生标准。对照《普通高中历史课程标准（2017年版2020修订）》中学业质量水平表，可将学生的学习水平分为四个层次。

表现水平	学生学习质量描述
一级	唯物史观：能够初步了解春秋战国时期变法的原因、措施及影响，理解战国时期变法的必然性。 时空观念：能够通过对春秋战国形势图的解读，了解春秋战国时期各国疆域的变化，认识到变化的原因。 史料实证：能够对春秋战国相关史料进行阅读，理解其中的含义。 历史解释：能够通过图片、史料等了解东周时期王室衰微、诸侯变动，理解诸侯变法和"百家争鸣"出现的原因。 家国情怀：能够通过春秋战国时期的民族融合的现象，初步树立文化自信的信心。
二级	唯物史观：能够通过了解春秋战国时期变法的原因、措施及影响，理解战国时期变法的必然性，认识到生产力与生产关系的辩证统一关系。 时空观念：能够通过对春秋战国形势图的解读，了解春秋战国时期各国疆域的变化，理解这一时期民族融合的历史背景。 史料实证：能够通过对春秋战国相关史料的阅读和理解，认识春秋战国时期经济的发展、变法的原因、"百家争鸣"出现的背景。 历史解释：能够通过图片、史料等认识到东周时期王室衰微、诸侯变动的原因在于经济的发展，了解变法的原因是富国强兵，认识到"百家争鸣"的出现政治变动的关系。 家国情怀：能够通过春秋战国时期的民族融合的现象，初步树立文化自信。
三级	唯物史观：能够自觉运用生产力与生产关系的辩证统一关系，分析春秋战国时期变法的原因、措施和影响。 时空观念：能够通过对春秋战国形势图的解读，了解春秋战国时期各国疆域的变化，理解这一时期民族融合的历史背景。 史料实证：能够自主搜集一些史料，通过对史料的举证与解读，分析春秋战国时期经济发展、变法出现、民族融合、"百家争鸣"的史实。通过搜集史料，证明春秋战国时期的历次变法运动、证明春秋战国时期出现的民族大融合现象。 历史解释：能够通过图片、史料等理解到东周时期王室衰微、诸侯变动的原因在于经济的发展，理解生产力的发展是导致政治变革的根本原因，理解历次变法的目的是富国强兵，实行君主专制。 家国情怀：能够总结春秋战国时期的社会特征，了解"百家争鸣"是中华民族思想文化的源头，中华文化源远流长，树立文化自信。

续表

表现水平	学生学习质量描述
四级	唯物史观:能够自觉运用生产力与生产关系的辩证统一关系,分析春秋战国时期变法的原因、措施和影响。 时空观念:能够通过对春秋战国形势图的解读,了解春秋战国时期各国疆域的变化,理解这一时期民族融合的历史背景。 史料实证:能够自主搜集一些史料,通过对史料的举证与解读,分析春秋战国时期经济发展、变法出现、民族融合、"百家争鸣"的史实。通过搜集史料,证明春秋战国时期的历次变法运用,并说明商鞅变法是历次变法中最成功的一次;证明春秋战国时期曾出现民族大融合的现象。 历史解释:能够通过图片、史料等理解到东周时期王室衰微、诸侯变动的原因在于经济的发展,理解生产力的发展是导致政治变革的根本原因,理解历次变法的目的是富国强兵,实行君主专制。 家国情怀:能够总结春秋战国时期的社会特征,了解"百家争鸣"是中华民族思想文化的源头,中华文化源远流长,树立文化自信,并培养以服务于国家统一、民族融合和人类社会进步为使命的家国情怀。

简答题:

1.请简述中学历史教学评价的意义。

2.中学历史教学评价包含哪些内容?

3.请就中学历史教材中任意一课,写一份学生学习评价和一份教师教学评价。

第八章 历史课程的课外活动指导

第一节 历史课外活动的概念与作用

进入21世纪后，世界局势发生了深刻的变化，国际竞争日趋激烈，为了提升国际竞争力，各国都将教育的改革与发展作为重要的战略。教育部为了贯彻落实党的十八大提出的“立德树人”的根本任务，深入总结21世纪以来我国课程改革的宝贵经验，我国开始了新一轮的课程教学改革，先后出台了《义务教育历史课程标准（2011年版）》[①]与《普通高中历史课程标准（2017年版）》[②]，在前者中提出教师在教学过程中应“鼓励自主、合作、探究式学习，倡导教师教学方式和教学评价方式的创新，使全体学生都得到发展”；在后者中提出历史教师要“充分运用现代信息技术，提高教学手段的多样化和信息化水平”，要“拓宽有关历史的信息源，开阔历史视野，使师生获取更多、更具体的历史信息”，要“有效地改变传统的教学方式，适应信息时代人们的个性化、多样化的学习习惯和学习方式，将学生的学习过程由封闭转向开放，由单一转向多样，由被动转向主动”。两份课程标准的要求，综合来看，其实都强调了教育的目的是培养具有时代性和进步性，能够适应未来社会发展的学生，要高度关注学生个性化、多样化的学习和发展需求，要关注信息化环境下的教学变革，促进人才培养模式的转变。

但是，如今我国的历史教学中，大多数仍然采用以教师和课本为中心的传统教学模式，忽视了对学生实践能力的培养；只注重知识的传授，对于能力、技能，尤其是在信息多样化和多元化环境下对历史能力、技能的培养和训练不够深入。这种单一的、片面的教学模式，非常不利于培养学生的实践能力和创新能力。

在历史课程的教学中活动课作为一种教学方式，无论是在教学理念上，还是创新方式上都非常符合历史教育要贴近学生生活、贴近社会实际，促进学生发展，提高学生各种能力的目的。

---

① 2022年已更新为《义务教育历史课程标准（2022年版）》。

② 2022年已更新为《普通高中历史课程标准（2017年版2020年修订）》。

一、中学历史活动课的概念

历史活动课是什么？它与常规历史课程有何区别？

活动课的概念最早可以追溯到教育家卢梭和夸美纽斯，他们主张要尊重儿童的自然天性，提出教育要适应自然的原则。在国外学者的研究中都认为教育必须要贴近生活，要能联系实际。在国外，如美国、日本等国很早便开始注重在学校设立活动课程，以培养学生除书本知识之外的实践动手能力和综合素养。

改革开放以后，随着教育改革的推进，我国也开始注重活动课的开展。在《九年义务教育全日制小学、初中课程计划（试行）》中这样说明：在学科课程以外，由学校有目的、有计划、有组织地通过多种活动项目和活动方式，综合运用所学知识，开展以学生为主体，以实践性、自主性、创造性、趣味性以及非学科性为主要特征的多种活动内容的课程。[①]次年，国家又在九年义务教育课程计划中明确指出："课程包括学科课程和活动课程两部分"，正式将活动课纳入学校常规教育之中。由此之后，对于活动课的概念研究也逐渐增多：高峡认为，活动课是指一种以综合性学习为主要内容，以学生主体的活动及体验学习为主要形式，以促进学生认知、情感、行为的统一协调发展为主要目标的课程及教学组织模式。[②]钟启泉认为，活动课是指"以儿童的主体性活动的经验为中心组织的课程，也叫作生活课程、活动课程、儿童中心课程"[③]。李秉德认为，活动课程"有时也叫'经验课程'，是相对于系统的学科知识而言，侧重于学生的直接经验的课程。这种课程的主要特点在于动手'做'，在于手脑并用，在于脱离开书本而亲身体验生活的现实，以获得直接经验"。[④]由此可以分析，不同于一般的课程（以获取书本知识，形成间接经验为主要形式），活动课是以学生体验活动为主要形式，以形成直接经验为主要目的的课程。

中学历史科目中的活动课安排是在新世纪之后开始的。新世纪后随着我国新一轮教学改革的发展，初高中课程标准都明确提出了要加强学生对历史学习过程的体验和感受，要增强学生多方面获取历史知识能力的培养。历史教材内容中也随之明确出现了活动课的设计，就贵州省目前所使用的中学历史教材而言：人民版高中历史教科书中必修一、二、三分别有两节活动课；人教版中分别有一节探究活动课；新人教版（2018年）高中历史必修一、二中也分别有一节活动课；部编版初中教材每一册也有一节活动课，足见活

① 国家教育委员会：《九年义务教育全日制小学、初中课程计划（试行）》，北京：人民教育出版社，1992年。

② 高峡：《活动课的理论与实践初探》，《教育学》，1996年第2期。

③ 钟启泉：《现代课程论》，上海：上海教育出版社，1989年，第186页。

④ 李秉德：《教学论》，北京：人民教育出版社，1991年，第178页。

动课在初高中历史课程中的重要性。

学界也开始研究历史活动课程的概念和设计等问题。就历史活动课程的概念而言，许多一线教师都提出了自己的观点，下面两位老师的观点较为明确：刘锦华认为“所谓历史活动课，就是指以现代教育理论中的‘以活动促发展’为指导思想，以在历史学科教学中建构具有教育性、创造性、实践性、操作性的学生主体活动为主要形式，以鼓励学生主动参与、主动探索、主动思考、主动实践为基本特征，以实现学生多方面能力综合发展为核心，以促进学生个性养成和整体素质全面提高为目的的一种新型教育观和教学形式”[①]；白晓红提出历史活动课是“以教学内容、课程目标为依据和出发点，通过有目的、有计划的活动设计，指导学生主动参与活动过程，并使之在活动中获得主观感受与体验，提高其历史认识能力和综合实践能力的一种教学形式”[②]。

就以上两种观点而言，分别涉及历史活动课的一个方面的要求，但综合而言，历史活动课的概念应该包含以下三个方面。首先，历史活动课的教育目的是“以活动促发展”，是一种依据中学生心理发展规律，开展与历史学科内容相关的活动，以促进学生素养培养的课程。其次，历史活动课不是无的放矢的，它需要以课程目标为依据和出发点，进行有目的的、有计划的活动设计，这点与常规课程是相同的，与常规课相比，活动课更强调学生的主观活动，采用情境设置、实践调查、讨论交流、合作探究、动手制作等手段进行。最后，与常规课程不同的是，常规课程学生所获得的经验来源于书本，是一种间接经验；而活动课获得的是直接经验，并以此来丰富学生的课堂知识，拓展他们的知识来源。

因此，历史活动课就是一种“以活动促发展”为目的，依据教学内容、课程目标，有目的、有计划地进行设计，鼓励学生主动参与、主动探索、主动思考、主动实践，并强调活动过程中学生获得主观感受和直接经验的课程。换言之，活动课从活动设计、活动过程、活动评价都有学生全程参与，与常规课的学生主要任务是“想”不同，它强调学生在此过程中的“想”与“做”的同步，是通过实践拓展学生知识、培养他们的历史核心素养的一种方法。

二、中学历史活动课的作用

当今世界是一个高速发展的世界，为了能培养出适应世界发展变化的学生，学校的教育既要立足于传授知识，更应着眼于智力的开发、创新能力的培养和学科核心素养的

① 刘锦华：《关于历史活动课教学的思考》，《常州师范专科学校学报》，2004年第1期。

② 白晓红：《农村初中历史活动课实施探究——以甘肃成县七年级学生为调研对象》，兰州：西北师范大学，硕士学位论文。

培育。学生是学习的主体，他们应该在轻松、愉快的环境中生动、活泼、主动地学习知识，提高能力，接受多方面的素养培育，要达到这一目的，光靠历史课堂教学是不够的，必须辅之以各种形式的活动课。

（一）开阔视野、丰富历史知识

历史就含义而言是指有人类以来所发生的一切活动的总和，历史学科所学历史只是其中很少的一部分；历史课程则是挑选了历史学科知识中那些对中国或世界进程有深远影响的一部分知识，是历史学科和历史活动的综合，包括历史教学计划、历史教材、历史教学活动等。因此，从历史课程的内容我们可以知道历史知识的学习和理解光靠教师在课堂上对历史知识的讲授是不够的，这样难以满足学生的求知欲。只有结合历史教材和身边的历史资源，安排与教学内容相关的历史活动，才能通过活动传播更多的历史知识，并让他们认识到更广阔的历史学科，开阔他们的眼界，提高他们学习历史的兴趣，满足他们的求知欲。

（二）转变教师的教学观念

在新课改开始之前，我国历史课程教学一直受到苏联教育模式的影响，在课程教学中强调教师的“中心作用”，知识由教师传递和解答，课堂以教师的讲授为主，知识以教师传递为主，忽视对学生能力的培养和素养的提升。久而久之，学生成为学习的机器，教师成为知识传达的扩音器，学生不知道课本以外的知识和学习这些知识的必要性。忽视了国家设置历史课程的目的，更忽视了学生学习的能动性。

新课改开始后，国家对这一问题提出了具体的改革方案，要求中小学树立以学生为主体的教学观念，鼓励教师创造性地探索新的教学途径，改进教学方法和教学手段，组织丰富多彩的教学方式和教学活动，以充分发挥教师的主导作用和学生的主体作用，让学生主动学习，提高他们的学习积极性。

在历史课程教学中，丰富多彩的历史不但可以用讲授的形式进行传授，调查走访、实地考察、参观、讨论、表演等都是教师教授历史知识的方式，历史活动课的开展可以促进历史教师教学观念的改变。

组织活动课的教学方式，对教师自身也是一个挑战，历史教师只有不断地充实自己，更新知识，才能驾驭和更新自己的观念，在新课程改革中游刃有余。活动课教学实践对于促进教师自身的学习和教学水平的提高也是非常有利的。

(三)提高学生的历史学科素养

新课改在要求教师以多种多样的教学方式丰富学生的知识,培养学生解决问题的能力、创新的能力和实践的能力,在历史课程中要提高这些能力,必须开展活动课。

前文已述,历史的知识不局限于书本知识,学生获取历史知识的途径也不只课堂教学这一种。学生从书本上得到的知识往往是有限的、平面的、单一角度的,怎样才能使枯燥的、乏味的、平面的历史,变得立体、生动、形象,并在学习的过程中充实学生的所见所闻,让他们认识到更多获取历史知识的途径,探究历史运动发展的过程,深入领悟历史由低级向高级运动的规律。

另外,历史活动课作为历史课程的一部分,主要是围绕着学生的兴趣爱好和与他们实际生活息息相关的事情,这恰好弥补了传统课堂在这方面的不足。历史活动课可以通过挖掘历史资料、调查走访、参观考察等方式,充分利用网络资源,锻炼学生的实践动手能力;还可通过排演历史剧目,展开辩论会等形式锻炼学生的写作能力、组织能力、交流能力。总之,历史活动课有利于学生在学习中感受、体验历史,进而理解历史的发生、发展过程,丰富他们的内心世界、提升个人的素质,培养他们的历史素养。

第二节　中学历史活动课的类型

历史活动课属于学科活动课的一种类型,是中学历史课程适应时代发展需求的表现,它是以现代教育理论为指导思想,以教学实践为切入点,在教学活动中构建具有教育性、创造性、体验性、自主性的学生主体活动为基本教学形式,鼓励学生积极参与、主动探究的一种课程类型。历史活动课强调以组织活动的方式由学生负责创新活动,锻炼他们在新的问题环境中运用知识的能力。

活动课可以分为以下几种类型,可以根据不同的内容与教学目标的要求选择授课方式:

一、研究交流类

研究交流类活动课程就是学生通过主动参与讨论问题、交流观点、发表观点,多角度地分析问题，在探讨中互相帮助，共同前进的一种活动课程。这种活动课程可以通过以下几种方式进行组织：

（一）阅读交流活动

阅读可以拓宽学生知识面，陶冶情操，还可以促使他们形成自己独特的思维方式。历史学科是人文类学科，人们认识历史活动的主要方法就是阅读前人所留下的与历史有关的记载和研究。因此，阅读对于历史学科本身就很重要。历史学科的阅读内容非常广泛，如古文献、历史通俗读物、人物传记、纪录片、历史文学作品等。学生可以依据教学目的在教师的指导下选取阅读内容，举办读史报告会、制作阅读卡片，撰写阅读心得体会、人物评析，制作历史书刊等等。如《史记》名句赏析会、品"三国"读书交流会等。

（二）探究讨论活动

探究讨论活动也必须建立在广泛的阅读之上，教师在确定了主题之后，学生围绕主题进行必要的阅读，收集资料，然后以知识竞赛、辩论会、演讲比赛等形式开展活动。在活动中学生之间互相交流观点，勇于发表自己的见解，根据所得资料多角度分析问题，进行探讨，在探讨中形成竞争和交流。这种形式的活动对于学生的阅读能力、获取历史信息的能力、组织能力、语言表达能力、人际交流能力有较大的提高，对于学生学科核心素养的培养也非常有益，是最常用的一种活动形式。但这种形式对学生的个人素质要求较高，在初中进行的时候教师通常需要提供一些必要的参考书目或历史信息，并对活动的组织进行整体的指导。在高中则可以放手让学生自己准备和开展活动。如部编版《中国历史》八年级上册第1课《鸦片战争》一课结束之后，以"该不该感谢鸦片？"为题举行辩论赛。

二、编辑展示类活动课

这类活动课程大致可以分为两种。

（一）编辑撰写类

编辑撰写类活动课就是在教师的指导下，通过收集资料，编辑历史小报刊，创作历史故事、剧本等的活动。心理研究表明,中学生乐于接收新鲜的事物,敢于尝试和探索,编辑、撰写类的活动正是满足了学生的这一好奇心理。通过编辑和撰写一方面可以促使学生对课本以外的历史知识进行探究,培养学生的表述和写作能力;另一方面还可以加深学生对课本知识的理解和掌握。这类活动的形式是很多的,如初中活动课撰写剧本《张骞出使西域》、历史剧本《文成公主入藏》,创办报刊《英国工业革命参考消息》等;高中创作短篇小说《传奇商人胡雪岩》等。

在进行这一类活动课时,教师应引导学生了解相关历史知识,再根据学生的个人爱好和特长进行分工,做到不拘一格而又整体有序,给学生充分发挥创造力和想象力的空间,为学生营造一个宽松的学习环境,让他们互相取长补短。

(二)创作展示类

创作展示类的活动课与编辑撰写类一样,需要通过动脑、动手,将历史信息表现出来。不同的是,创作、展示可以进行一定的艺术加工,并当众进行展示。在活动中不但可以使学生自己主动参与,还可以使他们通过亲身实践来感悟历史。

这一类的活动课程可以通过以下的形式开展:举办历史文化展览、表演历史话剧、历史歌舞曲艺等。如初中的历史剧《文成公主入藏》;高中历史剧《心学漫画展》《模拟古罗马法庭》等。

在举办这一类活动课时,教师需注意指导学生选定主题,并围绕主题进行历史考证,以防在剧本艺术创作的过程中出现违背历史、偏离历史教育目的的问题。

三、制作、技能类

制作、技能类活动课就是让学生自己动手,制作学习模具等。这种活动可以培养学生动手能力和实践能力,加深学生对相关历史知识的理解,初步掌握学习历史的某些技能。这种形式的活动方式有很多,如通过仿制青铜器,掌握“范铸法”;通过抄纸,了解造纸术的工艺;通过绘制地图,理解二战时期反法西斯联盟与轴心国的对立;甚至制作历史幻灯片、编辑历史录像乃至计算机软件等。

四、社会实践类

社会实践类的活动课的目的在于使学生学以致用,将“死”的历史与“活”的现实相结合,将“过去”的历史与现在的生活进行比较。社会实践类的活动课程是培养学生家国情怀,增强学生民族自豪感和社会责任感的一种良好方式。

(一)参观类

根据教学内容,并结合乡土资源,可以安排学生到历史古迹、博物馆、工业生产基地、名人故居、军营、农村等地进行参观走访。贵州拥有丰富的红色资源文化和民族资源文化,可组织去邓恩铭故居、遵义会议会址、猴场会议会址、民族博物馆、三线建设博物馆等参观的活动,也可以组织重走长征路、体验屯堡人生活等走访活动。以此拓宽学生的视野,激发学生的学习兴趣,还可以引导学生用历史唯物主义的观点、发展的观点来看待历史与现实,从而增强学生的民族自豪感和社会责任感。

(二)社会调查类

所谓历史社会调查,就是指应用科学的方法,对某一历史相关地点进行实地考察,了解其发生的各种原因,及其发展的过程和现状。在新课标里也提出历史课程要求探索多种教学途径,采用“进行历史方面的社会调查”或“采访历史见证人”等体验性学习活动。可见,历史调查是一种开拓学生历史思维,增强他们学习兴趣的有益教学方式。

历史的社会调查首先需要进行选题。在选题后需要进行资料的搜集,资料的来源一是通过实地调查或对当事人进行采访的方式获得,二是需要搜集与选题相关的文字记载,将二者进行对比印证。就贵州本地资源而言,历史活动课的社会调查类活动可从以下几个方面进行:家族史、民族史、民俗史、近代工业发展史、烈士革命史。

第三节　中学历史活动课的设计

一、中学历史活动课设计的理论依据

任何的实践都不是无的放矢的，都需要有理论提供支持。中学历史活动课也一样，它也是在理论修正和实践活动中不断发展和完善起来的。就理论而言，中学历史活动课的理论依据主要有建构主义理论、杜威的“从做中学”理论、布鲁纳的发现学习法、人本主义理论、马克思主义实践观等。

（一）建构主义理论

在第四、五章已述建构主义理论强调历史教学设计以学习者为中心，教师的教学设计、策略都需要以学生以往的经验为基础，以学生的理解、思考、感受和活动为基础，而不是以教师为中心。学生的学习过程是他们在以往的经验上，通过主动的信息接收，使之与自己原有的经验进行比较、融合，从而构建起自己新的知识体系的过程。从这个角度而言，历史课程的活动课从设计到实施过程多由学生自己进行，是学生自愿、自主的学习行为，这正是受到建构主义理论的影响。

历史活动课的设计是以学生的认知水平为出发点，建构与课本内容相关的新知识，在学生进行活动的过程中，使学生理解、感受、思考知识，使知识由外部的信息转化加工成为学生能够接受的、理解的、内化于心的新信息，这是与建构主义理论相同的地方。与此同时，教师并不是学生身后的追随者，而是学生学习的促成者和信息加工的帮助者。在历史活动课中，教师必须协调活动过程中的各种因素，如教学内容、学生差异、学习环境等，使学生在有序、有目的的情境下进行活动。

（二）杜威“从做中学”理论

现代美国教育学家杜威是功能心理学的先驱，他通过研究认为“教育即生活”“教育即经验的改造”，并提出了著名的“从做中学”地理论。他确信在所使用的方法与获得的结果之间存在着密切的和持久的联系，因此他明确提出学生在教室里的学习是“教科书和教师才有发言权的时候”，学生的学习应该是一种自然发展的过程，而教育者或教师应该为学生提供一个能够“从做中学”的环境，并指导学生去选择要做的事情和要从事的活动。他的“从做中学”理论通过锻炼学生的能力，积累经验，使学生更好地了解社会和培养社会性习惯，促进他们适应新环境的能力。

历史学习的本质目的就是为了使学生从过去发生的事情所积累的经验中，获取新的经验，并将之运用于新的环境，历史学科核心素养的培养目的也是使学生获得能够影响他们终身发展的素养。从这一点来看，将杜威的“从做中学”理论作为历史活动课的理论基础是合理的。历史活动课比一般的历史课程更强调学生的实践活动，从活动的设计、实施，到角色的扮演、情境的模拟、活动的总结都是以学生为实践的主体，强调让学生在学习过程中获得经验、受到教育，也是一种强调教育与经验之间关系的学习方法。

（三）布鲁纳的发现学习法

第四章已述认知心理学家布鲁纳在美国的中小学教育构建了一种学习理论，称为“发现学习”。他认为学习就是给学生提供有关的学习材料，让学生通过探索、操作和思考，自行发现问题、理解概念和原理的教学方法。虽然教材上已经给出了前人所知晓并揭示的知识，但学习还是必须学生通过自己的思考，依靠自己的力量将这些知识发掘出来，并熟练地掌握，加以运用。

历史活动课的教学内容是与教材相关联的内容，但历史书本限于篇幅是不可能提供完整的历史资料的，它所提供的仅仅只是典型的历史资料。所以在历史活动课中学生应该在教师的引导下收集与课程内容相关的大量资料，并从已知信息中“发现”或推断出其他信息，做出自己的判断和思考，将之前不连贯、不完整的知识联系起来，在脑海中进行系统的加工，最终融会贯通，形成新的知识体系。

（四）人本主义理论

人本主义学派强调学习者的自我价值，重视他们的主观能动性，主张在学习过程中发挥学生的个体因素和潜能。人本主义学派尊重学生、相信学生、以学生为中心，重视学生的情感、意愿和观念。主张将课堂交给学生，给学生自由选择的权利，让学生决定用什么样的方式学习，甚至决定学习的内容。人本主义的理论可以增强学生的学习兴趣，使他们全身心地投入到学习中，发现并探索解决问题的办法，并最终得出令自己满意的学习结果。它的最大优点在于可以启发学生的心智，提高学生分析、解决问题的能力。

历史活动课中，教师不再是学习的主导者，只是学习的帮助者、参与者，学生才是课堂的主导者和参与者，教师与学生共同探讨研究，既可以拉近师生之间的距离，又能够在活动的过程中培养学生自主思考、认真探究的能力。

（五）马克思主义实践观

实践的观点是马克思主义哲学首要的基本观点，它贯穿于辩证唯物主义和历史唯物主义的各个环节。马克思主义实践观认为实践的本质决定了实践在人类生活中具有基础和根本的地位，实践构成了人类存在的基本方式。人类历史就是人类通过亲身的实践活动不断地建构社会的过程，人类在不断创新的过程中创造自我。实践的主体是人，它是人有意识的、有目的的行为过程，这一理论为历史活动课的实践教学提供了本体论基础。

历史活动课通过学生的具体实践活动，引导学生在课堂内外主动运用各种历史理论知识和学习方法，通过具体实践将理论、书本知识转化为内在的知识，促进学生形成创新意识、提高他们的实践能力。

二、中学历史活动课的设计案例

（一）社会实践类历史活动课教学设计案例

1.活动目标

激发学生学习历史的兴趣，让学生感受到历史就在我们身边，使他们认识到历史资料的重要来源之一是口述历史，增强学生对历史的体验和感悟，培养学生的组织、管理、交流能力。

2.活动主题

三线建设——我们身边的“活”历史。

3.活动对象

都匀市某高中高一年级学生。

4. 活动过程

学生分为三个小组，第一组从网络、博物馆、图书馆搜集三线建设资料，第二组对三线建设的老工人进行采访，第三组采取实地调查方式，对厂房遗留设备进行拍照整理。

活动结束后由各组分别派代表对所完成的调查进行总结发言。

5. 教学设计

第一组学生展示从各种渠道搜集到的关于“三线建设”开展的背景、过程，都匀三线建设概况等资料，使学生回到轰轰烈烈的三线建设时期，切身体会国家这一政策制定的目的和意义。第二组同学展示对三线建设时期老工人、老干部的采访，通过采访他们的来源、他们加入三线建设的目的、他们刚到都匀时的见闻、建设中的经历等展现三线建设是在何种困难重重中进行的，以此激励同学们为祖国的建设不懈努力、投身贡献。并通过对三线建设时期都匀普通居民的采访，了解三线建设对都匀城市建设、经济发展的作用和贡献。第三组同学采取实地调查方式，通过对三线建设厂房的走访，了解当时三线建设工厂的选址目的，建设、施工方案，工厂的组织结构，包括工厂附属的食堂、医院、学校、供销社、后勤部门等，一个工厂就是一个小型的公社，包含了生产、生活的方方面面。最后，再通过照片等展现那一时期工人的生活风貌。

6. 教学评价

对于生长在改革开放以后的学生，他们很难切身感受新中国建设初期的困难、险阻和老一辈革命家、建设者投身建设的精神。他们虽然可以从现在所保存下来的影像资料或文字中了解到当时这段特殊的历史，但是他们并没有切身的体会，情感共鸣不强烈。为了能够引起他们的情感共鸣，使他们切身感受那段已经逝去的时光，不让老一辈的努力埋没在荒草中，组织这样一次历史实践活动是很有必要的。在此社会实践过程中，学生可以学习到历史资料的来源不仅有文物、文字记载、影像资料，还有一个重要的资料来源是“活着”的历史——口述历史。通过实地走访、现场采访的方式，可以锻炼学生的沟通、交流、组织、协调能力，同时增强他们对历史学习的兴趣，激发他们为祖国建设做贡献的热情。

(二)制作技能类实践活动课教学设计案例

1.活动目标

激发学生学习历史的兴趣,锻炼学生动手、动脑的能力,让学生感受到古人的智慧,并使他们更能够理解“纸”的改进对文化传播的重要作用。

2.活动主题

古法“造纸”。

3.活动对象

都匀市某初一学生。

4.活动过程

首先,在多媒体设备的帮助下,将西汉时期中国的古人已经发明纸张,东汉的蔡伦改进的造纸术的内容,及蔡伦改进造纸术的造纸过程进行分析、讲解。

其次,将学生分为四个小组,分别发树皮纸浆(固体状)、研臼、抄纸网、水盆、一小瓶水。

5.教学设计

(1)课中设计:

学生模拟古法造纸捣浆、制浆、捞取纸浆的过程。第一步,将树皮纸浆(固体状)放入研臼进行研磨。

第二步,加入清水将纸浆融化为液态。

第三步,用抄纸的布网放入水中,耐心捞取,反复进行。

第四步,将抄好的纸放在阴凉处晾干。

(2)课后设计:

请同学们在古法造纸造出的纸张上画一个历史故事连环画,题材任选。再用美术纸画一幅历史连环画,比较两种纸张在画画时的不同感觉。

6.教学评价

造纸术的改造与传播对世界历史的发展有非常重大的意义,但由于东汉离现代较远,而现代纸张易得,书写方式也在不断地发生着变化,初中生不能直接地感受到古人的智慧和古代纸张制作的不易,更不能从中体会纸的传播对世界文化的影响。通过造纸术实验可以锻炼学生的动手能力,又能使他们从中找到乐趣,加深对课本知识的理解。通过课后古、今纸张作画的环境,再次激发学生的兴趣,并让他们切身体会到古、今纸张的不同,从而体会到蔡伦改进造纸术的意义:使纸张从西汉时期的粗糙、不利于书写,到材料易得,同时纸张质量也得到了提升。

附　录

表1　《普通高中历史课程标准（2017年版2020年修订）》变化情况说明表

方面	位置	修改前	修改后	变化说明
课标名称	封面、扉页	《普通高中历史课程标准(2017年版)》	《普通高中历史课程标准（2017年版2020年修订）》	2020年修订仅为2017年的补充修改完善，故仍为2017年版。
前言	开头第一自然段	党的十九大明确指出："要全面贯彻党的教育方针，落实立德树人根本任务，发展素质教育，推进教育公平，培养德智体美全面发展的社会主义建设者和接班人。"	习近平总书记在全国教育大会上强调，要在党的坚强领导下，全面贯彻党的教育方针，坚持马克思主义指导地位，坚持中国特色社会主义教育发展道路，坚持社会主义办学方向，立足基本国情，遵循教育规律，坚持改革创新，以凝聚人心、完美人格、开发人力、培育人才、造福人民为工作目标，培养德智体美劳全面发展的社会主义建设者和接班人，加快推进教育现代化、建设教育强国、办好人民满意的教育。	将十九大报告关于教育根本任务和发展目标改为习近平总书记在全国教育大会上的报告精神。
	一、修订工作的指导思想和基本原则（一）指导思想	……深入贯彻党的十八大、十九大精神，全面贯彻党的教育方针	……深入贯彻党的十八大、十九大精神，落实全国教育大会精神，全面贯彻党的教育方针……	在深入贯彻党的教育方针方面原来只有十八大、十九大精神，修订后增加全国教育大会精神；同时，将原来"培养德智体美全面发展的社会主义建设者和接班人"改为"培养德智体美劳全面发展的社会主义建设者和接班人"。

续表

方面	位置	修改前	修改后	变化说明
一、课程性质与基本理念	(二)基本理念	……成为德智体美全面发展的社会主义建设者和接班人。	……成为德智体美劳全面发展的社会主义建设者和接班人。	在德智体美四个方面的基础上增加“劳”,成为德智体美劳五个方面。
二、学科核心素养与课程目标	(二)课程目标	……了解并认同中华优秀传统文化、革命文化、社会主义先进文化,认识中华文明的历史价值和现实意义	……了解并认同中华优秀传统文化、革命文化、社会主义先进文化,了解中国各个历史时期的英雄人物,传承民族气节,崇尚民族英雄气概,认识中华文明的历史价值和现实意义……	增加英雄人物、民族气节、英雄气概等相关内容,在了解和认同中华文化的大前提下,进一步凸显学习英雄与爱国主义教育。
四、课程内容(二)选择性必修课程	模块1国家制度与社会治理内容要求	……自古及今,东西方各国的制度建设和社会治理经历了漫长而曲折的发展历程,积累了丰富的经验和深刻的教训,不能脱离特定社会政治条件和历史文化传统来抽象评判。	……自古及今,东西方各国的制度建设和社会治理经历了漫长而曲折的发展历程,中国也发生过多次变法与改革,积累了丰富的经验和深刻的教训,不能脱离特定社会政治条件和历史文化传统来抽象评判。	增加了关于中国历代变法和改革的内容,认识变法改革的必要性和曲折性,坚定走改革开放的道路。
	1.1政治体制	了解古代至近代西方政治体制各主要类型的产生和演变过程,以及共和制在中国建立的曲折过程。	了解古代至近代西方政治体制各主要类型的产生和演变过程,以及共和制在中国建立的曲折过程,理解中国政治道路发展的独特性。	在了解西方政治体制产生和演变过程、中国共和制建立的曲折过程后,增加了对中国政治道路发展独特性的理解,充分认识到中国特色社会主义制度的特点和优越性。

续表

方面	位置	修改前	修改后	变化说明
四、课程内容（二）选择性必修课程	15与1.6	1.5基层治理与社会保障；1.6货币与税收	1.5货币与税收；1.6基层治理与社会保障	两个专题互换位置，调整逻辑顺序。
	教学提示	2.四是对国家制度进行横向比较时	2.四是对不同国家制度进行比较时	表述进一步明确，避免理解分歧。
	模块2经济与社会生活2.2生产工具与劳作方式	了解历史上劳动工具的变化和主要劳作方式；认识近代以来大机器生产、工厂制度、智能技术等的出现对改变人们劳作方式及生活方式的意义；充分认识生产方式的变革对人类社会发展所具有的革命性意义。	了解劳动在社会生产中的作用以及历史上劳动工具的变化和主要劳作方式的变化；认识大机器生产、工厂制度、人工智能技术等对人类劳作方式及生活方式的影响；理解劳动人民对历史的推动作用，以及生产方式的变革对人类社会发展所具有的革命性意义。	调整表述及内容，增加劳动在社会生产中的作用及劳动人民对历史的推动作用。

参考文献

[1]张德顺.中学历史教学设计与案例分析[M].苏州:苏州大学出版社,2017.

[2]严婷婷.核心素养下高中历史探究活动课分析[J].高考,2020(2).

[3]郭兴刚.简释题在历史活动课中的运用研究——以一首唐诗题为例[J].历史教学(上半月刊),2019(15).

[4]钟启泉.现代课程论[M].上海:上海世纪出版集团,1989.

[5]殷丽萍.历史课程与教学论[M].广州:广东高等教育出版社,2013.

[6]德罗伊森.历史知识理论[M].胡昌智,译.北京:北京大学出版社,2006.

[7]课程教材研究所.20世纪中国中小学课程标准·教学大纲汇编:历史卷[M].北京:人民教育出版社,2001年.

[8]朱筱新.历史课堂教学技能训练[M].长春:东北师范大学出版社,2000年.

[9]张保华.中学历史教学研究[M].北京:高等教育出版社,2001.

[10]于友西.中学历史教学法[M].3版.北京:高等教育出版社,2009.

[11]周才方.中学历史课程与教学论[M].长春:东北师范大学出版社,2006.

[12]施良方.学习论[M].北京:人民教育出版社,2001.

[13]刘晓明.学习理论与有效学习[M].长春:东北师范大学出版社,2013.

[14]王雄.中学历史教育心理学[M].长春:长春出版社,2012.

[15]梁爱建.例谈学科核心素养下的高三历史复习教学[J].高考,2018(21).

[16]徐英俊,曲艺.教学设计:原理与艺术[M].北京:教育科学出版社,2011.

[17]麦曦.教学设计的理论和方法[M].广州:新世纪出版社,1996.

[18]李伯黍,燕国材.教育心理学[M].2版.上海:华东师范大学出版社,2000.

[19]侯耀先,栾宏.有效教学论[M].西安:西安出版社,2008.

[20]赵克礼,徐赐成.中学历史教材研究与教学设计[M].西安:陕西师范大学出版总社有限公司,2011.

[21]陈伟军.教育学[M].北京:科学出版社,2009.

[22]朱继军.中学历史课程“过程与方法”目标研究[D].上海:华东师范大学,2009.

[23]李慧燕.教学评价[M].北京:北京师范大学出版社,2013.

[24]于友西,赵亚夫.中学历史教学法[M].4版.北京:高等教育出版社,2017.

[25]陈辉.中学历史教学论新探[M].北京:高等教育出版社,2014.

[26]李景旺.中学历史教学论[M].郑州:大象出版社,2012.